"出版资源评估与研究"丛书

出版物衍生资源评估与研究

CHUBANWU YANSHENG ZIYUAN
PINGGU YU YANJIU

主编◎张 炜 王勇安

陕西师范大学出版总社

图书代号：ZZ22N1903

图书在版编目（CIP）数据

出版物衍生资源评估与研究/张炜，王勇安主编.—西安：陕西师范大学出版总社有限公司，2022.12
（出版资源评估与研究）
ISBN 978-7-5695-3252-4

Ⅰ.①出… Ⅱ.①张… ②王… Ⅲ.①出版工作—研究—中国 Ⅳ.①G239.2

中国版本图书馆CIP数据核字（2022）第201943号

出版物衍生资源评估与研究

CHUBANWU YANSHENG ZIYUAN PINGGU YU YANJIU

张　炜　王勇安　主编

出 版 人	刘东风
出版统筹	周　耘
责任编辑	杨　菊
责任校对	王宁宁
装帧设计	朵云文化
出版发行	陕西师范大学出版总社
	（西安市长安南路199号　邮编：710062）
网　　址	http://www.snupg.com
印　　刷	西安曲江朵云文化传媒有限公司
开　　本	720 mm×1020 mm　1/16
印　　张	21
字　　数	235千
版　　次	2022年12月第1版
印　　次	2022年12月第1次印刷
书　　号	ISBN 978-7-5695-3252-4
定　　价	96.00元

中宣部文化名家暨"四个一批"人才自主选题项目组

项目负责人　张　炜
项目组成员　王勇安　关　宁　和　勇　王　剑
　　　　　　张启阳　慕鹏帅　李　洋　叶　峰
　　　　　　肖　星

《出版物衍生资源评估与研究》

主　　编　张　炜　王勇安
编委会成员　和　勇　张启阳　李　洋　王　剑
　　　　　　慕鹏帅
审　　订　阎晓宏　刘东风

序 一

　　出版的历史，源远流长。

　　在关于出版史的论著中，追溯到结绳记事，甲骨文、石刻，还有的把在绢上、帛上书写等纳入出版，但这并不是真正意义上的出版，雕版的出现，才脱离手工抄写的樊篱，实现了把一份内容复制为多份的功能。活字印刷、现代印刷，只是印刷史上的技术革命，其本质仍然是把一份内容复制为多份，不同的是提高了效率。

　　什么是出版？这是一个看似清楚，实则存有争议的问题。在互联网出现之前，如果给出版下定义，其最本质的特征，是其复制功能，能把一份有文字或图画的内容，复制为多份，而出版的编辑校对、设计排版等，都是基于复制而存在的。

　　物理环境下的出版，是把一份经过编辑加工、校对、排版设计的内容，通过印刷复制为多份。互联网出现后，网络环境下，怎样定义出版呢？曾经有过困惑。美国人提出了"临时复制"的概念，就是将网络中的内容存储在计算机的存储器之中。这一概念还没有被社会接受，情况又发生了变化，移动互联网出现了，在第十七届国际数字出版论坛上，澳大利亚学者提出了一个观点，其核心概念是一份内容在网络中能够被"重复使用"。应该说这是一个比较科学的概念，"重复使用"这个概念和传统出版的一份内容变成多份，本质上是一致的。

我国的著作权法第三次修订稿，在面向社会征求意见时，对作品的定义提出了三个要点：①具有独创性；②属于智力成果；③能以某种有形形式复制。

第三个要点"能以某种有形形式复制"，无法将网络中的作品形态纳入，也必将出现矛盾和混乱。最后修订的定稿，将其确定为"能以一定形式表现"。

无论是关于出版的界定，还是关于作品的界定，这看来是一个概念的变化，却极大地延伸了出版的边界，也包含着人们对数字技术与网络发展带来的新变化的认知调整与认同。

张炜先生领衔的"出版资源评估与研究"科研项目，将出版研究置于数字技术、人工智能等新技术条件下，并且包含了物理环境与互联网环境。在我看来，这不仅体现了与时俱进、实事求是的科学态度，也体现了张炜先生和他的团队在这个出版科研项目中的宽阔视野和包容精神。

如何认识出版，现在仍存有两种倾向：一种似乎是来自多年传统出版形成的惯性，由出版谈出版，将出版理解得很窄，在出版实践中并没有将出版延伸到新的领域；一种来自出版的外部，将出版排斥在网络以及新兴媒介之外。

这两种倾向的背后，既是观念与认识的问题，也是实践落后于客观形势的问题。

需要指出的是，虽然新技术特别是数字技术的发展，大大拓展了出版的边界，但是在"出版资源评估与研究"丛书中，仍然能够看到张炜先生对于传统出版的深厚情怀。无论是出版的内容资源，还是出版的人力资源与出版物衍生资源，其研究的重点、研究的基础以及方向，都是基于传统出版并且面向未来的，其出发点与落脚点是推动出版的融合发展。

关于出版研究的专著和论文有许多，但是专门把出版资源作为研究的主题和对象，还比较少。但是细想一下，出版资源问题的研究与评估，不仅是出版发展的基础性、战略性、资源性问题，更直接关系到出版的高质量发展。

我一直有一个观点，出版不能凌驾在作品之上。没有作品，何谈出版？作品就是出版的资源，巧妇难为无米之炊。因此，关于出版的研究，抓住了出版的资源问题，我认为就是抓住了出版的根本。

丛书由出版资源引申到出版资源的评价与选择，这是一个逻辑上内在的递进关系，更是一个出版数量与出版质量的相互关系问题。进入新时代，创作早已不是少数专业人士专有的领域，在互联网、数字技术和人工智能的背景下，移动终端的广泛使用，公众表达愿望的涌动，大大催生了作品的创作，现在任何一个门类的作品，其数量都是以几何级数迭代增长。在这种背景下，怎样选择作品，怎样挖掘优质的出版资源，是更为关键的问题。因此，关于出版资源的评估，关系到出版的选择问题，关系到对出版物的价值判断以及优质出版内容的全部价值挖掘问题。在根本上，它关系到出版为社会公众提供什么精神产品的问题。

丛书抓住了上述问题中最根本之处，通过大量的研究，首先阐述了出版内容资源的评估与研究。内容资源在本项目中具有核心地位，它既是衡量出版人力资源的客观标准，也是出版物衍生资源的源头。《出版内容资源评估与研究》分八章阐述了内容资源的概念、开发、整合、评价、重构、策略以及品牌形成与维护，是一部在出版实践的基础上，由出版领军人才和学者共同组成的团队，经过深入的调查研究与思考写就的出版专著，分析和阐述了在新技术条件下出版资源的获得与维护，阐述了有思想、有价值的观点。该书所表达的思想与理念，必将在实践中表现出其独特的价值。

《出版人力资源评估与研究》阐述了出版人才建构的主要任务和理论模型，特别是胜任素质模型建构的路径与方法。以此为基础，甄选细化了出版编辑岗位胜任素质的四大类57项，甄选细化了出版发行岗位胜任素质的四大类49项，为出版编辑和出版发行岗位素质和能力的判断提供了可以量化的指标评价体系。在此基础上，该书以上述出版岗位的胜任素质为指标，深入分析出版人才队伍建设中存在的问题，并提炼出集团所属出版机构和发行机构所需各类人才应具备的能力。建立出版人才评价标准的指标体系，对于挖掘出版人才、培养出版人才、合理使用出版人才，发挥不同类型出版人才的作用，具有重要的参考价值与现实意义。

出版的融合发展对传统出版业既是一个挑战，也是走出困境、实现新发展的重要机遇。在出版的融合发展进程中，优质出版资源的一次开发、多次使用，最大限度地实现出版内容资源的社会价值和经济价值，这是一个颇具理论性与实践性的现实问题。《出版物衍生资源评估与研究》基于陕西新华出版传媒集团的探索与实践，并总结梳理了国内外著名出版传媒机构的典型案例，在出版业融合发展的基础上，深入思考并比较系统地阐述了出版物衍生资源评估与研究的界定、价值与路径，对出版物衍生资源的开发、管理与维护提出了具有创新意义的独到见解。

通览全书，不乏思想、理论与实践的闪光点，诸多阐述是深刻而又有独特价值的，凝结着作者团队的智慧与心血。尤其是不在已知中重复，这已然是出版理论研究的意义所在。

阎晓宏

2022 年 5 月

序 二

2018年9月，我被中宣部授予"文化名家暨'四个一批'人才"荣誉称号，按照有关规定和要求，向国家申报了"出版资源评估与研究"项目，包括"出版人力资源评估与研究""出版内容资源评估与研究""出版物衍生资源评估与研究"三个子项目，2019年3月获得批准立项。

这是一个涉猎范围很广、要求很高、难度很大的项目，自己何以有勇气挑战这一项目呢？考量起来，或许，热爱出版，对这个行业有长期的实践与思考，当前行业的发展遇到许多新的问题，等等原因，才促使自己下定了决心。

我于1986年大学毕业后便进入出版行业，先在陕西师范大学出版社做了6年编辑，1991年底调入陕西省新闻出版局出版处，做了近10年的出版管理工作，2001年从处长任上下到陕西人民教育出版社做总编辑，2006年再次调任陕西科技出版社社长，2007年底任陕西出版集团总编辑，2020年任陕西新华出版传媒集团董事长、党委书记至今。入行36年来，关于出版方方面面的工作都有所涉足，每当一部书稿经过选题策划、组稿、编辑加工、印制、销售，成为读者喜欢的作品，或者荣获重大奖项，我都会感到无比的欣慰。而在这一过程中，还能结识一大批作者、读者和销售方面的朋友，能够对全新的知识先行了解，优秀的作品先睹为快，所以我对自己能从事出版工作非常高兴，从中感受到很多乐趣，也常常对工作和行业中存在的问题进行苦苦的思考与探索。

在传统出版方面，这些年主要从选题管理与策划、出版定位与产品结构、质量管理、精品出版等方面进行持续的思考与实践，先后撰写并公开发表了《陕西人民教育出版社中小学文教读物定位研究》（荣获中华优秀出版物出版科研论文奖）、《图书选题全程策划五步法》、《论地方出版集团的产品结构优化——以陕西出版集团为例》等研究文章。实践层面，主要组织策划了"举一反三"系列教辅用书，行销20余年，年均销售超过20万套；依托陕西人文地理、红色文化、历史文化资源优势，策划了近10种荣获国家出版基金支持的重大选题，其中"中国蜀道"丛书荣获中国出版政府奖。

在数字出版方面，也进行了初步的思考与探索。撰写了《陕西数字出版产业发展的初步设想》等文章；组织起草了《陕西国家级数字出版基地方案》《丝路文化资源深度开发方案》《蜀道文化资源深度开发方案》等。实际工作中，提出出版企业必须以数字阅读为重点，以教育读物、畅销书、重大出版项目为基础，实施深度和衍生开发。并对"举一反三"系列、"延安红色文化"系列、"中国蜀道"丛书等产品进行初步开发，取得了良好的效果。另外，即将组建的陕西出版集团数字出版公司，将以数字教育出版、数字阅读公共服务平台、中国西部重大 IP 运营为主要发展方向，努力闯出一条数字出版的新路子。

由于工作变动的原因，近年来我又对人力资源管理进行了一定的研究。深入出版发行企业做了大量调研和采访，在提取众多数据的基础上，初步建构了出版发行企业岗位素质模型；提出了按照出版发行岗位素质要求，建立与薪酬和任用挂钩的员工职业技能培训体系；先后两次参加韬奋杯人力资源高峰论坛，作为主讲嘉宾，分别以"员工素质模型""职业技能培训体系"为题，发表主旨演讲，反响热烈；结合发展实际，逐步确立了集团当前以干部管理、绩效管理、培训管理、社保管理为重点的人力资源管理思路，进行了初步实践，取得了良好的效果。

凭着自己浓郁的出版情怀和长期的工作积淀，2019年6月，我联手陕西师范大学新闻与传播学院博士生导师王勇安教授，率领集团一批中青年同志，正式开始了项目的研发工作。

首先是收集资料，深入调研。在这期间，研发团队成员根据各自的分工，以各种方式获取大量资料阅读分析，熟悉相关理论，把握研究动态，了解时新观点，以结合所研究的问题，达到"他山之石，可以攻玉"的目的。除此之外，大家还通过网上查阅和实地访谈等多种途径，进行问卷调研、实地和电话访谈，提取研究数据，收集经典案例，为下一步研发创作准备充足的资料。

其次是反复研讨。项目分工落实后，前期主要是研讨写作框架，大概经过五六次深入讨论，初步确定，《出版人力资源评估与研究》分为八章，主要涉及出版人才素质模型、能力模型，人力资源发展战略、评价体系、管理体系，员工招聘、员工培训，人才培养、人才激励等内容。《出版内容资源评估与研究》分为八章，主要涵盖内容资源需求分析、整合能力评估、管理体系构建，内容资源的重构与开发、策略与途径，基于内容资源的精品出版，内容资源的品牌创新与维护等内容。《出版物衍生资源评估与研究》分为八章，主要包括衍生资源的概念、价值界定，衍生资源开发体系建设与能力评估，衍生资源的市场开发与价值实现，衍生资源的开发策略、过程管理及经典案例等内容。写作框架确定后，还要进行多次讨论，对相关内容进行取舍、修改、补充，以保证整个项目的统一与协调。

第三是项目的审定。项目初稿完成后，先送业内有关专家审核，指出不足与缺陷，提出补充和修改意见。再召开专门的会议，听取出版管理、编辑、校对、发行等方面的意见，对项目初稿进一步完善。最后，经过多次征求专家及方方面面的意见，反反复复修改后形成定稿，再由项目负责人审核统稿，以确保项目结构合理、内容协调、体例统一、质量达标。

经过两年多的艰苦努力，终于要完成项目结项了，从事了一辈子出版工作，能和大家一起做一件对行业有意义的事，我感到无比的欣慰。然而，由于诸多因素，项目还存在许多不足，也让我深感遗憾与不安。从理论基础反思，尽管王勇安教授做了很大努力，项目也具备一定的理论支撑，但还是略显不足。这一方面是因为出版传媒产业的个体特色和实践属性比较强，居多经验引领实践，相关的理论体系远未形成；另一方面，项目团队的大多数同志都是利用业余时间开展研发创作，虽有一定的实践经验，但理论功底和研发时间都难以保证。从认知角度观察，虽然许多同志进行了长期的思考，有不少研究成果，项目研发过程中也有许多新的探索，但是基于出版传媒产业的特殊性，基于改革和新媒体对传统出版业的冲击所带来的新问题，项目研发成果对出版传媒产业的认知还不到位，对如何把握行业的特殊性，如何引入现代科技和产业规律指导出版传媒产业的发展，还有一定的欠缺。从实践层面考量，囿于资料和数据采集的艰难，项目主要是以陕西的实践开展研发的，国内外一些先进经验和经典案例难以收揽进来，研发成果尚有一定的局限性。

然而，聊胜于无，这终归是一件值得庆贺的事，对于我而言，这是一生从事出版工作的交代，也是自己长期出版实践和思考的总结。对于王勇安教授而言，是一次产学研结合的有益探索。对研发团队其他成员而言，是大家共同努力的成果，更是一次熟悉行业、提升认知的历练。借此机会，我对大家两年来的不懈努力和所付出的艰辛劳动，表示最真诚的感谢！我坚信，虽然这一项目还存在这样那样的不足，但它毕竟是来自实践又高于实践的产物，毕竟是对出版传媒产业发展规律的一次有益探索，它定会对后续行业规律的探索研究起到一定的借鉴作用，也会对当前出版传媒产业的实践具有一定的指导意义。

张　炜

2022 年 2 月

目 录
CONTENTS

第一章 出版物衍生资源的界定与开发基础 / 001

第一节 出版物资源衍生的动力与机制 / 001

一、出版物衍生资源的概念与资源衍生的动力 / 002

二、资源衍生的机制 / 007

第二节 出版资源的衍生路径和开发基础 / 013

一、出版资源的衍生路径 / 013

二、陕西新华出版传媒集团衍生资源的开发基础 / 016

第二章 出版物衍生资源的评估 / 021

第一节 出版物衍生资源可用性评估分析 / 021

一、出版物衍生资源可用性前提 / 021

二、出版物衍生资源可转化性分析 / 024

第二节 出版物衍生资源开发效益评估模型 / 030

一、基于内容链衍生的出版物衍生资源开发效益评估 / 031

二、基于价值链衍生的出版物衍生资源开发效益评估 / 038

第三章　出版物衍生资源管理机制及体系建构　/ 046

第一节　出版物衍生资源管理机制　/ 046
一、出版集团衍生资源管理现状分析　/ 047
二、衍生资源管理的关键问题　/ 049
三、衍生资源管理的机制优化路径　/ 052

第二节　出版物衍生资源开发管理体系　/ 054
一、衍生资源开发管理体系设计建构　/ 055
二、衍生资源管理体系的应用　/ 057

第四章　出版物衍生资源的市场建设　/ 060

第一节　出版物衍生资源的市场评估　/ 060
一、出版物衍生资源价值链理论模型　/ 060
二、出版物衍生资源市场评估要素　/ 064

第二节　出版物衍生资源的市场开发　/ 080
一、市场开发中存在的问题　/ 080
二、市场开发中的策略　/ 089
三、市场规范建设　/ 093

第五章　出版物衍生资源的价值实现　/ 094

第一节　出版物衍生资源运营机构设置　/ 094
一、设立出版物衍生资源运营事业部门　/ 095

二、组建出版物衍生资源孵化公司　/ 097

　　三、搭建出版物衍生资源运营平台　/ 097

第二节　出版物衍生资源运营制度建设　/ 100

　　一、目标控制制度建设　/ 100

　　二、会计控制制度建设　/ 102

　　三、风险控制制度建设　/ 104

　　四、鼓励激励制度建设　/ 106

第三节　出版物衍生资源的价值实现路径　/ 110

　　一、出版单位的价值实现路径　/ 110

　　二、产业链价值实现路径　/ 118

　　三、强化宣推和用户连接　/ 120

第六章　出版物衍生资源的开发　/ 122

第一节　出版物衍生资源的特征与开发理念　/ 122

　　一、出版物衍生资源的特征　/ 122

　　二、出版物衍生资源的衍生方式　/ 126

　　三、出版物衍生资源开发的构成要素　/ 130

第二节　出版物衍生资源开发的基本理念　/ 134

　　一、依托出版资源优势　/ 134

　　二、遵循产品开发规律　/ 136

　　三、满足新的消费需求　/ 137

第三节　出版物衍生产品开发路径　/ 138

　　一、通过产品形态和内容延伸，推动衍生产品开发　/ 138

二、通过拓展产业链推动衍生产品的开发 / 139

三、实施出版融合工程开发衍生产品 / 142

第七章 出版物衍生资源开发过程管理 / 146

第一节 出版物衍生资源相关权利的积累 / 147

一、出版物衍生权利的取得 / 148

二、出版物衍生资源权利的保护 / 149

第二节 出版物衍生资源核心 IP 的塑造 / 153

一、核心 IP 塑造的常见形态 / 153

二、IP 衍生资源的运营 / 158

三、围绕 IP 服务的设计思路 / 161

第三节 出版物衍生资源开发的策略与技巧 / 163

一、出版物衍生资源开发的方向确定 / 163

二、出版物衍生资源开发的策略管理 / 164

三、出版物衍生资源开发的方法管理 / 170

四、出版物衍生资源开发的技巧 / 172

第四节 出版物衍生资源的管理与维护 / 173

一、出版物衍生资源管理运营机制 / 173

二、出版物衍生资源管理体系的设计 / 175

三、出版物衍生资源管理体系的应用与维护 / 176

四、出版物衍生资源品牌的创立与管理 / 176

第八章　出版物衍生资源开发经典案例　/ 178

第一节　衍生资源多媒体开发案例　/ 179
　　一、"中国蜀道"　/ 179
　　二、《盗墓笔记》　/ 181
　　三、《哈利·波特与魔法石》　/ 184
　　四、《发现海昏侯》　/ 188
　　五、"大中华寻宝系列"　/ 191

第二节　衍生资源图书开发案例　/ 194
　　一、《小学奥数举一反三》　/ 194
　　二、《红色档案——延安时期文献档案汇编》　/ 197

第三节　案例启示　/ 198
　　一、衍生开发以内容为核心　/ 198
　　二、跨界运营，延长产业链　/ 200
　　三、独特有效的营销方式　/ 202
　　四、树立版权意识，加强原创保护　/ 202

参考文献　/ 205

附：陕西出版衍生资源部分开发策划方案案例　/ 207
　　案例一　"中国蜀道"衍生开发策划方案　/ 207
　　案例二　古都数字出版智慧旅游平台　/ 218
　　案例三　秦岭书系衍生资源开发策划方案　秦岭文化数字博物馆项目　/ 281
　　案例四　十花记文创——十花牌制作方案　/ 299

后记　/ 310

第一章
出版物衍生资源的界定与开发基础

内容资源是出版企业生存之本。地方出版集团是多专业出版业务模块融合的大中型出版企业，具有天然的资源整合优势。以衍生策略进行出版集团的内容资源管理，不是面对变化的媒介环境临时起意的无奈之举，而是顺应出版融合发展规律的应然之举，亦是立足当下、面向未来，应对新时代出版融合发展的新需求、新矛盾、新风险而做出的战略决策。

第一节　出版物资源衍生的动力与机制

囿于单纯强调图书出版和行政管理的传统思维，地方出版集团一直存在着图书版权资源闲置、数字内容资源质量参差不齐、管理归属各自为战、应用权限不明确等问题。不仅如此，由于集团各出版单位资源创新意识薄弱，在资源开发管理上信息孤岛现象严重，虽然各自都积累和集聚了大量图书版权和内容数据，但数据规范性、整合性、共享性、体系性严重欠缺，存在着内容资源总量不足、配置不合理、利用率不高等问题，难以适应融合发展的要求。因此，从地方出版集团融合发展的角度，依托现有的图书内容资源，采取内容资源衍生策略，从既往各出版社单一载体形式和版权使用期限的静态管理，发展为集团层面的全时空的动态管理和全载体动态开发，应当成为地方出版集团融合发展资源开发管理的关键所在。

一、出版物衍生资源的概念与资源衍生的动力

迄今为止，学界和业界对出版物衍生资源一直没有明确的定义。借助其他学科和行业的研究成果，结合出版同人的经验，我们对出版物衍生资源的概念进行了初步界定，并在此基础上分析了出版资源衍生的动力机制。

1. 出版物衍生资源的概念

现代汉语中，"衍"有"开展，发挥"之意，"衍生"则指"演变而产生"。[1]通俗地讲，指从母体物质得到新的物质，如金融业中的金融衍生品、网络建设中的网络衍生技术等。文化产业领域将衍生品称之为"周边产品"。我国出版学界有学者提出将图书演变而产生的产品称为图书衍生品，认为图书衍生品是围绕图书相关方面进行周边开发制造的产品。[2]毫无疑问，这些图书衍生品是出版企业重要的资源。鉴于这些资源是从出版企业主营产品图书衍生而来，我们

---

[1] 《现代汉语词典》（2002年增补本）[M].北京：商务印书馆，2002：1448.
[2] 邹蕊，刘永坚.浅议图书衍生品及其品牌塑造[J].出版科学，2008（1）.

将其称为出版物衍生资源。鉴于此，本书对出版物衍生资源的定义为：在为实现特定出版目标过程中所附带产生的各种资源及其发展的成果。

内容是出版的基础性资源，以内容生产为核心进行融合创新是必须坚持的原则。出版的融合发展是指基于数字化技术和互联网思维产生的，是不同媒介，传统与新兴媒体，跨产业与区域的多层次、动态化的出版融合，核心目标是实现价值增值。近年来，大数据、AI（人工智能）、5G通信、区块链、云计算、移动情境感知等先进信息技术的落地与应用，加速了数字出版在内容生产流程、产品形态、营销体系等各个方面的转型升级，市场对出版企业的资源配置发挥着越来越大的作用，对地方出版集团资源的载体互通也提出了更高要求。

融合出版环境下，用不同的形式或不同的载体呈现相同或相似的内容，满足不同读者的需求，已经是常态化的出版活动。无论是对图书内容做增删、改写、重组、延续、演化、延伸衍生新产品，还是以图书IP或是其中某一个人物、某一个情节、某一个方面为基础，在内容与形式上做立体的、全面的构思与创造，同时在内容和形式方面衍生出新的作品，这些都需要载体互通。

沿着这一思路，结合陕西新华出版传媒集团在内容资源开发管理方面的经验，我们提出内容资源的衍生开发策略，即建立内部资源整合机制，将内容资源整合归集并统一管控。通过深度梳理分析作者、内容、版权等出版核心资源，去除落后产能和同质化竞争，遴选、资助和运作优质内容资源，打造以原创IP资源为核心的资源衍生体系。在此基础上，按照融合出版的要求，对所掌控的图书等内容资源重新演绎，在原创 IP、内容呈现、载体转移等方面进行再创作。这样，既有利于形成良性运行的内容资源系统，实现集团层面各相关领域和业务模块的整合联动，又能够增强集团的资源统筹调度能力，将内容资源的开发管理融入集团的产业发展生态，实现资源配置、资产整合和机制联动，做强全产业链条，进而实现集团整体利益最大化。

2. 出版资源衍生的动力

动力是一切力量的来源，是推动事业前进的力量。地方出版集团内容资源衍生的动力可以分为内在动力和外在动力。外在动力是内容资源衍生的外在条件，内在动力是指资源管理开发系统内在的驱动力量，也是根本性力量。外在条件要通过内在动力发挥作用，二者结合才能共同推动资源的开发管理。

由于静态和单一图书载体的内容资源观念，业界一直对地方出版集团内容资源管理开发缺乏系统的观照，面对出版融合发展对资源提出的新的更高要求，研究均聚焦于融合发展的需求，即着重于内容资源管理开发的外在动力，没有揭示其内在动力。鉴于此，本书尝试运用知识生态学理论和方法探讨地方出版集团内容资源的管理开发，以期掌握内容资源衍生的一般规律。

从本质上来说，出版内容资源的管理开发属于知识管理问题。生态学是较成熟的理论体系，被应用于管理学的多个分支领域。20世纪 90 年代 George Por（乔治·珀尔）将生态学方法引入知识管理领域，他首次提出"知识生态学"的概念，认为知识资源具有生态系统属性，知识管理的最高阶段就是构建知识资源的生态系统。[①]知识资源生态系统由知识资源、知识活动和交互环境等要素构成，不同的知识、思想与灵感交互融合，在相互影响过程中促进知识价值的提炼与应用。[②]在建设过程中要协调不同要素，使系统呈现特定的层级结构，在促进知识流通与循环中实现增值。

据此观点，地方出版集团的内容资源管理的知识活动就是基于既有资源进行再度开发的资源衍生活动，交互环境是各集团内出版机构本身根据需要开发的环境、集团各出版机构之间的开发环境和外界环境，而知识资源则是包含着出版创意、版权和知识信息内容的复合性出版内容资源。其中，知识信息内容是资源的表现形态，版权是资源的归属主体，而出版创意则是真正属于出版机构自己所有的核心和关键。出版内容资源、交互环境和资源衍生活动，构成了内容资源开发管理生态系统。

生态位是生态学的核心概念之一，指自然生态系统中的一个种群在时间、空间的位置及其与其他种群间的功能关系。[③]生态系统是能够自我复制、自我调控、自我完成新陈代谢的系统，物种由低生态位向高生态位跃迁需要吸收环境的能量，反之则会释放能量，因此物种生态位空间位置的变化，是推动生态系统不断运动的动力所

[①] George Por. Knowledge->Intelligence->Wisdom Essential Value Chain of the New Economy [DB/OL]. [2010-04-06] http://www.co-i-l.com/coil/knowledge-garden/kd/kiwkeynotes.shtml.

[②] 王方.众创空间与高校图书馆服务的融合创新发展研究 [J].图书馆工作与研究，2016（4）：96-99.

[③] 彭文俊，王晓鸣.生态位概念和内涵的发展及其在生态学中的定位 [J].应用生态学报，2016（1）：328.

在。鉴于出版创意在出版机构有着内容资源的核心和关键性地位,将生态位的概念迁移到出版内容资源管理领域,则出版内容资源管理的生态位可以表述为出版创意资源所处的时空位置及其与其他资源间的功能关系。

作为知识服务扩散重要机制的内容裂变,纵贯出版资源的思想理念、知识信息、载体和形式设计诸多层面,是资源衍生的基本前提。通过资源的内容裂变,地方出版集团可以在形成各类新产品的同时,释放大量的能量,形成多主体的内容生产和多载体的内容呈现,并使内容资源在企业内外有序流动。因此,地方出版集团资源管理开发的内在动力,主要来自出版资源的创意生态位差,内容资源的创意势能决定了资源开发的广度、深度和速度。

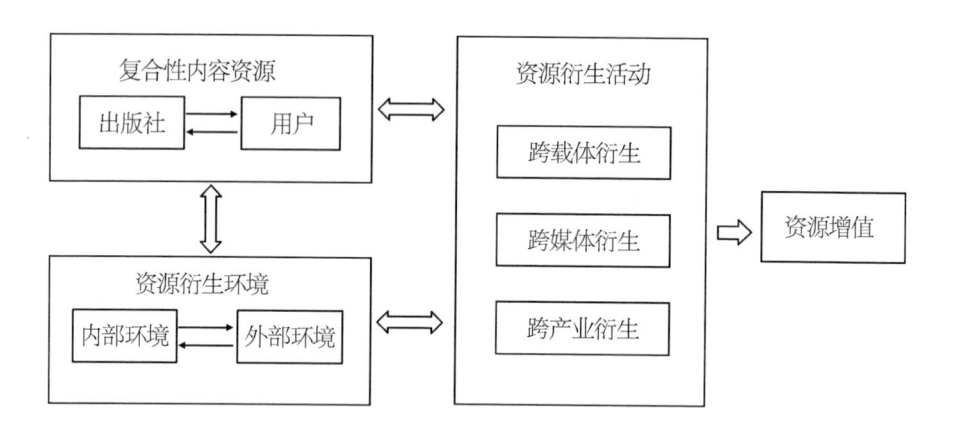

图 1-1　出版集团内容资源开发管理生态系统

如图 1-1 所示,从出版集团内容资源开发管理生态系统图中可见,在出版资源的创意生态位差的推动下,集团掌控的图书等内容资源发生了内容裂变,以载体互通的方式,通过跨载体衍生、跨媒体衍生和跨产业衍生,以各种新类型的出版物进入文化消费领域,同时也形成了集团掌控的新的内容资源。其中，跨载体衍生就是普通的内容搬家，如将纸质书转码为电子书，将纸质书的内容通过朗读录制在音频平台上播放，等等，资源衍生对出版创意的依赖程度较低。跨媒体衍生是纸质书通过再创造衍生成影视、游戏、动漫等，创意水平较高。跨产业衍生则是纯粹的创意衍生，依靠纸质书的 IP（知识产权），将出版与旅游等不同产业融合起来。由此可见，出版内容资源的衍生，是创意资源开发活动与全媒体出版活动的有机融合，是在出版创意的持续推动下的持续创新。

二、资源衍生的机制

综上所述，地方出版集团的资源衍生是基于载体互通，通过高创意水平出版物内容裂变的持续创新活动。因此，认识其内在机制，即资源衍生系统及其内部要素如何相互作用实现其特定功能，具有十分重要的意义。

1. 创意溢出机制

"溢出"原本是经济学概念，是英国著名经济学家马歇尔于 1890 年在其著作《经济学原理》一书中最早提出的。后来人们发现，溢出广布于社会各个领域，是由作为主体生活于社会中的个人或组织的行为引起的一种行为结果。人的行为以动机为动力，以目标为导向，而行为结果却有目标结果，也有非目标结果，溢出就存在于它的非目标结果之中。[1]溢出会产生溢出效应，人或组织进行某项

---

[1] 孙兆刚，王鹏，陈傲.技术差距对知识溢出的影响分析[J].科技进步与对策，2006（7）：165-167.

活动时，不仅会产生活动所预期的效果，而且会对组织之外的人或社会产生影响。溢出效应分为知识溢出效应、技术溢出效应和经济溢出效应等。

每一部图书都蕴含着出版创意，尤其是选题创意。地方出版集团所掌控的出版内容资源，是出版创意的宝库。图书一经出版，其创意就可能被其他载体类型应用。在集团范围内，这些蕴含于图书资源中的出版创意可以被各出版社在新的图书和数字出版物内容生产中以低成本使用，其社会边际效应大于图书资源本身的边际效应，存在着显著的溢出效应。因此，出版内容资源衍生的创意溢出，是既有图书等出版资源中蕴含的出版创意在新的融合出版过程中得到的外部收益。

2010年，陕西新华出版传媒集团三秦出版社完成了大型丛书"中国蜀道"的选题策划方案并开始组稿，2012年获得国家出版基金资助，同时入选国家"十二五"出版规划项目。历时6年，经过实地勘察、古籍搜集、文献整理，这套大型人文地理学术精品丛书正式出版，2017年获得第四届中国出版政府奖。蜀道是中国历史上最具魅力的巨型线性文化遗产之一，是中国古代的交通大动脉，是我国技术文明，制度文明，文化流、信息流及相关设施建设的重要符号。"中国蜀道"丛书的选题策划，汇聚蜀道沿线省市重要文化文物资源，融合历史地理学、文学、美术等多学科研究成果，全面系统地介绍中国蜀道的历史沿革、人文地貌、文化遗存、诗词歌赋、绘画艺术及相关研究，使丛书成为国内外该领域研究的代表性著作。丛书一经出版，便引起学术界和出版界的广泛关注，其筑垒蜀道研究学术高峰的出版创意也获得了显著的溢出效应。"中国蜀道网"成为全球第一个蜀道文化网站，为全球蜀道文化爱好者构筑了心灵之家。蜀道文化资源与数字地图的有效融合，打造出首个文化旅游 App，成为文化与旅游融合的案例。而中国蜀道网和蜀道文化旅游 App 中产生的大量读者 UGC（即用户生成内容或用户原创内容），又成为可供进一步深度开发的出版资源。可以说，这种筑垒学术高峰的出版创意，提升了图书在资源管理系统中的创意生态位，在打造优秀图书品牌的同时，通过创意溢出机制，进行了跨媒体、跨产业衍生，催生了出版界的"蜀道现象"，有力推动了集团的融合出版进程。

2. 模仿与培养机制

以图书出版为主的传统出版机构进军数字出版领域，离不开模仿活动。地方出版集团对图书资源的开发管理，可以尝试模仿新兴出版企业的创新思路和创新行为，吸取新兴出版企业在开发新产品中的成功经验和失败教训，增强自身的竞争力。面对全新的产品市场，地方出版集团在开发图书资源时，除具备必需的数字技术外，还要通过学习促使企业和员工适应新的经营理念、新的战略目标和新的组织文化。对于数字出版起步晚、转型慢且一直从事传统出版活动的地方出版集团来说，这种模仿与培养机制在资源衍生开发中发挥着非常重要的作用。

"举一反三"是陕西新华出版传媒集团陕西人民教育出版社经营开发了 20 年的著名小学教辅品牌，从最初的《小学奥数举一反三》发展为涵盖数学、语文和英语等多个学科，近百个品种。为了让这个优秀品牌在融合出版时代再现辉煌，出版社派出编辑人员赴高等教育出版社、人民邮电出版社等数字化转型先进企业,学习相关数字处理技术和管理经营理念,建立数据库和资源平台,改进引进的资源处理技术。在此基础上,积极引导编辑人员学习现代教育技术理论,并进行在线教育课程研究。2015 年,出版社全面启动《小学奥数举一反三》的数字化升级项目,推出了纸质图书、数字学习软件和在线教育课程的融合出版产品。2020 年受疫情影响,在图书发行业绩普遍下滑的情况下,《小学奥数举一反三》数字化升级项目建设初见成效,销售码洋达到 1.2 亿元。

3. 裂变机制

"裂变"一般指"核裂变",原指由重原子核通过核反应分裂成两个或多个质量较小的原子核,并同时释放出大量能量的过程。知识扩散研究从核物理学借用该概念,专指企业裂变和产品裂变导致知识扩散的机制。企业裂变是指由于人们强烈的创业愿望和对利润的追求,导致原企业中关键人员离开而成立新的相似企业,对于原企业可能是不幸的,但知识和技术在这一过程中进行了扩散传播。[1]产品裂变是指产品蕴含的关键知识和核心技术,通过新一轮技术创新而产生了新产品形成的扩散传播。[2]出版业是知识生产和知识传播的产业,出版企业的资源衍生也是知识扩散的过程,同样存在着裂变机制。陕西新华出版传媒集团陕西人民出版社具有 70 余年的办社历史,积累了大量的红色出版资源。2017 年,陕西新华出版传媒集团决定采用裂变机制对该出版社的红色出版资源进行集群化衍生开

---

[1] 郑健壮,吴晓波.论传统产业集群知识转移途径[J].经济体制改革,2004(6):46-50.

[2] 方凌云.企业之间知识流动的方式及其测度研究[J].科研管理,2001(1):74-79.

发，在中国延安精神研究会的指导帮助下，陕西人民出版社与中共延安市委共同组建了延安书局，努力实现企业裂变和产品裂变同步。作为从陕西人民出版社裂变而生的延安书局，集主题出版与实体书店为一体，既是红色文化研讨与创作基地，也是红色主题文化创意产品展示与交流空间。几年来，延安书局对陕西人民出版社的红色图书出版资源进行整体开发，以延安精神为主线，以党中央在延安 13 年的革命史、思想史、创造史、治党史为主要研究内容，裂变产生了大量红色文创产品和数字出版物。

4. 协同创新机制

协同创新是指创新资源和要素有效汇聚，通过突破创新主体间的壁垒，充分释放彼此间"人才、资本、信息、技术"等创新要素活力而实现深度合作的机制。整体性和动态性是协同创新的主要特点。整体性即创新生态系统是各种要素的有机集合而不是简单相加，其存在的方式、目标、功能都表现出统一的整体性。动态性是指创新生态系统是不断动态变化的。因此，协同创新是各个创新主体大跨度整合的创新组织模式，是发挥协作各方的能力优势整合互补性资源，实现优势互补，加速技术推广应用和产业化，协作开展产业技术创新和科技成果产业化活动，是当今科技创新的新范式。①

出版资源衍生开发的协同创新机制，要求出版机构、政府、研究机构和用户等，通过建立战略合作伙伴关系，如产品共同研发小组、临时项目小组和以出版企业为中心的知识交流平台等形式，加强相

---

① 陈劲，阳银娟.协同创新的理论基础与内涵[J].科学学研究，2012,（2）：161-164.

互间的合作，寻求相互间更大的同一性和协调性，共同研制新技术、开发新产品。其间必然要有意识地相互取长补短，主动交流沟通知识和技术并相互学习，共同进行技术创新与知识创造，提高整体的竞争优势。一般隐性知识容易通过这种机制进行扩散，并且这种机制也有利于新知识和新技术的创造。通过这种机制，虽然知识和技术扩散慢、成本与风险高，但一旦成功，对企业技术和知识创新的贡献最大、效益最高。

国家"十二五"重点规划项目《西安城墙》，是陕西新华出版传媒集团陕西科学技术出版社出版的历史文化丛书。丛书用大量生动的图片和文字真实记录了西安城墙的盛世风采，是西安城墙文化研究的重要学术资源，为读者走近西安城墙、了解城墙文化提供了文化底蕴丰厚的读本，也为城墙旅游增添了更多元素。丛书出版后，深受历史文化学界和旅游业界读者欢迎。西安城墙旅游部门以丛书内容为基础衍生了 VR（虚拟现实）展示和数字旅游地图项目，提升了景区品质，升级游客的游览体验。为了进一步衍生相关城墙旅游资源，陕西新华出版传媒集团应用协同创新机制，与西安城墙景区进行深度合作，设计开发文化旅游服务产品。设计团队运用人工智能技术，设计了由丛书主要作者（历史文化学者和作家）讲解景区的 VR 场景，并开发了关于西安城墙旅游导览的手机应用，游客在景区各个景点，可像在手机上操作打车软件选择车辆一样，在此应用中选择获取丛书作者对该景点的讲解 VR 场景或导游进行实景讲解。设计团队还将以与西安城墙相关的历史事件为背景设计开发城墙实景游戏，作为新的一个旅游项目。此外，设计团队还开发设计了城墙多媒体数字出版平台，对游客提供的照片、视频、游记散文等 UGC 资源进行全媒体资源再开发，努力实现数字内容阅读与消费的良性循环。尽管目前该项目还处于设计开发阶段，但协同创新机制下资源衍生的新发展已经初现端倪。

第二节　出版资源的衍生路径和开发基础

地方出版集团内容资源开发管理生态系统是由多元利益主体之间协同互动形成的复杂网络创新组织，各要素之间深入合作、高度集聚，相互之间形成密切的垂直联系，才能实现资源衍生的有序高效。明确的资源衍生路径，是进一步优化创新资源配置、实现良性持续发展的基本保证。

一、出版资源的衍生路径

1. 基于资源内容链的衍生路径

地方出版集团出版资源内容链，是以实现内容共享和衍生开发为目的形成的链式循环结构。在这个复杂的网络体系内，内容资源在集团下辖出版社、作者、技术供应商、产品经销商、客户等拥有内容资源的组织或人之间流动，最终实现不同载体的新的产品。而衍生的新产品，又成为地方出版集团可控的新的出版资源进入下一次循环。

在出版资源内容链上，不同节点存在着出版创意和内容衍生能力势差。处于不同节点上的衍生主体之间通过出版创意学习、资源内容转移和扩散等活动,实现资源的内容增值。资源的内容增值为各衍生主体提供创新动力,最终实现价值的增值。衍生主体之间的知识资源有效整合,使得资源内容链上杂乱的内容要素更加有序,从而实现衍生链的整体效益大于各部分效益,最终达到"多赢"的衍生目标。

基于这条衍生路径,地方出版集团掌控的图书等出版资源,可以具有同载体、跨载体、跨媒体和跨产业四个衍生方向。同载体的衍生是从图书到图书的衍生,这是出版社的日常工作之一。如陕西人民出版社出版的《红色档案——延安时期文献档案汇编》丛书,被集团所属太白文艺出版社衍生出《延安文艺档案》丛书等。跨载体衍生是图书资源在不改变内容的基础上被衍生为音频、电子书等。跨媒体衍生则是作为内容资源的图书被重新演绎为其他媒体形式的产品。图书改编为影视剧是最传统的跨媒体衍生。网络人工智能时代的跨媒体衍生,则包括图书内容资源出版创意水平提升、内容裂变、资源整合、多载体发布等新兴出版活动,需要作者、中介机构、技术提供商、产品经销商、读者(用户)等广泛参与。如陕西人民教育出版社根据"举一反三"系列图书所做的"举一反三"在线教育课程,进一步对品牌进行重塑,就是这样一个系统工程。跨产业衍生则是在跨媒体衍生的基础上,利用出版产业的内容和创意优势打通产业壁垒,从出版产业向周边其他产业的衍生。前述陕西科学技术出版社对丛书《西安城墙》进行的资源衍生,就是基于出版产业向旅游产业衍生的活动。

地方出版集团基于内容链的演化路径，将简单的产业集群模式演变成为出版创业和内容联盟模式。该模式通过组织之间的内容共享和内容转移，实现出版创意内容的交互与合作，使得资源管理开发生态系统发展成为内容创造的共同体，使得资源衍生更具潜力和活力，为集团协同创新提供一种更加快捷有效的通道。

2. 基于价值链的衍生路径

分工合作是现代社会生产的显著特点，大多数企业都不能独自承担创意、生产、销售的全部价值活动，每一个企业都是生产产品或提供服务的价值系统中的一部分。价值系统不是独立活动的简单组合，而是由企业内外经济活动组成的复杂系统。联系这些经济活动的是价值链，指互不相同但又相互关联的生产经营活动所构成的创造价值的动态过程。①

在地方出版集团内容资源开发管理生态系统中，基于价值链的资源衍生活动不仅会在集团内部实现价值增值，而且能通过横向拓展和纵向延伸形成新的价值链，实现内容资源价值的迅速增值。横向拓展价值链的资源衍生，促使产业内部和产业之间形成广泛的合作网络。纵向延伸资源价值链的资源衍生，则会产生集团与上下游中介机构、技术提供商、产品经销商、平台和读者（用户）之间完整的产业价值链，价值流转路径纵横交错的新的价值网络就此形成。新价值网络上的每个节点，都会为相关企业带来价值增值。通过调控价值网络，地方出版集团就能使出版资源获得更大的价值增值，

---

① 解学梅，隋映辉.科技产业集群：价值链及其实现途径［J］.科技管理研究，2005（9）：118-121.

实现更大的社会效益和经济效益。不仅如此，基于价值链资源衍生带来的价值增值，会吸引出版产业内外更多相关机构寻求战略合作，从而形成新的价值增长点，实现协同发展。

内容资源的衍生开发是出版企业进行精准内容生产和知识服务的关键所在，对提升地方出版集团的数字化进程和融合发展起到巨大的推动作用。在实际工作中，地方出版集团需要提高对资源衍生开发理念的重视程度，从源头做起，努力提升每一个选题的出版创意生态位；需要按照出版资源的衍生机制，建构集团层面的资源开发管理体系，使各项资源得到有效沉淀和整合；需要针对不同情况量体裁衣，理清内容资源的权属关系，加强版权资产的管理，选择适当的衍生路径。相信随着大数据、云计算、人工智能等技术的进一步发展，地方出版集团内容资源衍生开发的格局必将发生更为深刻的变化。

二、陕西新华出版传媒集团衍生资源的开发基础

陕西新华出版传媒集团有限责任公司成立于2014年，是根据陕西省委、省政府决定，在原陕西出版传媒集团、原陕西新华发行集团基础上融合组建的省属大型国有文化企业集团。集团以出版物生产和发行为主营业务，集图书、报纸、期刊以及音像制品、电子出版物、多媒体、网络出版物的出版和总发行，版权服务，国内外文化交流与合作，授权范围内的资产管理和投资等多种业务为一体，是陕西文化产业的"领军型企业"。

集团拥有各级子（分）公司、控股企业等法人单位130余家，包

括 8 家出版社（陕西人民出版社、陕西人民教育出版社、未来出版社、陕西科学技术出版社、陕西人民美术出版社、三秦出版社、太白文艺出版社、陕西旅游出版社），1 家新华书店分公司，10 家市级新华书店，近 80 家县级新华书店，以及印刷物资公司等多家专业公司。

多年来，陕西新华出版传媒集团始终牢记使命任务，积极弘扬主旋律、传播正能量，坚持正确导向，坚持把社会效益放在首位，以人为本，传承创新，不断满足人民群众精神文化生活的需要，通过整合方式管理产品，实现集群效应和市场价值，打造"陕版"系列图书品牌，确保出版主业持续健康发展，努力为繁荣社会主义文化和建设文化强省贡献力量。集团先后荣获"全国文化体制改革工作先进单位""陕西五一劳动奖"等重要荣誉，多次荣获"五个一工程奖""中国出版政府奖""中华优秀出版物奖"等国家级重要奖项。

陕西人民出版社是以社科类图书出版为主的综合性出版社，建社 70 余年来，其市场化产品线主要围绕历史文化类、通俗政治理论类、文化学术类三个板块进行布局。在近几年已经出版的《四部文明》《十三经辞典》《中国百年文化思潮》《中华人文精神》等传统文化读物基础上，创新出版形式，加强传统文化的现代解读和研究，努力使这类图书成为现代中国人精神文化的重要营养。近年来，以《全唐五代诗》的出版为契机，继续做好经典作品的挖掘、整理、研究等相关著作的出版。红色经典系列主题出版物则有以"红色延安"系列为主的党史、党建、党史人物传记等读物的出版，形成了规模效应。

陕西人民教育出版社是以出版基础教育类图书为主的专业出版

社，其市场化产品线主要围绕市场化教辅类、课外文教类、大众心理教育类三个板块进行布局。市场化教辅图书整合优势资源，加强内容创新，对市场化教辅产品的品牌、板块进行广度、深度上的开发。在语文课外阅读、英语阅读、古诗文、作文、传统文化、学业水平测试、自主招生考试等方面已积累数百套教学辅导材料。"举一反三"等经典产品，经过认真修订，向新学科、新学段、新板块拓展，增扩各种增值服务，逐渐引入同步板块、阅读板块和升学板块，构建品种齐全、类型多元、强势板块凸显的结构，使其焕发新的生命力，把品牌做大做强。

未来出版社是以出版少儿类图书为主的专业出版社，其市场化产品线根据少儿图书出版的特点，主要围绕集中打造"未来童书"文学馆、绘本馆、科普馆、认知馆四个板块进行整体布局。

陕西科学技术出版社是以出版应用技术类及自然科学类图书为主的专业出版社，其市场化产品线主要围绕医学保健类、学生课外读物类两个板块进行布局，坚持从现有专业图书的成熟品种中找准点，纵向深入，增加品种数量，形成规模，做到在该领域的权威性和代表性，积累了大量的科技专著、科普图书、养生保健等衍生资源。

陕西人民美术出版社是以出版美术类图书为主的专业出版社，多年来坚持围绕美术普及辅导类、民间美术类两大板块进行布局。美术普及辅导类主要以绘画、书法碑帖临习及技法辅导类图书为主，将少儿美术和书法碑帖辅导丛书作为主攻方向，在已有的围绕碑林名碑出版的若干套系列丛书基础上，以独特的角度不断开发和衍生，从小学生写字、临习指南到精装系列丛书，形成规模。民间美术类以工艺美术及民间文化类图书为主，将近几年已陆续出版的如陕西剪纸、刺绣、木版年画、石雕泥塑等民间美术精品系列以及一定数目的剪纸技法等普及教材不断扩展，注重对民间文化、乡俗民规以及禁忌等文化寓意的解读，形成多维和立体呈现我国宝贵的民族民间文化的产品系列。

三秦出版社是以古籍整理类图书为主的专业出版社，围绕中国古典文学类、国学经典类两大板块积累了大量资源。国学经典类以多年来已经形成品牌的"国学经典文库""中华国学百部""国学大书院""史记注译""中国传统文化丛书"等为基础，发挥自身优势，不断维护和完善，进一步创新，形成强势品牌。中国古典文学类紧紧围绕古籍整理和传统文化普及等专题，坚持走专、精、新、特的编辑出版路子。近年来，对历年出版的中国古典文学类图书资源进行认真研究、分类整合，在"国学经典文库""国学经典诵读丛书""四大名著""帝王传大系""唐宋英雄传奇""精编精校传统文化普及文库"等已有产品的基础上，加大策划研发力度，推出更多效益显著的精品图书和中国古典文学类图书，形成具有一定影响力和规模的产品系列。

太白文艺出版社是以文学艺术类图书为主的专业出版社，其市场化产品线主要围绕文学类、区域文化类两大板块进行布局。文学类主要积累了"中国古典名著""外国文学名著""中国西部女作家丛书""西风烈丛书""海外华文女作家""中国文学新力量"等系列原创文学品牌，进行创新和完善，持续促进文学创作，推出更多题材、体裁的文学作品。儿童文学以"小橘灯"大型儿童文学创作出版项目为基础,打造包括长篇小说、长篇童话、散文集、儿童诗集等不同体裁的儿童文学作品系列。近年来,在"当代陕西文艺精品系列"、"中国秦腔文化丛书"、《黄帝文化大典》、"延安文艺档案"、《西安鼓乐大典》、《吉祥陕西》、"千年秦商"等著名文学图书品牌的基础上,立足于陕西的独特历史文化资源,加强创新思维,策划和出版了一批新的能够体现陕西乃至西部区域文化特色的图书。

陕西旅游出版社是以旅游文化类图书为主的专业出版社,其市场化产品线主要围绕历史文化类、旅游休闲类两大板块进行分布。历史文化类在已经出版的"陕西旅游文化丛书""陕西第三次全国文物普查丛书""陕西博物馆丛书""丝绸之路(陕西段)文化遗产丛书""陕西历史文化遗产丛书"等一大批图书的基础上,坚持发挥地域资源和传统优势,继续策划出版一批充分展现陕西丰富历史文化内涵的历史文化类精品图书,形成优势品牌。旅游休闲类凸显"大旅游"理念,坚持以旅游休闲为特色的出版方向,把握文化与旅游之间的良好契合点,拓展和延伸已有的"安康文化生态旅游丛书"《静享安康好时光》《寻找美丽小镇》等品牌图书资源,立足陕西和西部丰富的旅游文化资源,有计划、成体系、成规模地推出一批具有鲜明地域特色的旅游休闲类精品图书。

第二章
出版物衍生资源的评估

出版物衍生资源开发是出版活动的产品链与价值链的延伸，是出版活动满足大众多元精神文化需求的根本属性所决定的必然过程。出版物衍生资源主要指出版衍生产品形成过程中必须加以开发、利用的各种社会资源，包括人才资源、信息资源、物质资源等。并非所有出版物资源都具有衍生开发的价值和条件，因此，对出版物衍生资源进行可用性分析，并进而对其开发价值和衍生收益进行系统性评估，就成为出版物衍生资源开发的前提和必要条件。

第一节 出版物衍生资源可用性评估分析

一、出版物衍生资源可用性前提

出版衍生活动既有出版活动的物质生产与精神生产双重性特

征,又具有衍生开发的提纯、转化与从属性特征。出版物衍生资源的可用性直接决定了出版衍生活动是否应该和能否顺利开展以及衍生开发的价值收益。

1. 可用性出版物衍生资源必须是能满足细分市场新的文化需求的具有一定稀缺性的优秀作品

出版物衍生开发客观上是当前出版物生产供给无法充分满足读者(用户)不断提高的文化消费需求而产生的。为了达到新的供需平衡,一方面,通过社会发展、文化进步而积累的创新性文化内容,提高整个社会出版物供给的总量;另一方面,通过对历史文化、古籍经典等存量出版资源的创新性开发即出版衍生,从时代价值、传播效率、读者(用户)体验等方面优化现有出版物供给的结构配比,提升出版物产品的供需匹配度。

出版市场上存量出版资源的总量特别巨大,每年都有数以百万计的出版物面世。从内容上来说,有专注于某个小众领域的新作,也有洋洋大观的文献集成;有十年磨一剑、填补空白的精品力作,也有抄袭模仿、粗制滥造的文字垃圾。从时效性来说,整个社会的存量出版资源是一个新陈代谢、动态积累的过程,有的产品随着社会热点转移而无人问津,有的产品因排版装帧落后而被淘汰。在人类文明的漫长历程中,真正能沉淀下来的一定是主题深刻、内容上乘、制作精良的优秀作品,比如《诗经》、《论语》、"四大名著"等,它们无论是作者的思想深度、创作产生的历史背景,还是传承发展的传奇经历,都有无数的机缘巧合相叠加,逐渐成为流传至今的稀世珍宝,供后人传诵、研究和演绎。而这种稀缺性也使其能够被不断聚焦、凝聚起特定的文化圈子，吸引不同时代的人从记录载体、传播方式等各个方面进行衍生开发，在发掘其文化内核或传播价值的过程中，将多元时空下的文化元素纳入其中，使其具有更大的吸引力与时代性。

2. 可用性出版物衍生资源必须具有明晰的产权，能够使衍生活动各方主体获得合作收益，形成合作共赢

出版物衍生活动是一个动态的持续过程，根据衍生方式的不同，需要原创作者、译者、改编者、播音、主演、动画编导、后期制作、营销推广等不同创作、推广主体的合作参与。衍生过程往往也不是一蹴而就的，衍生活动本身就是对原有出版资源的解构与重建过程，有的跨越时空，如后人对"四大名著"的批注、新解；有的跨越载体，如纸质图书的电子化；有的跨越媒介，如将京剧、昆曲等传统舞台表演艺术注入影视、音乐等元素来进行多媒体的融合改编；还有的跨越产业，如基于传统地理、历史图书文献资源衍生开发出的适合文旅研学的融合文化产品。不同权利主体的初始产权不同，在衍生过程中基于创造性劳动而赋予衍生产品新的价值也不同，加之在衍生过程中难以避免的"知识溢出"现象，出版物衍生资源必须产权明晰且能在整个衍生过程中不断被确权，才能使各方参与主体获得公平的合作收益，使出版物衍生活动能够持续进行，达成合作共赢。

3. 可用性出版物衍生资源必须具有突出的时代价值，有广泛的研究、创作、传播与消费群体，能够持续地输入"创意"

出版物衍生是对原有出版物资源的提纯开发，是对特定出版资

源的选择性"深加工"。出版物衍生在本质上是出版物生产过程的延续,包含着编辑加工的价值选择特征。出版物衍生资源必须具备突出的时代价值,能够满足当代文化消费的个性化需求,才能吸引出版衍生的多方主体参与,通过二次选题策划、内容改编加工、数据深度挖掘、载体形式创新、开发系列产品、科技融合创新等手段,形成产学研一体化创新,打通上下游产业链。

蕴含在出版物衍生资源中的创意潜力既是出版物资源本身的内容价值体现,又是社会文化创新活动聚焦其上而不断拉升生态位势能的内生动力。时代价值突出的优秀出版物由于其研究对象的热点性、研究方法的前沿性、理论框架的创新性,往往具有对社会经济文化现象的强大解释力,具有对推动科学进步、技术创新的强大支撑力。这类出版物本身或思想深邃、逻辑严密、体系庞大,如"四书五经""四大名著"等中华传统文化经典;或颠覆传统、别具一格、改变生活,如人工智能、大数据等前沿科技著作。它们深层内核中的包容性与解释力所展示出的时代生命力,通过与社会文化创新活动的同频共振,不断放大创意潜力、整合内容链和价值链,持续推动创意资源的衍生转化。

基于上述分析,可用性出版物衍生资源必须具备内容优质稀缺、产权明晰、时代价值突出等特点,能够聚合衍生活动各方主体共同参与,通过衍生产品满足细分出版物市场需求并获得合作收益,形成共创共享的良性生态系统。

二、出版物衍生资源可转化性分析

出版物衍生资源的可用性分析从开发的可及性与价值意义视角

来研究出版衍生的前提,而出版物衍生资源的可转化性则主要分析出版物衍生的动力机制与路径问题。

1. 社会、经济、文化环境的不断变化对出版物内容、形式、传播方式提出了新需求,形成了出版物衍生开发的外部动力

出版活动与社会发展具有十分紧密的关系。一方面,政治、经济、科学技术、社会文化的发展为出版活动提供了物质和精神基础,决定着出版活动的方向、规模和水平。另一方面,出版活动也在广泛而深刻地影响着社会各领域的发展。出版物衍生资源开发从本质上来说是对出版物内容的深度挖掘,对传播方式的创新发展、对出版生态链和价值链的多元重塑。与传统出版物生产活动相比,出版物衍生资源开发必须更多地关注新技术和新业态的发展,关注阅读习惯和文化消费升级,关注社会热点和学术前沿,充分利用社会各领域的创新成果,为用户提供知识密度更高、阅读(使用)体验更好的文化产品。

2. 载体互通是出版物资源衍生开发的技术驱动力

任何内容生产、信息交流活动都需要载体,出版物资源衍生开发也不例外。出版物资源衍生开发的载体是指在出版物资源衍生开发过程中承载并能传递出版物衍生产品的内容或信息的形式。载体互通不仅为出版物衍生资源的转化利用提供了必要的技术环境,又持续重塑着出版物资源衍生的整个生态系统。

在传统出版阶段,出版物资源衍生开发主要是围绕出版物的内容资源延伸,有的对原有图书进行增删、改写、批注、点校、翻译、合订;有的利用出版物的 IP,以作者为中心或利用图书中的某一个

人物、某一个情节、某一个方面特征，进一步拓展选题，开发系列图书产品。该阶段出版衍生活动的载体以纸质图书为主，载体形态包括作者原稿（纸质或电子版）、编校加工稿、排版印刷文件等。载体互通内化于出版物资源衍生开发的选题策划和编辑加工过程中，成为连续出版流程的工作标准。

随着大数据、AI（人工智能）、5G通信、区块链、云计算、VR（虚拟现实）、AR（增强现实）等先进信息技术的落地应用，以内容创新为核心的出版衍生活动也进入全面融合发展的新阶段。基于数字化技术和互联网思维的融合出版，打通了出版物资源衍生的载体壁垒，跨载体、跨媒体、跨产业的出版物资源融合衍生呈现出多层次、动态化、立体式的深度互通互联特点。在出版物资源融合衍生阶段，载体互通重塑了出版物资源衍生的内容生产流程、产品形态、营销体系等各个方面，市场对出版企业的资源配置发挥着越来越大的影响，而典型的衍生合作模式也从以内容为核心的资源主导型向以创意为核心的协同创新型转变。从内容生产来说，载体互通使内容资源的获取与转化更加高效便利，越来越多的市场主体得以跨界参与其中；而载体互通带来的信息共享、知识外溢与衍生开发边际成本递减，使许多体量巨大、版本珍稀的出版物资源具有了衍生可用性，也使得根据原著改编电影、游戏或对知名IP的立体衍生开发得以达成合作共赢，实现合作收益，大大地拓展了可用出版物衍生资源总量。从产品形态来说，载体互通使出版衍生产品具有更好的市场适应性，能够根据读者（用户）需求呈现不同的形态。如"四大名著"的衍生，有的从版本入手进行差异化开发，既有适合专业学者的繁体竖排点校本，又有适合青少年阅读的无障碍（白话、注音、插图）版本；有的从载体上创新，满足不同场景的需求，提供有声书、电子书、融媒体书等；还有的跨产业衍生，基于原著改编电视、电影，开发玩偶、装饰品等周边产品或打造文旅融合的特色旅游线路等。从营销体系上看，载体互通使一次创意衍生多个产品，一次宣传产生多元效果成为现实。相较于传统出版物营销以特定产品、直接目标用户为中心的"强关联"营销思路，载体互通条件下的出版融合衍生营销体系以核心IP、文化认同等"弱关联"为纽带，打通不同载体、不同媒介受众、不同产业领域的同类衍生产品客群界限，并通过新兴媒体、社群、亚文化圈层等互相渗透、造势借力，培养具有较大消费黏性的忠实读者（用户）。

3. "创意生态位差"是出版物衍生开发的内生动力

（1）出版物资源衍生开发生态系统

出版物资源衍生开发是对出版单位既有出版资源的选择性再度开发，实质上是以价值增值为目标的出版资源知识管理活动。根据George Por（乔治·珀尔）的知识生态学理论，知识资源具有生态系统属性，知识管理的最高阶段就是构建知识资源的生态系统。[1]知识资源生态系统由知识资源、知识活动和交互环境等要素构成，不同的知识、思想与灵感交互融合，在相互影响过程中促进知识价值的提炼与应用。[2]据此观点，在出版物资源衍生开发生态系统中，知识

---

[1] George Por. Knowledge->Intelligence->Wisdom Essential Value Chain of the New Economy [DB/OL]. [2010-04-06] http://www.co-i-l.com/coil/knowledge-garden/kd/kiwkeynotes.shtml.

[2] 王方. 众创空间与高校图书馆服务的融合创新发展研究[J]. 图书馆工作与研究，2016（4）：96-99.

活动就是出版物资源衍生活动;交互环境是出版机构自身实现出版资源再度开发的制度文化、人才技术等内部开发环境与社会、经济、文化等影响衍生出版物供需的外部环境的总和,而知识资源则是包含着出版创意、版权和知识信息内容的复合性出版内容资源。出版内容资源、交互环境和资源衍生活动,构成了出版物资源衍生开发生态系统。

(2)出版物衍生资源的"生态位"

生态位是生态学的核心概念,用来描述某一生物物种与其所处群落中的其他物种的联系和与其所处环境的相互作用。生态系统是能够自我复制、自我调控、自我完成新陈代谢的系统,物种由低生态位向高生态位跃迁需要吸收环境的能量,反之则会释放能量,因此物种生态位空间位置的变化,是推动生态系统不断运动的动力所在。

同自然生态系统一样,出版物资源衍生开发系统也是一个有机体。任何一个可用于衍生开发的出版物内容资源,都可以以"生态位"来定义,且可以按生态位理论界定的"空间位置和功能"来确认其"生态位"。[①]不同的出版衍生内容资源根据其出版创意、版权和知识信息内容的差异,处于出版衍生系统的不同"生态位"上。在内容资源构成要素中,作为标识资源归属主体的版权由于规则体系相同,不体现生态位上的差异。作为承载资源表现形态的知识信息内容随着出版活动的完成处于相对稳定的状态,其主题类型、信息密度、知识体系、表达方式、时代价值等方面的差异对应了当前出版生态系统中读者的分层文化消费需求,在生态位上主要表现为分布区

---

① 王永锋. 基于生态位的城市竞争理论与实证研究[D]. 开封:河南大学,2007.

间上的离散分布而非能量级差。而蕴含在出版物中的出版创意则充分体现了出版单位在出版活动中自主选择的主观能动性，是出版内容资源时代性与创新性的集中展现，蕴藏着巨大的创意势能，也是出版内容资源中最活跃的部分。在出版机构内部，经过市场检验的优秀的出版创意会通过选题规划、集体论证等内部交互环境持续衍变：一方面，通过内容裂变、培养模仿等以较低的边际开发成本形成各类新的衍生产品，推陈出新打造特色产品板块；另一方面，衍生过程中释放出巨大能量，持续影响着出版机构的人才培养与选拔、出版流程优化等内部生态环境。在出版机构外部，优秀的出版创意也随着出版物传播而产生"溢出"效应，一方面通过社会经济和舆论导向的示范引领作用，深度影响着头部作者资源凝聚、出版物形式创新、营销模式再构等，持续重构着出版物要素与市场格局；另一方面通过聚合协同创新等方式，进一步整合内容链与价值链，形成多主体的内容生产和多载体内容呈现，并使内容资源在企业内外有序流动。

（3）"创意生态位差"

鉴于出版创意在出版机构掌控内容资源的核心，具有关键性地位，将生态位的概念迁移到出版资源衍生管理领域，出版衍生资源的生态位可以表述为衍生创意资源所处的时空位置及其与其他资源间的功能关系。根据上文分析，出版资源衍生开发的内在动力，主要来自出版内容资源中最活跃的部分——出版创意。对于个体出版物衍生资源来说，创意生态位差表现为在一定时空条件下，某种出版物衍生资源的选题精准度、内容富集度、开发便利性、创意前瞻性所共同形成的衍生能力比较优势程度。这种比较优势具有时间和区域上的相对性，是衍生开发的潜力与动机。而对于出版资源衍生开发生态系统来说，不同出版物衍生资源的创意生态位差是推动生态系统不断打破结构平衡、整合出版资源，并通过裂变传导机制释放能量、维持新陈代谢的内生动力，是创意势能释放—吸收—转化—再释放的持续进程，决定了资源衍生开发的广度、深度和速度。对于出版机构来说，具有创意生态位差的出版物衍生资源是衍生开发的前提和基础，也是稍纵即逝的机遇和挑战，必须不断提升创意水平，积蓄创意势能，同时完善自身知识管理能力，识别、管理好出版衍生资源，持续提高出版衍生资源的开发效益。

第二节　出版物衍生资源开发效益评估模型

从经济学视角看，出版物衍生资源开发是出版单位主导的，以价值增值为目标，以既有出版物资源为对象开展的再生产活动。按照出版物资源基于内容链与价值链两种衍生路径，衍生活动的各方参与主体根据衍生资源的创意生态位禀赋在市场机制的作用下，选择不同的衍生方向与衍生机制，以实现出版内容资源的有序流动与价值增值。不同的衍生开发模式下，衍生资源要素投入、衍生收益与分享、衍生溢出效益、衍生组织效率等方面存在巨大的差异，下面主要从成本收益角度对不同衍生资源开发模式的开发效益进行评估，并从适用与效率角度尝试提出相应的优化策略。

一、基于内容链衍生的出版物衍生资源开发效益评估

出版物资源衍生开发生态系统的内容衍生链，是以实现内容共享和衍生开发为目的形成的链式循环结构。在这个复杂的网络体系内，内容资源在各出版单位、作者、中介机构、技术提供商、产品经销商、读者（用户）等拥有或管理内容资源的组织和人之间流动，不同节点上的参与主体在内容资源交互过程中利用和扩散信息、碰撞和启发灵感、重组和加工资源，通过创意溢出、内容裂变、培养与模仿等衍生机制释放创意势能，实现同载体、跨载体、跨媒体、跨产业的多维立体式衍生开发。同时，通过不同节点对内容资源的持续赋能，拉高出版物资源衍生开发生态系统的整体创意生态位差，而衍生出的新产品，又丰富了出版物资源衍生开发生态系统的可用衍生资源，为此系统的动态平衡提供了源源不断的营养与动力。

1. 不同节点主体参与内容衍生能力分析

在出版资源内容链上，不同节点存在着出版创意和内容衍生能力势差。出版单位与作者处于内容衍生链的上游，拥有较高的创意衍生能力。其中，出版单位作为可用性内容资源的实际控制者与市场信息的处理中枢，拥有较高的创意能力与衍生意愿；作者是内容资源的权属主体，不仅拥有对内容资源的改编、续写、演绎等处置权，而且知名作者的个人影响力还可以直接作为 IP 进行系列衍生开发；中介机构、产品经销商、技术提供商与读者（用户）等处于内容衍生链的中下游，主要参与内容资源的扩散与技术加工等，对内容资源的掌控力较弱，衍生开发的创意势能较低；读者（用户）原本处

于内容衍生链的末段消费环节，通过购买行为或书评、观后感、读者来信等间接形式影响出版单位和作者的续写、再版、改编或其他跨媒体、跨产业衍生决策，对内容衍生的创意生态位提升贡献相对分散、滞后、不明确，但随着豆瓣、B 站（哔哩哔哩）、抖音等社群和新媒体平台的介入，以及网络连载出版、UGC 等新兴出版模式的兴起，读者越来越多，越来越直接地贡献内容创意，成为内容衍生链上重要的参与者。

2. 不同节点主体实现内容增值的赋能方式

处于不同节点上的衍生主体依据自身的资源禀赋，通过出版创意学习、资源内容转移和扩散等活动，对内容资源进行赋能，实现资源的内容增值。处于内容链上游的出版单位主要通过创意和管理赋能：依托掌握的出版衍生资源内含的出版创意，在市场供求信息的催化下，不断优化内容资源管理水平，充分发挥创意溢出、内容裂变、培养与模仿、协同创新等多种衍生机制的作用，对内容资源进行提纯整合、定向转化，衍生开发出新的产品。处于内容链中游的中介机构、产品经销商、技术提供商等主要通过信息赋能：一方面，将与内容资源衍生相关的产品信息、技术信息、市场信息不断地输入出版物资源衍生开发生态系统中，帮助各衍生主体采取一致行动，有效整合内容链上杂乱无章的衍生资源要素；另一方面，通过创意溢出和内容裂变机制，直接参与内容资源衍生开发。处于内容链生产、消费两端的作者和读者（用户），主要通过文化赋能；作为内容资源的直接生产者和消费者，作者与读者（用户）自发形成基于内容资源的文化圈层，策划创意生产与文化消费体验不断地输出与反馈，持续丰富着内容资源的文化内涵，推动衍生活动不断发展。比如许多网络小说采取在线连载的形式，会根据读者（用户）的反馈选择作品的发展走向以及是否连载、出姊妹篇或改编成影视、游戏等。

不同节点上的衍生主体通过对内容资源的定向赋能，使内容链更加有序、开放、有活力，为出版物资源衍生开发生态系统的维持与代谢提供了内容增值的营养，使内容衍生链的整体效益大于各部分效益，最终达到"多赢"的衍生目标。

3. 不同衍生类型衍生开发效益分析

在以内容资源交互利用、多元赋能为核心的内容链衍生路径上，按照对内容资源的创意赋能程度，由低至高可以分为同载体、跨载体、跨媒体和跨产业四种衍生类型。

（1）同载体衍生开发效益

同载体衍生是从图书到图书的内容延伸或提纯整合，是出版单位优化产品结构、复制成功选题的常规路径之一。此种衍生类型主要由出版单位发起实施，衍生成本要素主要包括：出版单位的版权信息管理、选题策划创意、编印发环节投入等内部成本。衍生收益主要包括：衍生出版物产生的社会和经济效益、出版单位品牌价值的增值、出版单位人员策划创意水平的提升、可用于再次衍生的内容资源的积累等。由于同载体衍生的主要衍生活动在出版单位内部进行，衍生的主要成本和收益都内化为内部经济效益，所以出版单位对此种类型的衍生效益评估主要通过中宣部于2018年12月印发的《图书出版单位社会效益评价考核试行办法》、出版物单品种成本与经济效益核算、开卷网等中介机构提供的出版物市场占有率与同品类图书排名变化、审计与评估机构出具的出版单位无形资产评估情况、编校人员图书获奖情况和职业技能大赛成绩等多维度指标体系来综合判断。

追求出版衍生收益的"双效"统一、品牌影响力和人员素质的持续提升毫无疑问是所有出版单位的理想目标，但对于不同体量规模、处于不同发展阶段的出版单位来说，衍生资源禀赋、策划创意水平、资源和信息管理水平差异巨大，将有限的衍生资源与阶段性发展目标和长远规划有机结合，选择合适的衍生效益指标体系，动态调整衍生开发效益评估模型或是该阶段出版机构的理性选择。

（2）跨载体衍生开发效益

跨载体衍生，是图书资源在不改变内容的基础上被衍生为音频、电子书等。衍生开发的动机主要来源于数字资源平台通过满足新的阅读习惯获取经济效益的资本动力与出版单位、作者对于多元渠道收入以及影响力追求的"不谋而合"。虽然近年来随着传统出版单位的数字化转型以及国家文化数据库建设的投入，传统出版单位开始涉足跨载体衍生，但由于在数字资源转化技术、人才、资本投入方面的不足，以及自建数字资源分发渠道难以形成规模效应，短期投入巨大而经济回报较低等原因，掌阅、中文天下、懒人听书、喜马拉雅等一些网络出版和电子书、听书平台依然是目前此种衍生类型的主要实施主体，而传统出版单位和作者则为跨载体衍生内容资源"原材料"的供应方。衍生成本主要包括：出版单位和作者提供的原始版权资源，数字资源平台和相关技术企业的数字资源加工投入、分发营销费用、数字资源管理维护成本等。衍生收益主要包括：出版单位和作者的电子版权销售分成、由电子书带来的纸质图书销量的增长（或负增长），数字资源平台获得的电子书、音频等销售收入、广告收入，以及流量带来的品牌影响力提升，相关技术开发企业、广告企业获得的订单收入，读者获得的阅读经济成本下降（电子书和音频书单价往往大幅低于纸质书）与体验提升等。

从各主体成本投入角度分析：电子版权授权投入根据是否独家、是否名家、是否精品占衍生开发总投入的占比差异较大；数字资源转化、管理维护成本受平台企业规模与技术、管理能力的影响差异较大，由于平台生产成本主要是人员工资、房租、设备折旧、运维费用等不可变成本，边际开发成本递减，所以一般来说规模越大、集约化程度越高的平台平均开发成本越低，越有成本竞争优势；数字产品分发费用主要是流量投入和渠道费用，头部平台和产品由于曝光率高、作者自带流量、媒体宣传等因素导致获客成本较低，而使流量和资源进一步集中。从收益角度分析，电子书、音频书的开发成本相对纸质书来说较低，与纸质图书消费场景和人群存在差异，无库存压力、产业链延长、创意和技术赋能等因素，使得衍生总体收益大于成本。总体来说，跨载体衍生开发效益与内容资源优质化、稀缺性程度成正比，与平台企业规模与管理水平成正比，与创造并满足读者新的阅读需求能力成正比。优质内容与资本、技术强强联合成为此种衍生模式的主要效益评估指标，而边际成本递减和头部聚集效应使得越来越多的创意衍生资源聚集在头部平台、头部出版单位、头部作家之上，具有明显的"马太效应"①。

（3）跨媒体衍生开发效益

跨媒体衍生，指作为内容资源的图书被重新演绎为其他媒体形式的产品。在创意与技术的加持下，多方衍生主体根据衍生目标对载体互通的内容资源进行选择性挖掘、多元立体开发和呈现。传统的跨媒体衍生方式主要是影视剧、舞台剧、广播剧等剧本改编，而随着数字技术和数字经济的发展，数字时代已经来临，跨媒体衍生吸纳作者、中介机构、技术提供商、产品经销商、读者（用户）等广泛参与，开始转向知识服务、共创共享、多元裂变、多媒体发布等新兴出版形式，衍生方式主要包括：开发在线教育课程、建设知识服务数据库、开发动漫游戏等数字化产品、构建在线出版发布融媒体矩阵等。与前两种衍生类型相比，跨媒体衍生的开发成本中，作为原始衍生资源的图书所占比重大幅下降，对内容资源的利用形式也不限于策划创意的照搬模仿或完整内容的载体转换，变得更加多元、分散和灵动。跨媒体策划创意能力成为此类型衍生开发的主要投入要素。不同于传统图书策划，跨媒体策划创意需要具备对文化需求的思考力、对内容资源的理解力、对技术手段的整合力、对策划创意的执行力，这四者缺一不可。这就要求拥有不同资源禀赋的开发主体在协同创新的跨媒体衍生创意生态系统中整合资源、共享知识、分担成本、互通创意，形成整体性跨媒体策划创意能力。而跨媒体衍生开发的收益与开发主体的投入相匹配，为了维持合作机制，衍生收

---

① 罗伯特·莫顿归纳"马太效应"为：任何个体、群体或地区，在某一个方面(如金钱、名誉、地位等)获得成功和进步，就会产生一种积累优势，就会有更多的机会取得更大的成功和进步。此术语后为经济学界所借用，反映赢家通吃的经济学中收入分配不公的现象。

益必须遵循共创共享原则，不仅体现在具体的利润分配上，还体现在创意互通、知识共享的动态过程中。值得注意的是，由于开放合作与收益共享使得创意溢出与裂变机制发挥较大作用，跨媒体衍生产品研发，可以拉升整体创意生态位差，加快产品与技术的迭代，但由此产生的外部性——比如在基础理论研究、通用技术攻关上的等靠心理，又比如对好的策划创意的低水平抄袭复制——导致大量"搭便车"行为，如果不加治理，长远来看就会使"劣币驱逐良币"，危害整个合作创意衍生生态系统。因此，跨媒体衍生开发效益主要取决于衍生主体整体性策划创意能力、协同创新组织效率以及外部性问题的治理。

（4）跨产业衍生开发效益

跨产业衍生是在跨媒体衍生的基础上，利用出版产业的内容和创意优势打通产业壁垒，从出版产业向周边其他产业衍生。主要有两种模式：一是输出内容，整合其他产业资源，打造跨界衍生产品，比如陕西新华出版传媒集团三秦出版社依托优质内容资源《丝绸之路中国段文化遗产研究》丛书，衍生开发出文旅融合、文教融合的"5G丝路文化交互平台"；二是输出创意，释放优质内容资源中的创意生态势能，改造其他产业的产品形态或生产经营模式，比如将在线出版中的UGC模式移植到"剧本秀"的运营中，创造玩家主导的开放剧情模式，提升可玩性，增强游戏体验。跨产业衍生的核心是内容与创意的跨界，衍生活动的主要任务是打破产业壁垒，激活利用水平较低的要素资源，产生"画龙点睛"的效果。因此，跨产业衍生的成本除了一般衍生产品开发所必需的内容资源、创意策划、技术支持、资本助力外，还有助于打破信息孤岛、破除行业垄断、改造生产模式和消费习惯等"抗免疫""反惯性"的投入。产业关联度越低，则创意溢出效应越弱，跨产业衍生难度越大，开发成本越高。跨产业衍生的收益主要在于激活利用水平较低的要素资源所产生的收益，创意内容与衍生产业资源要素的匹配度越高，衍生收益越大。基于上述分析，提升跨产业衍生的开发效益关键在于加强行业间人才、信息、政策、标准等资源的互联互通，找准产业痛点，发挥创意溢出和协同创新等衍生机制作用，输入具有高创意势能的衍生资源，激活跨产业利用水平较低的要素资源，取得边际效益递增的衍生收益。

基于内容链的衍生路径，出版单位以内容资源为纽带连接起作者、中介机构、产品经销商、技术提供商、读者（用户）、媒体、协同创新衍生合作单位、政府部门等出版行业内外衍生主体，将简单的产业集群模式演变成为共创共享、合作共赢的出版创业和内容联盟模式，使得内容资源管理开发系统发展成为载体互通、内容共享、创意交互、成本共担、收益共享的内容资源衍生开发生态系统，使得资源衍生更具有潜力和活力，能够有效降低外部性与系统性风险，提高出版资源衍生开发的效益。

二、基于价值链衍生的出版物衍生资源开发效益评估

前文所述，出版衍生活动的目标是追求价值增值，出版衍生活动的各方参与主体依托各自的资源禀赋参与衍生分工合作，协调一致为衍生资源赋能，共创共享衍生价值增值。

1. 横向拓展价值链衍生开发效益评估

横向拓展价值链衍生开发就是加强出版产业内部和产业之间各衍生主体的有机联系，拓展出版资源衍生开发的合作网络，营造良好的资源衍生产业生态。受版权归属、地域限制等因素影响，不同衍生主体在开发衍生资源价值的初始阶段，都倾向于依托自身独占的出版内容资源相对独立地、不连续地进行出版物衍生开发，就像一个个封闭的"泡泡"，随机散布在创意空间中，彼此缺乏联系，也较难持续"长大"，衍生资源的开发利用率与衍生效率较低，通过横向拓展价值链实现强强联合的合作共赢成为价值衍生的一种必然发展趋势。

（1）横向拓展价值链的成本

根据上述分析，横向拓展价值链的衍生过程，就是衍生主体间为追求衍生价值增值的规模效应而主动寻找合作对象并达成合作的过程，因此横向拓展价值链的衍生开发成本主要来自为了达成合作的谈判成本。所谓谈判成本，是指企业为寻找外部交易对象，和交易对象在谈判过程中就有关交易条款的订立、合同的起草等方面投入的人力、物力、财力和时间。谈判成本包括三部分：

第一部分成本是为了达成合作协议所做出的让步之和。对于寻求横向拓展价值链的单方衍生主体来说，为实现衍生资源价值增值所付出的让步成本包括：一是放弃不适合合作开发或不具有比较优势的衍生资源要素，将各自优势部分打散、提纯、重组，以实现衍生资源的优势互补与物尽其用；二是为了避免衍生合作出现水土不服的排异情况，需要弱化个体 IP 和企业文化，调整不适应衍生合作的部分企业文化、制度设计，营造适合双方或多方衍生主体协同创新的衍生环境；三是对未来衍生合作收益分配所进行的博弈与妥协。

第二部分成本是指为谈判而耗费的各种资源支出之和，其数值等于为该次谈判所付出的人力、物力、财力和时间的经济折算之和。在横向拓展价值链衍生过程中，这部分成本主要包括：为寻求衍生合作伙伴而付出的信息成本，量化双方资源投入占比的核算成本，明确双方权利义务的立约成本，以及担保成本、风控成本、试错成本等。

第三部分成本是机会成本。由于各衍生主体将部分资源投入该次谈判中，即该次谈判占用和消耗人力、物力、财力和时间，于是这部分资源就失去了其他的获利机会，因而就损失了可望获得的价值。这部分成本的计算，可以用衍生主体正常生产经营情况下，这部分资源所创造的价值的大小来衡量；也可用事实上由于这些资源被占用和耗费，某些获利机会的错过所造成损失的大小来计算。由于出版衍生的需求瞬息万变，衍生载体、衍生方式、衍生技术的加速迭代，合作衍生的创意契机稍纵即逝，衍生链接处于极不稳定的状态，而各衍生主体占有的衍生资源的开发潜力与经济价值也随之动态变化。

以上三部分成本之和构成了横向拓展价值链的谈判总成本。通常情况下，人们往往认识到的成本只是第一部分，即对谈判桌上的得失较为敏感，而对第二种测算则常常会忽视，对第三种成本考虑更少。出版资源衍生活动是以内容资源上承载的策划创意为主要投入要素的知识生产活动，要想准确分析横向拓展价值链衍生的开发效率，对达成衍生合作的谈判成本的准确计算就显得格外重要。

（2）横向拓展价值链的收益

横向拓展价值链的原始动机和目标收益是克服单一衍生主体资源禀赋不足和创意能力不全面的短板，通过合作，分摊衍生成本，共担风险，同时通过增强衍生主体间的创意互动，提升衍生合作共同体的整体创意生态势能。可见，横向拓展价值链衍生的收益主要取决于衍生主体的合作效率所产生的合作收益。合作效率的高低受衍生主体先天禀赋和主观能动性发挥程度等内因的影响，也受配套政策、市场环境、产业成熟度等外部因素的影响。与之对应，合作收益也分为合作共同体内部收益和外部收益。

内部收益是衍生主体追求衍生资源价值增值而采取的横向拓展价值链的主动行为所产生的目标收益，归衍生合作共同体共同所有，是横向拓展价值链衍生的内生动力来源。衍生产品价值增值带来的直接经济效益、衍生合作对衍生主体策划创意能力的提升，以及新的衍生产品对衍生主体创意生态位的提升，都是内部收益的具体形态。

外部收益是衍生合作共同体在横向拓展价值链衍生活动中产生的"非目标结果"，这部分收益"溢出"衍生合作共同体，具有明显的外部性特征。[1]外部收益主要包括：合作衍生产品开发过程中，合作创意通过模仿机制、裂变机制溢出到整个社会衍生生态系统中，提升系统的整体创意生态势能；衍生合作延长了价值链，合作收益

---

[1] 孙兆刚，王鹏，陈傲.技术差距对知识溢出的影响分析[J].科技进步与对策，2006（7）：165—167.

产生的价值增值有一部分通过中介服务、技术购买等溢出衍生合作共同体；吸引出版产业之外更多相关机构寻求战略合作，从而形成新的价值增长点，实现协同发展。

（3）提升横向拓展价值链开发效益的策略分析

提升衍生合作效率需要衍生主体、中介平台、政府职能部门与用户等多方参与。对衍生主体来说，一方面要苦练"内功"：一是不断积累具有较高创意生态势能的优质原创内容资源；二是加强载体互通和衍生资源动态评估、标签化管理，提升资源的利用率和开发的便捷性；三是优化业务流程，提高内部组织的韧性，积极探索更为灵活的协同创新组织形态，培育价值引领、全员参与、全流程衍生的企业文化；四是加强培训与项目人才培养，打造一支高水平衍生开发人才队伍。另一方面要积极向外拓展，加强与政府、媒体、科创机构以及中介的联系，降低获取合作信息的成本。对于政府来说，一方面要充分发挥公共服务职能，通过政策优惠、信息服务平台建设，降低衍生合作的谈判成本，引导出版衍生主体形成产业聚集；另一方面加强版权保护和信用体系建设，完善市场监管，加强系统性风险管控，为出版资源价值链衍生保驾护航，充分释放整个社会参与出版资源衍生开发的创意生态势能，形成"高效、开放、规范、共享"的价值衍生循环生态系统。

2. 纵向延伸价值链衍生开发效益评估

纵向延伸价值链衍生指的是通过动态调控出版衍生活动上下游各节点的布局，提升各节点的价值增值效率，优化衍生价值流转路径，实现衍生价值链整体收益的增加。不同于横向拓展价值链追求衍生合作带来的衍生生态系统整体价值增值的规模效益，纵向延伸价值链聚焦通过精细化调控提升单体价值链上各节点的价值增值效率。对出版单位来说，对价值增值效率的追求，推动出版资源衍生开发模式从单一衍生主体的同载体衍生逐渐拓展到多元衍生主体的跨媒体、跨产业衍生。随着衍生链条不断延长，实现价值增值的路径也随之加长，中介机构、技术提供商、产品经销商、平台和读者（用户）等作为独立的市场主体被纳入衍生价值链的不同节点，共同参与衍生活动的分工，推动实现衍生价值增值与价值流转。

（1）纵向延伸价值链的成本

出版单位纵向延伸价值链主要围绕衍生活动的社会化分工展开。出版单位作为出版创意的主要发起者和衍生资源的直接掌控者，在衍生活动的社会化分工初始阶段居于绝对主导地位，比如在同载体衍生和跨载体衍生中，策划创意、选题论证、资源整合、编校设计、市场营销等核心衍生环节都在出版单位内部完成，只有物资供应（纸张等）、印制生产、分销推广等不涉及内容价值增值的环节被部分出版单位主动转移到外部。而随着衍生活动的跨界发展，出版单位的人才、资金和管理已经无法覆盖整个衍生活动的开发投入，以价值链合作为基础，引入专业化分工的上下游企业共同参与衍生开发成为保障衍生活动顺利进行的必然选择。衍生主体的增加、衍生环节的延长在解放出版单位聚焦内容创意的同时，也带来了管理成本增加、价值外溢、创意主动权被稀释等诸多挑战。从成本角度来看，主要包括三类：一是出版单位主动或被动地让出部分价值增值的节点，获利空间被压缩产生的机会成本。二是随着上下游节点增多，核心内容创意在更长的链条上流转，创意溢出现象更加明显，为防止被其他衍生主体搭便车模仿，甚至剽窃超越而付出的风险防范成本。三是上下游企业通过资本、技术参与价值链衍生的权重增加，在一定程度上稀释了出版单位的创意衍生主导权，为维持高效的协同创新，避免资本的短视行为而付出的管理与协调成本。

（2）纵向延伸价值链的收益

出版单位纵向延伸价值链的收益主要有这样几方面：一是出版单位以价值链为基础通过社会化分工转移上下游部分中介、技术等节点，可以转移部分成本和风险，更专注于价值增值效率更高的内容创意环节，获取更大的衍生收益。二是出版单位通过价值链合作，可以更加便捷地分享上下游企业的信息资源、政策红利，学习先进的管理理念和技术，弥补其自身禀赋的不足。三是价值链的延伸，引入了更多的创意衍生主体共同参与、协同创新，在提升出版衍生内容资源的创意生态势能的同时，吸引更多的外部资源关注参与，碰撞出更多的创新增长点，为价值链各节点提供更多价值增值的空间。四是纵向延伸价值链使衍生产品价值增值的流转、变现更加顺畅，为出版单位更好地投入资源衍生扩大再生产提供有力的支撑。

（3）提升纵向延伸价值链开发效益的策略分析

对出版单位来说，提升纵向延伸价值链开发效益，必须做好几方面的工作：一是平衡好经济效益和社会效益的比重，在追求价值增值的同时，为社会大众提供更多优质的内容资源。二是平衡好价值链上各节点的成本分担与收益分配，在保证自身依靠内容衍生价值增值获得可观回报的同时，不断提高价值链上其他节点的获利能力，吸引更多优质的社会资源参与出版内容资源价值链衍生。三是做好内部衍生资源的管理与维护，加强衍生创意的主导地位，增加收益分配的话语权。

第三章
出版物衍生资源管理机制及体系建构

欲改变地方出版集团各出版单位资源创新意识薄弱，信息孤岛现象严重，内容资源总量不足、配置不合理、浪费严重的情况，必须打破单纯强调图书出版和行政管理的传统思维，积极应对内容资源质量参差不齐、管理归属各自为战、应用权限不明确等问题，充分认识出版物衍生资源开发机制。唯有如此，才能发挥地方出版集团天然的资源整合优势，建立集团层面的资源开发管理体系，才能使衍生资源更好地服务于集团高质量发展。

第一节 出版物衍生资源管理机制

管理机制是指管理系统的结构及其运行机理，本质上是管理系统的内在联系、功能及运行原理，是决定管理功效的核心问题。解决集团层面上出版衍生资源管理问题的首要任务，就是建立内部资源整合机制，将内容资源整合归集并统一管控，去除落后产能和同质化竞争，遴选、资助和运作优质内容资源，打造以原创IP资源为核心的资源衍生体系。实现集团层面各相关领域和业务模块的整合联动，又能够增强集团的资源统筹调度能力，将内容资源的开发管理融入集团的产业发展生态，实现资源配置、资产整合和机制联动，联动做强全产业链条，进而实现集团整体利益最大化。

一、出版集团衍生资源管理现状分析

与全国多数地方出版集团一样，陕西新华出版传媒集团出版物衍生资源管理仍然处于初级阶段。集团所属各出版社忽视对自己衍生资源的整合和特色资源建设，均没有建立衍生资源数据库，资源服务功能建设管理才刚起步。

1. 衍生资源内容管理滞后且不规范

根据对陕西新华出版传媒集团各出版社资源建设管理情况调研来看，只有部分出版社自建多媒体资源数据库或单一主题的多媒体资源库，如陕西人民教育出版社的"举一反三"教辅数字资源库，其他多数出版社均未对衍生资源的内容和版权进行专项整理和管理，还停留在传统的样书室阶段，需要进行资源衍生活动时需临时寻找样书并与作者商议。

调研中发现，当前多数出版社没有建立衍生资源的组织管理规范。对融合出版物的内容元数据描述详略不同，版权描述不完整，对于多媒体资源的元数据描述没有统一标准。分类管理方面，建有资源数据库的出版社存在分类笼统、检索方式单一的问题，基本只有关键词和导航检索，且导航检索结果并不准确。

2. 衍生资源版权管理制度缺失

调研中还发现用户权限管理不规范的问题，如一些画册、艺术作品、摄影作品等，没有对作品的下载、使用进行相应的版权说明，导致被人随意下载，不规范的权限管理无疑增加了衍生资源的安全风险。多数出版社尚未制定全局性的衍生资源版权管理制度，缺少相关制度约束版权资产管理流程，使版权资产管理工作处于无章可循的状态。缺少将版权作为资产进行管理的意识，未能真正将版权作为企业重要资产看待，导致在版权的管理运用过程中，缺乏顶层制度设计、系统性的版权运营规划和版权资产管理。

已有版权缺少权属证明文件、权利本身具有瑕疵、权利已经失效等情况，造成文化企业所拥有版权资产权属不清，随着时间的推移，版权的状况变得愈加模糊，大量衍生资源处于长期闲置和未开发状态，成为压箱底的"沉默资产"。虽然出版社信息化管理手段早已广泛应用，但仍然缺乏一个相对专业的内容资源及衍生资源版权资产管理系统，出版社对版权资产的管理，分散于 ERP（Enterprise Resource Planning，企业资源规划）系统、合同管理等信息系统中，由此使得资产的安全状况有着潜在风险，极易造成版权资产的流失。同时，版权资产管理缺乏长远规划，管理方式粗放，面对数字化、网络化环境下精细的授权要求无法处理，不能适应新形势带来的运营模式。

集团各出版社衍生资源内容和版权管理机构繁杂且不统一。有些出版社由总编办管理，有些出版社由经营办、制作部或出版部管理，责任难以落实。集团缺少统一的协调领导机构，组织不起来大型综合性的衍生资源开发活动，丧失了资源综合利用的高质量发展机遇。

二、衍生资源管理的关键问题

面对数字环境下出版物衍生资源生产、流通和保护的新情况新特点，出版集团亟须一套科学的方法帮助其对版权资产进行管理，并甄别可运作衍生资源中的优质资源，从而真正将出版物衍生资源作为一种资产进行规范化管理和精细化运营，以达到提高核心竞争力的最终目的。

1. 丰富资源建设

将资源建设摆在重要的战略地位，开发更多的资源是出版机构衍生资源管理的核心工作，衍生资源建设的管理显得尤为重要。

（1）整合现有资源，构建特色资源

我国的出版机构基本上是从事出版活动数十年的专业出版社，积累了大量以图书为主的衍生资源。随着人工智能时代的来临，出版融合发展成为主流，出版衍生资源已经从既往影视改编等单一作品开发转变为创意、内容片段与全部作品相结合的系统性开发，出版机构亟待通过对衍生资源进行数字转化、数据库建设，实现资源整合，并在此基础上构建特色衍生资源。例如三秦出版社的丛书"中国蜀道"出版后，出版社建立了蜀道文化数字资源库，将收集整理的2000公里蜀道的人文历史和非物质文化遗产资料，通过数码拍摄，二维、三维扫描，数字录音、摄像，VR等手段对蜀道文化遗产进行分类、制作与存储，建立文字、图像、音频、视频、动画等数据库，并配有强大的搜索引擎，以实现对珍贵资料的永久性保存和使用。

（2）资源"开发+使用+建设"同步进行

出版融合发展带来了出版生态，线性的传统出版流程已经转化为多维实时化的出版活动。衍生资源开发与管理同步进行已成为常态。很多情况下，图书资源与衍生资源的品牌维护几乎是同步的，资源"开发+使用+建设"同步进行势在必行。

陕西人民教育出版社自推出《小学奥数举一反三》后，出版了一系列的教辅图书，取得了重大的市场影响力，并收获了很好的经济效益。2012年第六版修订，并命名为"十年钻石版"。2014年上线例题动画讲解，在每一道例题旁印制二维码，使得家长可以通过电脑、手机等终端设备即时观看解题视频，并同期在陕西人民教育出版社官网开通了名师在线答疑平台，实现了平面教辅与新媒体技术的创新融合。2016年在腾讯视频和天猫直播室开通了在线课堂，让《小学奥数举一反三》成为读者的私人课堂。

2. 标准化系统化分级管理

为确保资源内容和资源版权符合开发要求，应该在资源管理中建立起严密的系统化审核、标准化著录和权限分级管理机制。陕西人民教育出版社建立的"举一反三"专项衍生资源管理平台，参考了抖音"机器+人工"的双重审核机制，机器将以图书目录、音视频资源标题和关键词检索数据资源，人工对检索的内容和版权状态进行审核。

标准化著录就是要以规范化的元数据标准来描述著录衍生资

源，从而更好地进行组织分类，以便检索和获取所需资源。

权限分级管理不仅是管理中降低衍生资源安全风险的基本保障，也是维护用户权益的重要支撑。管理者权限可按照出版社组织结构分为不同级别，每一级权限对应着不同的管理权力和责任。用户拥有资源阅览、利用和上传三类权限，所有用户只要进入平台均可以阅览平台资源，利用资源需要提交授权申请并注明用途，资源上传需要进行实名认证。用户的使用过程也要进行权限分级管理，明确用户的访问、下载和利用等相关权限，避免资源滥用、盗用等不良违规现象。

尽管上述权限分级管理能在一定程度上保证资源的数据安全和版权安全，但数据安全问题层出不穷，迫切需要一套完备的安全保障体系来维护多媒体资源的存储安全、内容安全和版权安全。存储安全方面可以在存储时利用 Docker 虚拟化技术，实现容器隔离，珍贵文件资料分开存储，进行云端容灾备份；内容安全方面可以建立严密的内容审核机制。版权安全方面，可以采取直观规范的分级授权制度，线上线下结合，根据不同音乐资源的版权要求制定相应的授权方式。

3. 建立开发服务推广机制

在完善资源管理基础功能的基础上，还要不断优化服务功能，包括推荐功能、交互功能和个性化服务功能。向潜在衍生资源用户推荐衍生资源是提高资源使用率的重要途径。推荐机制可以采用热门资源推荐、新资源推荐、分类推荐、基于用户行为推荐、商业合作推广的资源推荐等机制。个性化服务是为了满足用户的个性化需求所提供的服务功能，用户可以根据自身习惯、偏好进行资源和信息的管理。

当前出版社衍生资源多为被动使用，鲜有主动推广。特别是资源长期缺乏系统管理，导致资源利用率极低。因此，资源管理系统必须承担起衍生资源推广的责任。首先应树立并加强衍生资源的推广意识，同时建立相应完善的推广机制。除了已有的资源阅读推广机制，还可以借鉴商业多媒体平台的宣传推广方式，如与其他平台进行商业合作，举办比赛或大型活动等。陕西人民教育出版社就通过"举一反三"衍生资源的推广方式，和西安高新区教育局合作举办了多次小学生数学教师赛教比赛，将课堂实录、目标教学资料等推广到各个学校。

三、衍生资源管理的机制优化路径

鉴于上述讨论，根据出版集团的具体情况，衍生资源管理机制拟应从以下几个方面进行优化。

1. 以资源内容和版权数据同步管理为基础

针对当前集团衍生资源分布较分散的现状，首先要对出版物数据进行采集，以便进行统一加工及存储。出版物数据采集的来源有三类，即总编办样书室版本收藏的次生资源，组稿、审稿、编辑加工、设计制作中的次生资源，作者与编辑、出版社与印刷厂及网络平台互动产生的次生资源。采集到的内容数据和版权数据，需要按照一定的元数据标准进行规范统一的描述，即进行标准化处理后才能进行存储和展示流通，以便检索和利用。出版物数据存储包括出版物和相关元数据，为保障数据存储安全，规避数据丢失、泄露等风险，数据存储应有多种途径，除了在本地存储之外，还要进行云端备份和离线硬盘备份。

2. 以组织管理为统筹

为更有效、安全地组织管理出版衍生资源，应由集团统筹建立相应的衍生资源组织管理机构，按照授权实行分级管理。分级组织管理流程可设计为基础管理、中级管理和最高级管理。基础组织管理包括资源审核、资源分类和资源发布，由出版社总编办负责，设置三级权限。中级管理主要包括任务管理、人员管理和日志管理，由出版社领导层直接负责，设置二级权限。最高级管理拥有设置管理权限的权力，设置一级权限，同时也拥有二三级权限，由集团经营部门或集团高层管理者负责。

功能管理是衍生资源管理的具体体现，包括分类管理、资源推广管理、资源共享管理、社交管理、个性化服务管理，以及多终端版本管理。

3. 以安全管理为保障

出版衍生资源数据的安全管理处在重要的管理战略位置，存储环节要采用具有高保险系数的技术手段，规避资源数据丢失的风险，防范人为盗窃、入侵、泄露资源数据，管理环节应利用严格的权限设置对多媒体资源业务实行分级管理，降低资源滥用、泄露等风险，流通环节主要存在的风险是多媒体资源的开放、共享带来的版权纠纷问题，因而要严格根据版权授权情况采取相应安全管理措施，保障多媒体资源版权安全。

如图 3-1 所示，出版衍生资源的数据管理、组织管理、功能管理和安全管理可以构建成一个完整的、系统化的管理架构。资源数据管理是衍生资源系统化管理的基础，组织管理和功能管理在资源数据管理的基础上层层推进。安全管理作为资源安全的保障，贯穿于整个管理机制，在数据管理、组织管理和功能管理中有着不同的作用和体现。

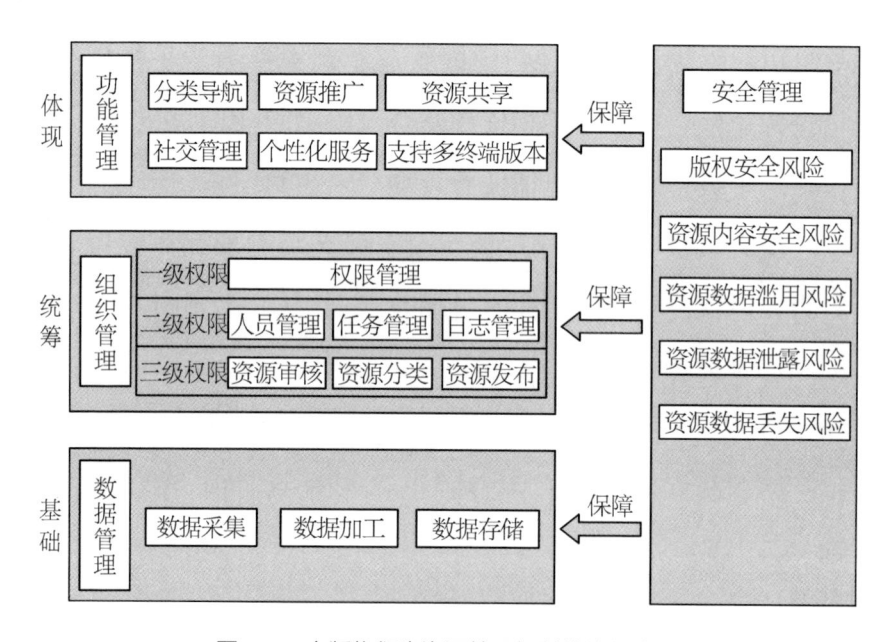

图 3-1　出版物衍生资源管理机制的优化路径

第二节　出版物衍生资源开发管理体系

在媒介融合不断深入的背景下，加强衍生资源管理，既成为资产管理的重要内容，也将成为打造出版企业核心竞争力的重要手段。面对数字环境下内容资源生产、流通和保护的新情况、新特点，出版企业的衍生资源管理面临着新的挑战，亟待用切实可行的、科学的方法，甄别可运作衍生资源中的优质资源，从而真正将衍生资源作为一种资产进行规范化管理和精细化运营，以达到提高核心竞争力的最终目的。

一、衍生资源开发管理体系设计建构

衍生资源管理体系，是传统出版与新兴出版融合发展背景下，为满足出版物衍生资源信息的收集、储存、检索、查询、传播的数字化、网络化、系统化要求而设计建构的信息化管理系统。通过采用数字化手段对出版物衍生资源进行采集、加工、确权，衍生资源管理体系能够实现衍生资源资产化管理，保证其即时化增值，而达到版权精细化运营的目的。

在企业信息化建设不断加强的背景下，出版物衍生资源管理应以出版企业管理信息系统为依托，与产业链上游的采编、加工、ERP、合同管理等生产类业务系统，以及下游的产品、发行、销售等经营类业务系统对接，从而成为衔接生产和经营业务的桥梁，为衍生资源的精细化运营奠定坚实的基础。出版衍生资源管理体系由上游业务系统、数据采集传送接口、衍生资源管理系统、相关法规政策支持系统和技术支撑系统5个模块组成，如图3-2所示：

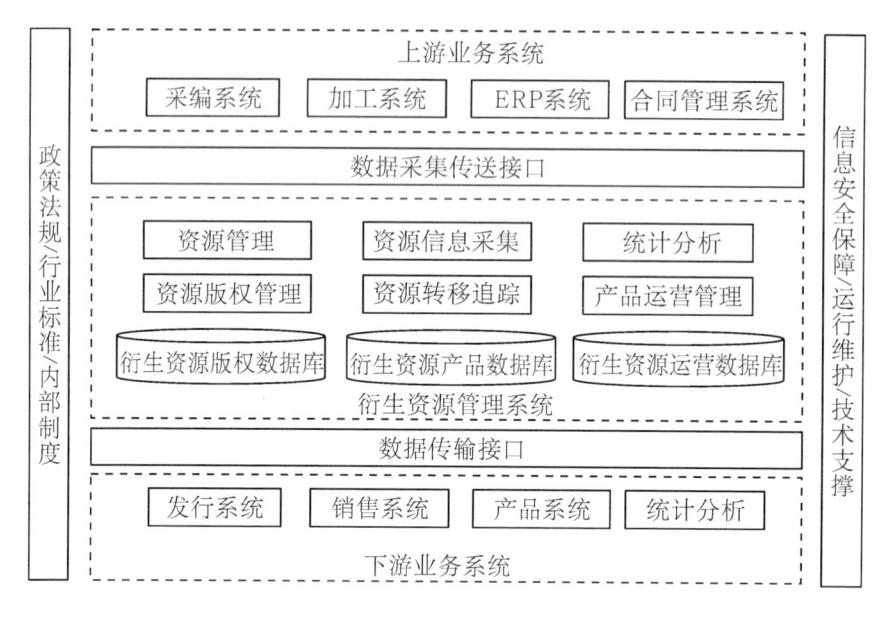

图 3-2　出版衍生资源管理体系整体结构图

1. 上游业务系统

上游业务系统是出版物衍生资源原始数据信息的直接来源，通过数据采集接口获取采编、加工、ERP 等系统中具有的版权基本信息，为开展出版物衍生资源管理提供数据基础。下游业务系统可依托于规范化管理形成的各项出版物衍生资源，向发行、销售等系统提供可控的出版物衍生资源管理、版权产品运营支持，满足不同版权运营业务对出版物衍生资源、衍生产品等管理的需要。

2. 数据采集传送接口

数据采集传送接口承担出版物衍生资源管理模块与上、下游业务系统等模块进行数据交换的功能。

3. 衍生资源管理系统

位于整个体系的核心位置，依托信息化手段完成衍生资源自信息采集至资产管理的衍生资源资产化过程。衍生资源管理系统以衍生资源版权数据库、衍生资源产品数据库和衍生资源运营数据库为基础，整合了资源信息采集、资源管理、资源版权管理、资源转移追踪、产品运营管理和统计分析系统，为数字出版物衍生资源管理提供支持。

4. 相关法规政策支持系统和技术支撑系统

国家政策法规、行业标准规范、内部规章制度组成出版物衍生资源管理制度体系，信息安全、运行维护、技术支撑体系等为信息化技术手段。二者作为出版物衍生资源管理体系的制度规范和技术支撑，是贯穿于整体体系的两大支柱，为出版物衍生资源管理体系提供制度依据和技术支撑。

二、衍生资源管理体系的应用

衍生资源管理应开始于衍生资源获取阶段。权利信息的来源主要是文化企业和权利人签订的纸本合同，从中提取能够全面直观反映衍生资源特点的数据，完成衍生资源信息的采集，即版权内容资源化。

管理体系运用信息化手段检索确认衍生资源的权利信息，明确权属情况，完成衍生资源的权利加载过程，并就认定的衍生资源分配资产编码，达到衍生资源的权利化管理。对已纳入资产管理的各项衍生资源，通过组合封装、对外授权、二次生成等方式形成版权产品，并完整记录版权产品的运用情况，实现衍生资源产品化运营，从而实现衍生资源权利化、资产化和产品化的完整过程，构建衍生资源管理的完整生命周期，该过程主要包括以下关键环节，如图 3-3 所示：

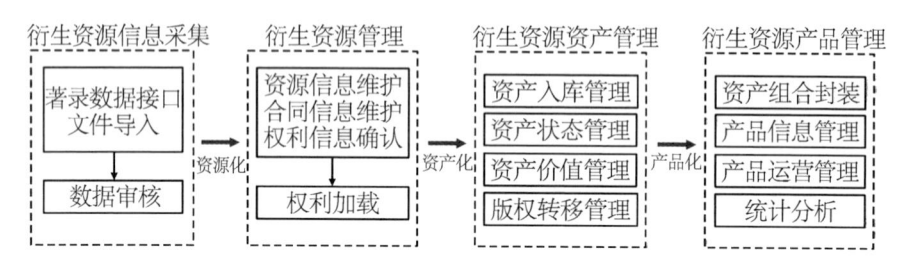

图 3-3　衍生资源管理的关键环节

1. 衍生资源信息采集

系统对版权作品元数据信息及资源文件系统进行采集和导入的过程。信息采集的对象应包括图书、报纸、期刊、音像电子制品、电子出版物等，主要采集信息内容应包括资源的基本信息、权利信息等，力求能完整体现衍生资源的全貌；采集手段包含手工著录、数据接口采集和文件导入等方式；对数据信息进行审核。

2. 衍生资源管理

对衍生资源信息进行统一的管理和维护，对衍生资源信息进行查询和检查，补齐或修改其中的错误信息或缺失的数据项；对与衍生资源相关的合同信息进行关联；对权利信息进行清查，进行资源权利加载。

3. 衍生资源资产管理

根据衍生资源与相应的合同进行权利加载完成衍生资源资产化后，对衍生资源资产进行入库管理、状态管理、价值管理。将衍生资源进行碎片化拆分和加工后，形成条目、片段、章节、场景、镜头等碎片化版权子资产的微版权管理，对资产权利即版权的转移进行追踪。

4. 衍生资源产品管理

根据产品运营方式、授权业务规则和价格等因素，对衍生资源进行产品化封装，形成可输出的新产品。管理衍生资源产品的运用，收集和管理衍生资源新产品运营情况、收入信息等。从内容形态、权利状况、资产状况、运营情况等层面对衍生资源产品进行统计分析，形成完整的统计分析结果。

第四章
出版物衍生资源的市场建设

第一节　出版物衍生资源的市场评估

一、出版物衍生资源价值链理论模型

20世纪80年代，西方学者提出价值链理论，并将其扩展至整个商业领域，认为生产、销售、经营的每一个环节或者领域都可形成相对独立但又相互关联的价值体系，由此可以构成一个庞大的价值链体系。主要包括由自身各个业务单元构成的内部价值链、由上下游企业组成的行业价值链，由围绕某一价值活动的关联企业构成的产业价值链。

出版行业存在的意义，无论是社会效益层面还是经济效益层面，都是精神文化内容价值的实现，随着时代的发展、技术的进步，其具体表达形式和载体本身就可不断多元化发展，形成所谓"一元

开发，多元实现"的出版价值链条关系。

这里提出的出版物衍生资源价值链，是指出版内容资源开发管理生态系统中，基于内容资源，通过横向拓展和纵向延伸对出版物进行行业内外的衍生活动，从而构成内部价值与外部价值不断增值的价值链系统。

分工合作是现代社会生产的显著特点，大多数企业都不能独自承担创意、生产、销售的全部价值活动，每一个企业都是生产产品或提供服务的价值系统中的一部分。价值系统不是独立活动的简单组合，而是由企业内外经济活动组成的复杂系统。出版单位与出版产业亦不例外。出版物衍生资源内部价值体系，是出版活动横向拓展价值链的资源衍生，促使产业内部和产业之间形成广泛的合作网络。出版物衍生资源外部价值体系，是出版活动纵向延伸资源价值链的资源衍生，会形成出版单位与上下游中介机构、技术供应商、产品经销商、平台和客户之间完整的产业价值链，价值流转路径纵横交错的新的价值网络就此形成。新价值网络上的每个节点，都会为相关企业带来价值增值。通过调控价值网络，出版单位就能使出版资源获得更大的价值增值，实现更大的社会效益和经济效益。不仅如此，基于价值链资源衍生带来的价值增值，会吸引出版产业内外更多相关机构寻求战略合作，从而形成新的价值增长点，实现协同发展。

图书衍生资源的开发一方面模糊了出版业与其他文化产业的界线；另一方面也加速了出版业与其他文化产业的融合，导致出版产业链的不断延伸与扩大。所谓出版产业链，过去是指从作者、出版社、分销商、批发商、经销商到读者这六方之间的链条关系，现在是指从传统出版延伸到数字出版和其他领域的生产与销售链条。

出版物衍生资源价值链带来的意义主要在于：

一是有利于延长图书产品本身的生命。通过出版产业链拓展，图书衍生资源开发，有可能实现"反哺效应"，进一步促进图书销售，延长图书自身生命。出版物功能的多方面开拓，得益于出版机构主动延展业务边界，并与动漫、影视、综艺、游戏、艺术展览等进行多维度深入融合。在不断跨界融合中，出版机构努力发掘新的财富增值机遇，同时也扩大了图书的影响力，进而在更加广阔的消费市场中延长了图书的生命周期。

二是有利于提升出版物品牌以及 IP 的影响力。由出版物衍生资源价值链的拓展所打造出来的品牌是包括图书、作者、衍生资源等在内的整体品牌，具体可分为角色品牌、主题品牌、作者品牌、出版社品牌、机构品牌等。不论何种品牌效应，出版物衍生资源价值链的拓展都可以使图书及其衍生资源凝聚在一起，产生更强的"大 IP"影响力，从而推动以"元出版物"IP 为核心的总体价值链的价值实现。

三是有利于实现广义出版的价值增值。出版物衍生资源的不断丰富，不断推动出版产业链拓展，有利于实现内部价值与外部价值中各方价值体系的增值，实现"多赢"。

1. 内部价值体系

笔者这里提出的内部价值体系，是指以"元出版物"作为基础，将出版物衍生至其他出版物形态，从而产生内容资源增值的价值链体系。因为这种价值链条本质上并未离开"大出版"范畴，出版物形态基本属于著作权法规制的范畴，这种衍生行为也可称作行业内价值拓展或横向价值拓展。

这里所说的"元出版物"，指的是由内容资源最早产生的具体出版物形态，通常为一种受著作权法保护的作品载体形态。比如：一本图书、一部电影、一部动画、一款游戏等。由"元出版物"出发，按照出版物衍生资源载体形态，将内部价值体系分为以下几种模式：

一是同一内容、同种载体的衍生模式。这种模式是指衍生资源与"元出版物"保持同种作品载体，根据服务对象和功用，将"元出版物"从单一产品做成系列产品。比如：将有关内容资源的一本图书做成系列图书；将小说图书做成漫画图书；抑或将一本图书改成精装本、平装本、插图本、普及版、典藏版、升级版等图书形态。

二是相关内容、同种载体的衍生模式。即延伸"元出版物"的内容资源，保持同种载体不变。比如针对某一图书，衍生出关于其内容拓展、背景诠释、内容解析、"姊妹"内容等相关图书。

三是不同载体的衍生模式。这种模式是出版行业传统的衍生产业模式，即将"元出版物"及相关内容资源移植到其他出版物载体进行表达。比如将纸质出版物转化为数字阅读出版物、音视频（动漫）出版物、软件（游戏）出版物等载体上。

2. 外部价值体系

笔者这里提出的外部价值体系，是指以"元出版物"的内容资源为基础，将其价值体系衍生至出版范畴之外的产品及行业而产生增值的价值链体系。这种价值链条本质上已经完全脱离"大出版"的范畴，产品或服务形态也完全超出了著作权及邻接权的范畴，这种衍生行为也可称作多元化价值拓展或纵向价值拓展。

这种拓展以内容资源抽离出的内容主题或 IP 为基石，将出版产业近乎无限延伸至其他行业，如服装、玩具、文具、不动产、教育、文旅等各种工业门类及整个第三产业。随着当前社会多元化发展和大文化产业的进步，这种价值拓展已经成为一种主流。

这种跨行业拓展潜力巨大，是出版业今后的一个发展方向与趋势。如果说打造原创出版精品是第一次创造与创新，那么开发衍生资源，拓展出版产业链就是第二次变革。出版业如何"出圈"——向其他邻接产业及非邻接产业拓展，是出版人面临的新课题与新机遇。近年来，一些出版单位的"出版+"融合模式也产生了"1+1>2"的效果。这种"出圈"的探索，既整合和激活了出版资源，也扭转了出版产业的困局，成为业界的新引领和经济发力点。

二、出版物衍生资源市场评估要素

1. 出版物衍生资源目标客户

在这个新媒体或者全媒体时代，"粉丝经济"与"用户黏性"早已成为市场的核心词汇。"粉丝"需求正是任何一种出版物如何衍生以及衍生程度大小的内在动力和根本因素。因此，出版物衍生资源目标客户就是对固化在"元出版物"相关内容之上的内容资源及 IP 的"粉丝"群体，这个目标群体大致分为以下 3 类：

第一类是喜欢和支持"元出版物"及其 IP 的粉丝，俗称"作品铁粉"或"原著党"，这类群体是被"元出版物"本身内容（内容题材、故事情节、人物设定等）所吸引的读者、影迷、ACG（动画、漫画、游戏的总称）迷，自然是"元出版物"衍生出的各类资源的主要目标群体。

第二类是喜欢和支持"元出版物"相关题材内容的粉丝，俗称"题材党"，这类群体被"元出版物"同类型内容所吸引，不论他们是否欣赏或了解过"元出版物"，都不影响他们对此类题材衍生资源的追捧。

第三类群体可以被称为"品牌受众"。通常情况下，一个作者、一个出版品牌、一个出版单位对其创作和生产的出版物，在内容质量和标准上基本能够保持稳定性和一贯性，并往往积累大量且优秀的IP，通过积累效应充分创造用户黏性，从而形成品牌效应和口碑效应。这些作者、出版品牌、出版单位作为一种品牌，会对出版物衍生资源产生品牌迁移效应，"品牌受众"自然成为衍生资源领域的受众。比如享誉世界的动漫《龙珠》的作者日本漫画家鸟山明参与制作的电子游戏、迪士尼的主题乐园及各种周边产品等，都深深吸引了这些"品牌受众"。

2. 出版物衍生资源市场容量及变化趋势

如前所述，出版物衍生资源能够跨越各行各业各个领域，在理论上能够实现无限的多元化，市场容量和前景不可估量，但是我们可以从宏观经济数据中一窥端倪。用经济数据按照内部价值和外部价值体系分析市场需求，能够发现出版物衍生资源市场一片大好。

一方面，内部价值体系中，广义的"大出版"市场依然火热，数字出版物和网络出版物成为主流。网络信息技术丰富了知识传播途径、短视频、有声阅读、电子书等多元化的形式不断吸引大量用户，抖音、快手、喜马拉雅、微信读书等琳琅满目的 App 几乎占据了网民大部分闲暇时间。中国新闻出版研究院发布的《第十七次全国国民阅读调查报告》中的数据显示，2019 年我国成年国民人均每天读纸质书仅有 19.69 分钟。中国互联网络信息中心在《第 46 次中国互联网络发展状况统计报告》中指出，截至 2020 年 6 月，我国网民人均每周上网时长达 28 小时。《2019 年度中国数字阅读白皮书》的数据显示，2019 年，我国数字化阅读方式的接触率为 79.3%，数字阅读用户规模达 4.7 亿，市场规模已达到 288.8 亿元，"90 后"用户成为市场消费主力。中宣部印发的《关于促进全民阅读工作的意见》中提到，2025 年基本形成覆盖城乡的全民阅读推广服务体系。根据中国新闻出版研究院发布的《第十八次全国国民阅读调查报告》，2020 年我国成年国民包括书报刊和数字出版物在内的各种媒介的综合阅读率为 81.3%，较 2019 年的 81.1%提升了 0.2 个百分点。手机阅读和网络在线阅读已成为成年国民数字化阅读的主要方式，数字化阅读习惯正在向中老年群体渗透。数字出版和数字阅读成绩亮眼。就出版产业的数字化战略而言，融合发展、数字出版的业绩已经连续实现两位数增长，相关数据显示，2018 年我国数字出版产业整体收入规模达到 8330.78 亿元，比上年增长 17.8%；2019 年达到 9800 亿元，比上年增长约 16.7%。从阅读市场看，数字阅读的市场规模稳定增长，2019 年全国数字阅读市场规模达 288.8 亿元，同比增长 13.5%，数字阅读用户总量为 4.7 亿人，人均数字阅读量达 14.6 本，数字阅读用户黏性增强。2019—2020 年，分别有 95 个和 46 个项目入围当年的数字出版精品遴选推荐计划。从入围作品的质量看，导向正确、内容优质、创新突出、双效俱佳的数字出版产品和服务的规模效应与引导效果正在形成。中国音像与数字出版协会发布的《2020年度中国数字阅读报告》显示，截至2020年12月底，我国数字阅读产业的用户达4.94亿人，随着移动电子技术在各个领域的发展，市场对数字阅读产品的需求量逐年递增。国内数字阅读产业仅在2020年创造的市场收益就高达351.6亿元，较上年度同期增长21.8%。中国新闻出版研究院发布的调查结果显示，2020年我国成年国民期刊阅读率为18.7%，报纸阅读率为25.5%，图书阅读率为59.5%，数字化阅读方式的接触率为79.4%。由此可见，数字阅读已经成为当下用户获取知识的主渠道。因此，伴随数字化趋势和技术的进步，作为"元出版物"的图书、期刊、影视、音乐、游戏等，不论是从传统的载体往线上载体转移，抑或是采用线上线下并行，还是出版物之间相互迁移、相互衍生，都是这个时代的呼声、人民的需求、市场的期待。基于此，出版单位纷纷开始顺应数字阅读趋势，用前沿的数字技术丰富图书、影视、游戏等的形式与内涵，积极设计开发数字型出版物，满足用户的多元化需求。

另一方面，外部价值体系中，出版物衍生资源"破圈"势如破竹，在出版业之外的各个行业崭露头角，并呈现爆发性增长的趋势。虽然对出版物衍生资源所涉及的行业暂时无法做到精确的统计，但是对相关市场的容量及变化，我们可以从相关产业的数据中知晓一二。随着我国经济的快速发展，居民消费结构逐步升级，从以"物质消费"为主转向以"精神文化消费"为主，极大地刺激了我国文化相关产业的快速发展。统计数据显示，2010—2018 年，我国文化及相关产业增加值从 11 052 亿元增长至 38 737 亿元，年均复合增长率达到 16.97%，占 GDP 比重由 2.75% 增长至 4.21%，呈现逐年稳步上升的态势。《第四次全国经济普查公报》(第六号) 中关于文化及相关产业公布的数据为：2018 年末，全国有文化及相关产业法人单位 210.3 万个，比 2013 年末增长 129.0%；从业人员 2055.8 万人，比 2013 年末增长 16.8%；资产总计 22.6 万亿元，比 2013 年末增长 118.3%。2018 年末，全国有经营性文化产业法人单位 194.8 万个，比 2013 年末增长 148.0%；从业人员 1912.0 万人，比 2013 年末增长 23.5%；资产总计 21.4 万亿元，比 2013 年末增长 124.5%；全年实现营业收入 13.0 万亿元，比 2013 年增长 55.5%。党的十九大报告在"推动文化事业和文化产业发展"中提出，"健全现代文化产业体系和市场体系，创新生产经营机制，完善文化经济政策，培育新型文化业态"，为文化产业发展指明了方向。随着中国经济发展进入新常态，人民生活水平逐渐提高，国民对文化的消费能力增强，中国文化产业占 GDP 比例持续提升。经核算，2019 年全国文化及相关产业增加值为 44 363 亿元，占 GDP 的比重为 4.5%，比上年提高 0.02 个百分点。按行业大类分，2019 年文化制造业增加值为 11 899 亿元，占文化及相关产业增加值的比重为 26.8%；文化批发和零售业增加值为 4342 亿元，占比为 9.8%；文化服务业增加值为 28 121 亿元，占比为 63.4%。

3. 出版单位内外部环境及优劣势评估

出版单位作为"元出版物"的创造者、出版物衍生资源的发起者和受益者，在出版物衍生资源开发、管理、运营等方面也受到多种因素的影响和制约，虽然出版单位在规模、方向、专长领域和运营模式上各不相同，但在行业层面往往具备很多共性，也就是客观存在内外部环境及优劣势。笔者将借助"SWOT"分析法，尝试分析出版单位内外部环境及优劣势。

(1) "S（Strength）"——优势分析

①内容资源优势。优秀的内容资源是出版企业得以生存的立足之本，在出版物衍生资源大潮的影响之下，立足于内容资源优势来实现出版物衍生资源开发，这在媒介融合大环境下成为越来越多出版单位发展的新方向。出版单位出版的内容资源要经过审校制度的严格把关，因此质量水平一般都可以得到充分保证，这是出版企业内容资源的质量优势。另外，出版单位拥有大量的内容资源，除了每年出版的大量新书之外，还有大量编辑精湛、品质精良的公版资源，这是出版单位内容资源的数量优势。长期下来，出版单位往往能够积累大量优质出版物的多介质版权，拥有一批优质作者资源，形成了丰厚的内容资源和强大的资源获取能力，成为出版单位的核心竞争力，也为出版单位推动优质内容资源在电影、动漫、游戏、设计、演艺、互联网、旅游等领域的融合与合作，共同打造新兴产品，培育新兴业态，实现品牌价值最大化奠定了坚实基础，有效实现了出版物跨媒体、跨行业增值，进一步实现出版单位社会效益与经济效益的双丰收。

②出版单位的人才素质较高。一是普遍具备较高的政治素养，不论是在政治理论水平和政治觉悟上，还是在选题策划、编辑出版

中对导向的把控上，都具有较高的水平。二是普遍具备较高的文化水平，如今出版从业者基本学历要求为大学本科及以上，特别是编辑岗位的人才，普遍具备硕士研究生及以上学历；出版专业有严格的准入资质要求，出版工作者专业技术职称也普遍较高，基本均为中级及以上；长期从事某一领域的出版工作，在相关领域具有较强的研究能力和较高的专业水平，能够及时掌握业界动态和最新成果。

③体制机制逐步完善。出版单位纷纷在建立健全体制机制上下大力气，把吸引人才和创新考核作为出版单位可持续发展的首要工作来抓。一是多渠道引进优秀人才，通过高校对口专业应届生招聘、面向社会同行业、跨行业招聘等方式，广招人才，特别引进"一专多能"的复合型人才；二是不断优化绩效考核机制，完善鼓励激励机制，大力开展评优评先，提高人才薪酬福利待遇，鼓励人才开拓创造；三是健全市场化机制，通过完善产学研结合、职业经理人制度、股权化运作、多元化经营等方式，多轮驱动，不断壮大自身实力和行业竞争力。

（2）"W（Weakness）"——劣势分析

在新兴传播技术的冲击下，传统出版行业受到较大冲击。在出版物衍生资源开发的热潮中，一批新兴互联网企业在影视、游戏等领域的发展势头较好，拥有文化积淀以及作者作品资源的出版企业却日益被边缘化。究其原因，传统出版企业受制于人才、体制等因素影响，转型调整进程缓慢。

①人才队伍建设依然是短板。作为典型的知识密集型产业，出版行业发展的核心要素和最大动力是人才。在数字出版、融合出

蓬勃发展的新时代，出版人才队伍面临着知识结构、队伍结构、考评机制、培养机制等诸多方面的问题，会直接或间接影响传统出版行业转型升级和融合发展的步伐及成败。一是人才结构性缺陷，主要表现在知识和能力结构不够全面。面对以互联网特性为根基的新时代、新形势，传统出版单位及资深出版工作者，多年来形成了固定的思维模式和工作习惯，不能充分适应时代的需求。传统出版工作者对"互联网+"和全媒体融合发展的意识和理念有所欠缺，利用互联网、大数据、云计算等新技术和移动智能设备开展工作的意识和能力不足，编辑人员查阅、获取资讯的方式和途径较为落后，对互联网用户习惯和移动阅读需求理解不够深入，数字出版和融合出版的理论与实践水平不高；发行人员缺少线上营销、社群营销、粉丝经济、平台运营等方面的知识或技能。除此之外，出版工作者对新时代背景下与出版行业相关的——特别是在全媒体出版和国际化交流上的法律法规、政策环境的学习和运用也有所欠缺。二是擅长多元化经营的复合型管理人才匮乏。现代出版单位特别是大型出版企业（集团），除了坚持主业之外，市场化、多元化、国际化经营成为出版单位发展壮大的有机力量。无论是"出版+"还是"+出版"，以"大文化"理念拓展产业版图，已经成为出版单位提升竞争力、不断做强做大的必由之路。多数出版单位中，懂出版、善管理、擅长多元化经营的复合型人才较为缺乏，而了解市场、精于拓展产业的高级管理人才更是凤毛麟角。此外，在国际化背景下，"引进来、走出去"早已成为出版事业发展的重要方向，版权引进与输送、跨国出版和文化合作交流愈来愈频繁，而具有国际视野、了解国际出版及文化市场、掌握国际化规则、善于国际化运作的人，自然成为出版单位急需的人才。这种人才的匮乏直接制约了出版单位做出版物衍生资源的能力，特别是对出版物衍生资源的开发和利用会产生巨大的影响。三是人才教育培训存在诸多短板。出版单位在开展培训教育上也存在诸多问题：常规性培训多，创新性培训还不够；单一性培训较多，复合性培训较少；未针对每个群体的实际情况，有针对性、创新性地制定培训方案，主动"送出去"的培训较少；教育培训方式方法缺乏创意，充分利用互联网、新媒体等渠道和方式组织教育培训的能力不足；对教育培训的培训效果评价机制不完善，培训的作用发挥还不明显，许多时候强调自觉遵守纪律多，监督检查少，缺乏对培训效果的评价和跟踪管理；培训效果的运用还不到位，培训工作未能与个人薪酬待遇、岗位晋升等机制有机挂钩。

②绩效考核与激励的体制机制尚不完善。一是绩效考核机制滞后。出版单位大多沿用传统的、原有的绩效考核机制，而这种老办法往往针对的是传统图书出版业务，面对新形势下多种出版形式，譬如前期投入大、周期长、收效慢、产品形式多样的衍生资源，老办法自然失去了合理性和适用性，不仅无法客观、科学地评价工作业绩，也不利于吸引和留住人才。二是激励等市场化体制机制不健全。出版单位原有的体制机制普遍存在保守、粗放的问题，机械地以经营任务为指标，考核方法、激励方式也较为单一，未能建立起包含绩效薪酬激励、成长激励、项目激励、精神激励、福利激励等方式在内的人才激励体系，也没有充分引入职业经理人、股权激励等市场化管理方式，不利于多元化人才队伍发展壮大，不利于形成干事创业的

工作氛围，不利于推动出版物衍生资源开发的良性循环发展。

③投入成本压力巨大。具体表现在：一是培育优秀内容资源或"元出版物"成本变高。内容资源储备及版权售卖位于衍生产业链的上游，其功能主要是提供优质"元出版物"产品。优质的内容资源源于出版单位与作者的共同智慧结晶，出版单位对于优秀作者的发掘及培养功不可没。传统出版物时期，出版单位及作者靠优秀的作品便可收获一批忠实读者，而在互联网普及、新媒体盛行的今天，人们的阅读习惯和消费习惯从传统的媒介转变为新媒体的模式，单单依靠图书、音像等传统出版手段"造星"的时代已然过去，出版单位急需借助新媒体的力量，全方位营销，同时这也意味着相应的成本投入大幅加大。二是跨领域版权掌控问题。目前出版物衍生资源市场中热门IP版权价格已高达数百万甚至上千万，出版单位在综合竞争力上无法与互联网巨头或跨行业的多元化集团竞争，在与内容资源持有者或者邻接权利人的合作谈判中容易出局。出版单位即使拥有"元出版物"的版权，但由于资金和市场资源不足，且没有较多成功案例或代表作品，难以说服内容资源持有者或者邻接权利人继续合作。

（3）"O（Opportunity）"——机遇分析

①政策大为利好。文化自信成为习近平新时代中国特色社会主义思想的重要内容，公共文化服务水平不断提高，文化事业和文化产业蓬勃发展，国家文化软实力大幅提升，我国政府积极出台促进文化创意产业发展的各项政策。为顺应时代变革，2014年8月，中央全面深化改革领导小组第四次会议审议通过了《关于推动传统媒

体和新兴媒体融合发展的指导意见》，随后国家新闻出版广电总局于2015年3月出台了《关于推动传统出版和新兴出版融合发展的指导意见》，为传统出版和新兴出版融合发展奠定了政策基础。党的十八大报告提出，到2020年要把文化创意产业发展成为国民经济的支柱性产业；《文化部"十三五"时期文化科技创新规划》指明要将文化成果广泛融入实体经济；《国家"十三五"时期文化发展改革规划纲要》指出要加快发展文化产业，促进产业结构优化升级。党的十九大提出的坚定文化自信，"文化建设是灵魂"，为推动文化繁荣、新闻出版业的蓬勃发展注入了一针强心剂。近年来，我国文化体制机制改革已取得突破性进展：多个深化文化体制改革的政策相继出台，多项推进公共文化机构法人治理结构改革、基层综合性文化服务中心建设的重点措施得以落实，文化扶贫工作也取得了重大进展。在文化市场改革方面，政府进一步简政放权，推行了一系列融资举措，鼓励文化类企业进入市场，进一步减轻了企业负担，释放了市场活力、主体动力和社会潜力，也为出版单位引进和培育人才创造了一片沃土。2020年4月，最高人民法院发布了《最高人民法院关于全面加强知识产权司法保护的意见》，指出要加强科技创新成果、商业标志权益、著作权和相关权利等合法权益保护，完善电商平台侵权认定规则，积极促进智力成果流转应用。2020年9月，中共中央办公厅、国务院办公厅印发了《关于加快推进媒体深度融合发展的意见》，从重要意义、目标任务、工作原则三个方面明确了媒体深度融合发展的总体要求，要求深刻认识全媒体时代推进这项工作的重要性和紧迫性，坚持正能量是总要求、管得住是硬道理、用得好是真本事，坚持正确方向，坚持一体发展，坚持移动优先，坚持科学布局，坚持改革创新，推动传统媒体和新兴媒体在体制机制、政策措施、流程管理、人才技术等方面加快融合步伐，尽快建成一批具有强大影响力和竞争力的新型主流媒体，逐步构建网上网下一体、内宣外宣联动的主流舆论格局，建立以内容建设为根本、先进技术为支撑、创新管理为保障的全媒体传播体系。党的十九届五中全会明确把建成文化强国、国民素质和社会文明程度达到新高度、国家文化软实力显著增强作为2035年的远景目标。锚定远景目标的同时，需要准确把握中华民族伟大复兴战略全局和世界百年未有之大变局的发展特征。在文化强国建设进程中，出版强国建设具有前提性和基础性的作用，尤其在现代社会，出版是文化的依托、文化的源头，出版业在文化产业总产值中占到70%的份额，出版使文化得以保存和传播，使文明得以延续和传承。在"十四五"期间，出版强国建设会涉及多方面内容的调整和改革，产业数字化战略对于"两制（公司制和股份制）"改革的推进、人才队伍的建设、数字出版的结构性变革，肩负着历史性和时代性的使命。党的十九届五中全会文件在谈到"健全现代文化产业体系"时，明确提出要实施文化产业数字化战略，加快发展新型文化企业、文化业态、文化消费模式。这些政策一方面使社会力量投资出版物衍生资源相关产业的热情不断高涨，出版物衍生资源产品和服务更加丰富多样；另一方面规范了出版物衍生资源相关产业发展，为出版单位涉足出版物衍生资源领域构建了良好的市场环境。因而，从着力健全现代文化产业体系、国际社会出版业发展趋势、激发出版人创造活力、出版企业长期运转的良性循环几个方面来看，深化出版业体制改革，实施出版产业数字化战略都是编辑出版人必须履行的职责与必须实现的目标。

②市场广阔，资本持续进场。一是出版物衍生资源市场前景趋近于无限广阔，伴随着国家经济水平的提升，人们的物质生活需求不断得到满足，精神文化品质的需求变得更加强烈，其显著的表现就是开始追求生活美学。诸如在图书消费时，读者不再仅仅停留于阅读的精神需求，还希望借由图书来传达自身的品位和格调。在这种需求背景下，出版单位运用融合发展思维开发出版物衍生资源，将图书或品牌蕴含的思想或理念物化，加快出版单位从内容生产商向内容服务商的转型，打造出富有创意及文化内涵的出版物。此外，出版业本身就可以纳入文化创意产业，拥有丰富的内容资源，在开发出版物衍生资源上具有资源和内容优势。出版业利用资源优势开发出版物衍生资源，有助于实现资源转化，进而延伸出版产业链。更为重要的是，出版物衍生资源本身就拥有可观的经济效益，已成为出版业新的利润增长点。总之，开发出版物衍生资源不仅可以满足大众日益多样的消费需求，而且对出版品牌也具有溢价价值，从而推动出版产业良性发展。二是大量资本持续进场，例如：2020 年 4 月，腾讯接管阅文集团，并宣布其将提高阅文平台与腾讯的连接能力，在不改变现有付费模式的情况下开发新的业务类型。2020 年 7 月，北京字节跳动与中文在线构建长期合作关系，并宣布字节跳动将深度进军数字出版产业，双方将围绕音频作品授权使用、音频内容共建等方面展开合作。2021 年初，腾讯音乐收购懒人听书 100%的股权。腾讯、字节跳动等企业纷纷布局数字阅读领域相关业务，实现

了集多个数字阅读企业为一体的网文联合体，势必会加快数字阅读全产业链的创新性开发。腾讯影业、新丽传媒、阅文影视等数字出版领域企业加大了出版物衍生资源多元开发以及投资力度，这在制作领域具有较大的竞争优势，由此形成一个从内容资源或"元出版物"这一源头到各种产品输出的完整生态，实现出版物衍生资源价值实现的最大化。出版物衍生资源开发也从最初的尝试到如今形成了一定规模的产业链。

③科技赋能产业，用户热衷沉浸式体验。在大数据、物联网、云计算、AI（人工智能）、全息技术、5G通信、VR（虚拟现实）、AR（增强现实）等新技术的加持下，以及手持终端、VR眼镜、智能音箱等智能设备的普及，出版形态出现了前所未有的变革，传统出版与新兴出版深度融合、一体发展的局面正在形成。当前，出版业依靠优质的内容生产能力，以优质内容为基础，衍生出影视、游戏、动漫等产品，全面整合内容创作者、用户粉丝群体、影视游戏和动漫开发方、资本方等资源，通过跨媒介、跨渠道、跨平台的品牌衍生来打造全新产业链，取得良好的效益。优质出版物衍生资源的产业化运营，为传统出版与新兴出版的深度融合发展带来了新的风口，基于出版物衍生资源运营建设全新的融合出版平台，原创版权竞合、价值链整合、大数据营销、社群化推广、技术创新以及走出去等一系列手段应运而生。无论是在出版物衍生资源内部价值体系，还是外部价值体系中，新技术的渗透带动了相关产业的快速崛起和变革，出版物衍生资源的生产和运营方式呈现出多元化、复合型趋势。"元出版物"中的内容资源通过可视化、具体化、多样化、定制化的形式转化

为用户的沉浸式体验，同一内容资源开发出观、听、闻、触等"打通感官"的体验方式，深得内容资源或"元出版物"用户的喜爱。

（4）"T（Threats）"——威胁分析

出版单位面临的威胁，归根结底来自于新时代背景下的社会生产力和生产关系的变化。互联网和通信技术的迅猛发展，日益壮大的国际化浪潮，冲击着经济社会生活的各个领域、各个行业。出版行业自然不能幸免，也迎来了巨大的挑战和威胁。这种威胁，从内因角度说，是新兴技术所带来的新兴出版技术和业态，致使出版人才面临着本领恐慌，这一点在前面"W"部分中已经分析过。而更严重的威胁来自于外部客观因素，即伴随新兴技术应运而生的新兴行业、行业政策的调整以及全球化浪潮，通过多米诺效应，对出版单位开发出版物衍生资源也带来了种种不利影响。

①新兴技术及新兴行业的冲击。一是新兴技术带来的挑战，从20世纪末开始，计算机技术、互联网技术、移动通信技术迎来了高速发展期，对全球经济文化带来了革命性的巨变。新兴技术进入出版领域后，改变了出版物传统的生产方式和传播方式，极大地丰富了出版的内涵和外延，数字出版、融合出版等新兴出版应运而生并不断发展壮大，本身也给传统图书出版带来了深刻影响；加之近年来兴起的云计算、AI、5G通信、AR、VR等技术，无人化、智能化、即时化出版已经不只是理论上的可能，谷歌、腾讯、百度、京东等大型互联网企业，已经率先将云计算出版、AI出版、AI编辑应用于实践。这些新技术带来的出版行业变革，对传统出版单位而言，不仅是工作能力的挑战，更是生存空间的挑战。二是新兴行业的冲击。

在这个"你连对手都还没搞清楚，就已经被打倒了"的时代，如果说新兴技术"蚕食"的是传统图书出版领域，那么伴随新兴技术产生的新兴行业，冲击的则是整个出版行业版图。近些年，兼具内容、文化、创意属性的内容产业（或称内容资源产业、文化创意产业等）异军突起，成为国家乃至全球经济新的增长点，应运而生的数字内容服务、知识付费服务、智库服务、文化创意服务等形态，同样以内容为核心，但是将知识、资讯等内容资源跳过出版领域，根据服务对象的不同属性和需求，利用多媒体融合、跨行业整合、全媒体传播等方式，生成个性化、定制化的产品，直接作用于出版物衍生资源开发的实践。相比从出版物获取信息指导实践，或者从出版物衍生其他产品形态，内容产业的产品服务更加及时、便捷和高效。

②国外资本涌入，国际竞争加剧。在全球化浪潮的大背景下，我国加入世贸组织已到了第20个年头，出版行业参与国际竞争的趋势已是常态。从21世纪初开始，越来越多的外资涌入国内，进入我国出版和发行领域，培生集团、兰登书屋等国际出版巨头，以及诸多国际出版机构，采取参股、合作策划、合作出版、版权贸易等方式，参与到我国出版领域；而贝塔斯曼、亚马逊等国际图书零售巨头也早已在我国图书发行领域分了一杯羹。之后，随着我国WTO保护期届满，国内书报刊发行领域将逐渐对国际全面开放，加上国际日益频繁的版权合作与交流，国外出版物内容资源和衍生资源巨头纷纷前来争夺国内广阔的市场，为出版物衍生资源相关产业的生存和发展带来了新的挑战。

第二节　出版物衍生资源的市场开发

新兴技术的出现为出版物衍生资源及相关产业的发展带来新的契机，极大地拓宽了产业链，加快了整个出版行业的发展速度，实现了文化强国的创新发展。为竭力打造出版物衍生资源新业态，出版单位要形成综合效益高、用户黏性强、可持续发展的内容资源及"元出版物"品牌，打造精品聚集、定位明确、模式清晰、传播力强的生产和传播系统，探索建设多要素融合的营销和服务生态循环。推动传统出版产业与新兴出版产业链融合发展的高端化、数字化、网络化、智能化，梳理、挖掘、打造出版物衍生资源，推进传统出版行业与旅游、体育、艺术、设计、教育、地产等行业的深度融合，参与出版物衍生资源市场规则和标准制定，积极打造面向未来的新形态、新业态。

一、市场开发中存在的问题

出版物衍生资源开发和运营在我国起步较晚，目前对出版物衍生资源的价值评估缺少一种公允的方式，且在出版物衍生资源市场开发模式方面没有完善的理论体系，导致出版物衍生资源市场开发在实践层面存在诸多问题，主要表现在以下几个方面：

1. 内容资源及"元出版物"质量有待提升

在出版物衍生资源市场的日趋火热之下，行业主体市场中出现了很多盲目购买的现象，大多数决策者也根本不了解内容资源及"元出版物"的主要内容。目前，出版物衍生资源开发的内容资源及"元出版物"大多集中在探险盗墓、仙侠玄幻、校园爱情、古装穿越等题材，雷同的故事情节，习惯性换角再造，"换汤不换药"的同质化，导致广大读者和衍生资源用户逐渐审美疲劳，曾经新颖的题材迅速沦为俗套。这种重复的题材选择、无创新的概念抄袭，不仅不能达到预期的开发效果，还容易造成出版物衍生资源的浪费。

同时，一些大热内容资源及"元出版物"已经有一批忠实的读者，演绎者的形象、内容的改编水平、制作的精良程度，如果与读者的预期相差甚远，往往容易让读者对出版物衍生资源作品形成强烈的抵触情绪，造成出版物衍生资源市场开发的失败。例如，经典科幻巨作《三体》系列小说在 2014 年被国内新晋电影公司游族影业宣布改编和拍摄，本身预计拍摄成"六部曲"系列电影，演员确定为冯绍峰、张静初、张翰、唐嫣、杜淳等当红影星，但《三体》小说"原著党"对演员选角的"吐槽"和影片特效团队的不信任，引发了线上大型抵制活动，导致投资方接连撤资，最终影片未能完成制作和上映，系列影片的拍摄计划也遭遇"流产"。此外，网易公司制作发行的以"哈利·波特"系列小说、电影为蓝本的电子游戏《哈利·波特：魔法觉醒》于 2021 年 9 月正式上线，迅速霸占了各大 App 下载排行榜，作为全球知名的出版物衍生资源作品，这款以情怀为卖点的游戏无疑掀起了"哈利迷"的狂欢。但是，仅仅依靠卖情怀无法掩盖游戏口碑迅速下滑的事实，有的玩家表示该游戏的部分设定严重偏离原著小说，甚至纯属瞎编乱造。事实上，目前大多数衍生游戏普遍存在游戏质量不高的问题，在玩家群体中的口碑往往也很差。2021年以来各大游戏厂商持续加码衍生游戏生产，2021年腾讯游戏年度发布会公布了21款知名动漫作品衍生游戏，包括《航海王》《数码宝贝》《一拳超人》《信长之野望》等；网易游戏520线上发布会则公布了15款知名出版物衍生资源衍生游戏，如《宝可梦大冒险》《暗黑破坏神：不朽》等；完美世界则推出了《仙剑奇侠传》《诛仙》《天龙八部》等经典大作衍生作品，但是均难逃快速崛起并迅速没落的命运。这种衍生资源开发"遍地开花"的背后实则是品质低下、用户体验苦不堪言的混乱景象。正因为如此，市面上经常会有出版物衍生资源产品饱受用户诟病，衍生资源开发方一方面意图借用出版物品牌消费用户情怀，另一方面却又不断推出一些玩法五花八门但是品质低劣的出版物衍生资源作品，被很多出版物衍生资源的簇拥者戏称为"经典内容与低级产品缝合的产物"。衍生资源开发方过度消耗出版物衍生资源价值，用品质低下的产品消费用户情怀，只会使用户对其嗤之以鼻，这样的产品及其生产方也注定不会长久。内容资源及"元出版物"的价值特性决定了其衍生资源的设计思路必然局限于特定世界观、故事及人物等设定展开，可以说从价值源头限定了出版物衍生资源开发者对内容资源进行再创作的范围。随着优质内容资源及"元出版物"因陆续开发而数量减少，加上产品同质化等现象的出现，广大用户对出版物衍生资源的态度会更加理性，将迫使衍生资源开发方走上深度挖掘出版物衍生资源价值的良性发展道路。由于国内出版物衍生资源相关产业起步相对较晚，相关人才储备薄弱，从业者集中在单一领域，对衍生开发经验相对不足，导致衍生改编行为乏力。影视编剧李潇曾公开表示："我们现在缺的人才是既懂内容资源作者和编剧，又能跟衍生市场接轨的优秀制作人。"这一观点也得到了很多编剧及相关从业者的认可。

但是放眼日本、欧美等相关产业发达的国家和地区，它们拥有从专业人才培养到工业化生产的完备产业链，其市场对于那些精心打磨、具备较高原创性的出版物衍生资源也有着更高包容度。因此，事实证明，不同的内容资源及"元出版物"有不同的独特个性，其不同介质有不同的传播规律以及不同的出版物衍生资源开发方式。

2. 出版物衍生资源运营行为短期化

出版物衍生资源市场热现象使得很多出版单位或制作单位刻意囤积内容资源和"元出版物"，然后随意开发。一方面，囤积较好的内容资源和"元出版物"，以便于哄抬价格；另一方面，对较好的内容资源和"元出版物"，利用其大出版物衍生资源带来的可观用户数和购买力，吸引投资和广告，"圈钱"后即告完成，毫不注重衍生的质量，以期快速实现资本变现，忽略了出版物衍生资源的特性及传播规律，导致"元出版物"改编粗制滥造，有预期无效益。这种利用"消费情怀+简单堆叠玩法+诱导玩家重度消费"的套路由于能够让开发方快速收回成本，越发受到青睐。但是这种过度追求短期商业利益的短视、投机行为，会让对内容资源和"元出版物"的忠实读者群体失望，进而导致出版物衍生资源市场流失和缩水，对运营方造成极大的负面影响，也会伤害到"元出版物"的价值，最终使各方利益主体均受到损害。

事实上，优秀的出版物衍生资源从前期培育到后期运营是一个持续性的长期行为。许多单位在获得阶段性收益后，就将其开发和运营终止，这种短期行为难以获得用户长久的忠诚度，也是对优质出版物衍生资源的浪费。从长远上看，一个富有生命力的"元出版物"可以通过多元化、多形态、持续性的连接矩阵，构建其衍生势能，形成对"元出版物"的"反哺"，将"元出版物"的价值不断放大，在获得用户长久的忠诚度之余，也能实现"元出版物"与衍生对象的整体价值共建。目前，出版物衍生资源市场亟待整体构建一个全新的、体现效能的产业链开发新生态。

3. 制度不健全导致市场混乱

出版物衍生资源相关产业的发展离不开版权的运营和保护，因此要加强对出版单位内容资源 IP 和"元出版物"版权的保护。然而，在出版行业数字化转型升级的背景下，由于其开放性、共享性的自身特性，版权等知识产权的保护难度越来越大，这是资源特性决定的。在出版、广播、影视剧、周边和衍生产品等领域的各个环节，侵害知识产权的行为时有可能发生。侵权行为一旦频繁发生，出版物衍生资源经营赖以生存的前提就会遭到破坏，出版单位及衍生资源各方前期所有投入都有可能化为乌有。目前，传统出版和出版物衍生资源相关产业都是侵权盗版和无序竞争的"重灾区"，存在大量不良厂商和网络电商平台肆意模仿，甚至直接抄袭知名品牌"元出版物"及衍生资源的创意及产品，这些低质"山寨"产物拉低了出版物衍生资源整体质量和审美品位，也严重侵害了各方利益主体的知识产权。目前，我国围绕知识产权保护做了大量探索，完善了多样化、立体化的保护举措，但并没有从根本上有效遏制侵权行为。加之我国现行的知识产权保护法律法规体系，主要针对发明创造、文学和艺术作品等制定，而数字时代的知识产权有了新的内容内涵，相应法律法规需要一定的时间去适应和调整。

4. 商业模式和盈利模式滞后

尽管出版单位拥有大量的内容资源和"元出版物"，可以借此开发出版物衍生资源相关价值，但是出版物衍生资源开发不仅耗资大，而且价值效果难以事前评估，跨界进入影视、游戏、旅游、地产等行业的投入大、风险高，相比拥有资金优势以及体制机制优势的新兴互联网单位，出版单位的实力和能力都相形见绌。同时，尽管目前国内出版单位纷纷布局出版物衍生资源战略并取得一定成绩，但离形成完善的产业运营模式还有一定的差距，出版单位还没有丰富的可资借鉴的商业模式和盈利模式。一方面受制于资本资源、体制机制的局限，另一方面又对短期内的投入产出有较高的要求，使得传统出版单位在出版物衍生资源运营中表现出先天乏力的现实困境。

5. 用户至上思维缺失

（1）开发者与对象用户地位不平等

出版单位作为出版物衍生资源的开发者代表，主导生产活动，读者、玩家等对象用户参与互动的过程较少甚至不参与。虽然其中有部分出版单位采取用户个性化定制的服务形式，但是仍然没有脱离传统思维，依然认为只有生产才能创造价值，对象用户只有参与到生产活动中发挥生产者作用才能创造价值。这说明出版单位在出版物衍生资源生产与消费的互动层面存在一定取向偏差，影响后期对象用户的使用体验和品牌忠诚度。

出版单位开展出版物衍生资源融合开发的时候，通常是在已有资源的基础上，根据前人的经验和长期以来的市场反馈推出衍生资源及产品，也就是出版单位生产什么、衍生什么，对象用户买什么，出版单位基本全程主导出版物衍生资源及成品的设计、开发与制作，最终成型的结果更多体现的是出版单位的意图和价值构想，出版主体和消费主体之间没有形成有效的互动循环体系。一方面，出版单位作为生产源头，因为从事传统出版时间较长，长期受传统价值创造思维束缚，在商业性更强的出版物衍生资源开发与创意上的专业程度不够，对于如何挖掘出版物衍生资源的显性价值和隐形价值，明确出版物衍生资源的增值因素，协调出版物衍生资源开发人员与"元出版物"出版人员之间的关系等问题的处理上也存在较大挑战；另一方面，市场与价值共创是生产主体和消费主体双方共同作用的结果，出版单位的目标市场群体具有一定的文化素养，消费主体对出版单位的期待值比对其他工业单位更高，对于体验价值的重视程度也更高，更希望也更乐意参与到出版物衍生资源的价值创造过程中。然而，出版单位并没有给对象用户太多参与价值创造的机会。对象用户在消费领域的价值共创主要包括出版物衍生资源的创新性使用体验价值、互动性体验价值、互依型价值和社群创造价值等。这些是价值共创中十分必要的组成部分，但出版单位往往忽视了对象用户产生价值的重要性，从而导致彼此之间的认知地位出现了偏差。

（2）开发者与对象用户信息资源不对称

开发者与对象用户对于出版物衍生资源的开发、生产和销售过程等方面的信息越透明，能够实现的共同创造价值越大。但在出版物衍生资源市场拓展上，开发者与对象用户各自掌握的信息资源并不对称，这一现状降低了出版物衍生资源的市场竞争力，使其难以发展。这种宝贵的信息资源主要包含以下三种。

①渠道信息。一个明显的案例可以说明：书店的文创产品具有天然的销售场所，但出版社的文创产品除了线上的形式以及每年固定的书展活动之外，消费者平时在线下很难直接购买，这就导致了出版社开发文创产品的竞争力明显不如书店。而对象用户往往可以弥补这部分信息失衡，将市场信息及时反馈给开发者，开发者就可以充分利用这种渠道信息开发市场。

②出版行业信息。除了出版从业人员和对出版感兴趣的人士之外，普通的出版物衍生资源对象用户很少关注出版单位及行业发展，因此对象用户对出版行业总体上呈一知半解的状态。同时，出版单位只是单向地了解读者群体，不能充分了解整个出版物衍生资源对象用户群体。对于出版行业发展的困境和难题，对象用户无法充分知晓，因而无法对"元出版物"的主体提供有效信息，帮助其实现衍生资源价值的最大化。

③出版物衍生资源相关行业信息。很多出版单位的选题资源具有垄断性，这样容易使出版单位彼此之间失去竞争意识，只顾埋头开发自己的出版物衍生资源。但随着出版物衍生资源相关行业的迅猛发展，对象用户对出版物衍生资源已经并不陌生，国内外优秀出

版物衍生资源开发者特别是新媒体行业的出版物衍生资源及其产物，在市场良性竞争下不断提升自己的开发和运营能力，相关衍生产品做到了创意性和实用性兼备，传统出版单位的出版物衍生资源产品如果长期故步自封，产品质量难以和其抗衡，容易被市场逐渐淘汰。

（3）开发者与对象用户价值认同不一致

除了少数个性化定制类的出版物衍生资源外，长期的出版物生产思维惯性导致以出版单位为首的开发者对出版物衍生资源的价值认同与对象用户存在一定偏差。

①开发者与对象用户的重视程度不一致。在观念上，大部分出版单位认为出版物衍生资源是出版物的附属品，对其投入的时间、精力和成本相对较少。但对象用户会将出版物衍生资源当作独立的门类看待，对其使用价值、审美价值和收藏价值上具有很高的眼光和要求。

②开发者与对象用户的审美观念不一致。出版单位与其他专业的衍生资源开发者相比，对市场审美的把握不够敏锐，大量用相同创意和设计方法的出版物衍生资源开发容易使对象用户产生审美疲劳，甚至会使对象用户产生抵触情绪。

③开发者与对象用户对出版物衍生资源产品的期待不一致。随着用户群审美力和购买力大幅提升，出版物衍生资源市场越来越呈现出高精化需求，必须全面提升出版物衍生资源产品的各项品质，从外观、内涵到工艺都必须具备创意性与高规格，但往往因为产品质量等细节无法达到对象用户的标准或期待，导致反响平平，不仅没

有带动出版物衍生资源产品的销售，同时还降低了开发者的口碑。

二、市场开发中的策略

出版单位主要通过两种方式对出版物衍生资源进行开发，单一的 IP 交易，或者以制作方、投资方、运营方等第三方介入。随着出版物衍生资源产业链的日趋完善，其渠道也随着向全产业链拓展，同时，积极通过合作、并购等资本手段，实现出版物衍生资源跨行业、跨区域运营。

1. 全产业链市场开发

（1）全产业链规划

在出版物衍生资源市场精品缺乏的现实情况下，超级内容资源能够激活整个文化产业链条，给出版单位及相关开发者带来丰厚的价值回报。因此，出版单位在打造超级内容资源时，应具有一定的前瞻性和全局观。在项目启动前对于产业链上、中、下游的各个环节需提前布局规划，运营期间各个环节之间更应加强配合，达到相辅相成、相互加持的效果。

价值链整合使得数字出版单位能整合上下游资源，聚合文学、动漫、影视、游戏、实景娱乐主题公园、玩具等众多领域的创意衍生资源，开展更多价值创造活动。要在深入了解用户需求和偏好的基础上，形成为用户创造、传递和实现价值的全新驱动系统，改变原来单一关注出版物质量和价格的编印发流程；要以市场为导向，实现产业链中各权利主体的利益共赢，让创意、制作、流通、衍生、投资、客户、展示等领域的不同主体，在影视投放、红人培训、动漫设计、营销策划、公关推手等方面发挥更大作用；要优化渠道建设，使用统一的实时平台来管理合伙人，进行出版物衍生资源交易，从而加强创新和研发，重新构建治理体系，降低运营风险。

（2）全产业链协同

无论业界还是学界，目前已经形成共识，出版物衍生资源运营仅依靠版权授受交易难成体系，应积极调动各个环节有效衔接配合，对产业链全面布局规划，才能最大化实现出版物衍生资源的价值。对于超级内容资源来说，出版单位投入了大量资源获得IP，运营出版物衍生资源能够产生多大的收益，直接关系到开发者的生产经营。随着内容资源市场逐渐被发掘，出版单位已经认识到内容资源IP合作，仅仅是出版物衍生资源产业链中收益极小的环节，出版物衍生资源产业链中、下游的市场开发，能够产生远远超过单纯IP授权带来的收益。一是要将出版物衍生资源开发与合作的节点前移。目前，出版物衍生资源大多是在内容资源项目和"元出版物"出版完结后才陆续推出，可以考虑根据市场反馈和对象用户的具体期待，适当调节出版物衍生资源产业链上、中、下游的时序，适时组合推出不同的产品形态。二是全产业链互相配合，内部价值与外部价值衍生产业计划性地配合推出，各产品之间相互带动、相互加持，从而提升出版物衍生资源整体影响力，实现效益最大化。另外，各类产品在发行或者销售渠道上也应有效配合，如影视剧的首发时间、线下衍生品发售时间也需巧妙搭配、提前规划。

2. 跨行业、跨区域市场开发

出版单位优化出版物衍生资源运营，在经营管理上已经做出了一些探索。

（1）跨行业市场开发

布局广义的出版产业之外的多个产业，提升出版单位及出版行业整体的盈利能力。尽管出版传媒主营业务仍然是出版单位的主要收入来源，但是出版传媒主营业务的毛利率较低，整体盈利能力不强。对于出版物衍生资源运营来说，出版单位跨媒体实现内部价值，跨行业实现外部价值，不仅能够获得出版物衍生资源运营所需的全媒体渠道资源，还能够借此打通进入周边产业的壁垒，这是出版行业发展的趋势，也是应有之举。

（2）跨区域市场开发

出版物衍生资源市场开发不仅可以立足国内市场，还把触角伸向广大海外地区和国家，要借助"一带一路"的宝贵机遇，加强沿线国家的出版物衍生资源市场开发，强化外向型产品策划，让富有东方魅力的中国文化跨越民族、跨越文化差异，让博大精深的中国文化内容更加多样化。在此背景下，如何扩大出版行业的影响力，业内已有多种探索，比如与外企合作，运用联合投资、协同制作等方式，在资本市场也可通过股权投资、并购等方法达到目的。国内领先出版单位纷纷以搭建财务公司为基础平台，建立基于大数据挖掘、服务庞大客户群的互联网金融平台，整合社会金融资源，利用金融杠杆作用，为文化产业战略投资提供了金融保障；以基金管理公司为主要投资窗口，加快对目标大数据公司、视频网站、游戏平台等新型公司的并购，持续推进传统出版、传统资源与数字媒介、数字平台的全方位整合。

3. 面向用户策略

（1）大数据开发策略

在出版物衍生资源市场生态中，大数据通过全网抓取、热点选题分析、用户特征分析等，获取对象用户个性化的内容喜好，深度解析读者需求，构建用户知识图谱和知识社区，并能够运用知识检索，精确分析读者需求特征。运用大数据辅助选题策划及优化，通过导入模型、数据演算分析资源和产品被受众接受的可能性，挖掘用户的潜在需求，在资源和产品的迭代过程中对衍生创新度进行分析评估；运用大数据服务精准宣推，通过对用户的性别、年龄、爱好、职业、教育背景、浏览记录、购买场景等信息的智能化分析，分析用户行为规律，从而提供个性化的产品和服务；运用大数据开拓知识服务等"蓝海"，依托"长尾效应"，把海量出版内容资源变成图表、音频、视频等形式，并重新标签化，从而建设融在线阅读、在线购买等于一体的专业性、垂直化出版物衍生资源平台。

（2）社群开发策略

出版物衍生资源开发本质是实现内容价值最大化。通过出版物衍生资源平台建设，可更好地实现出版物更新、在线出版、电子版权分销、影视改编、游戏改编、动漫改编、周边产品开发等环节的资源共享，不断扩大对象用户群体，进而在多个领域实现其价值。要发挥出版单位原有用户群的优势，通过会员派对、签售等线下活动，以及微博、微信、豆瓣等新媒体平台，组建用户圈子，增加用户的认同感和归属感；要强化对线下场景的深度挖掘，创造新的流量入口，如主题茶餐厅、咖啡馆、公园、地铁站等，具有自助借阅、在线销售、会员服务的智慧图书馆、无人书店等；要探索社群电商等新领域，实现出版单位"元出版物"、衍生产品与产业联盟产品的组合销售，在分销商社群和用户社群中发布优惠信息、限时折扣信息等，并依地域不同，探索培训、论坛、比赛等新盈利渠道。

三、市场规范建设

出版物衍生资源市场的开发和产业发展，离不开市场规范的健全完善。2018年，国家文创实验区版权服务中心在北京揭牌；2019年，文创版权保护协作联盟成立，这些政策的颁布和机构的成立，为出版物衍生资源相关产业发展提供了必要保护，能够帮助开发者有效开展维权行动。抑制出版物衍生资源侵权现象，需要多方合力进行综合治理，并将其视为长期过程。一是政府和相关行业应该在版权登记、费用结算、监测取证等领域引入新的技术标准，建立健全立体化的管理制度，建立产业生态体系。二是出版单位及出版物衍生资源开发者应加强出版物衍生资源产品和品牌的宣传力度，并通过新媒体平台、电商平台等建立多平台一体的官方宣推专区，并鼓励用户反馈和协助打假。三是广大对象用户作为出版物衍生资源的最终使用者，也要提升维权意识，主动发现问题并进行及时反馈，从而有效保护价值链相关行业的合法权益，使出版单位和开发者作为源头不断提高创作质量，不断提供优秀出版物衍生资源。

第五章
出版物衍生资源的价值实现

第一节　出版物衍生资源运营机构设置

出版单位擅长图书出版的运营，出版物衍生资源运营实际是一种跨度较大的跨界运营，需要对出版物衍生资源相关的上、中、下游各个环节有较为清晰的理解，常见的包括但不限于图书、影视剧、游戏、文创、文旅等众多关联领域，传统的出版单位总体还不具备这种承接能力。目前，部分出版单位先行先试，从出版单位内部流程重构的角度，探索了两种较为领先并且可以借鉴的模式：一是出版单位做好图书出版等内容资源传统出版物主业的同时，单独成立出版物衍生资源开发运营的专营机构，注重品牌效应和粉丝效应，针对特定作家、特定题材、特定系列的作品进行合作开发，提升对"元出版物"衍生资源开发及市场判断的能力，改变传统的寻找合作方进行版权授权模式，整体策划实现出版物衍生资源价值最大化，具体的做法通常为设立出版物衍生资源运营事业部门或出版物衍生资源运营公司。二是组建出版物衍生资源孵化公司，彻底改变传统出版运营模式，锻造熟悉出版物衍生资源产业链的综合性运营团队。根据出版物衍生资源内容和题材量身打造运营方案，结合对市场的数据分析能力，提升出版物衍生资源价值转化的成功率。

一、设立出版物衍生资源运营事业部门

随着出版物衍生资源市场价值被充分挖掘，越来越多的出版单位都意识到出版物衍生资源运营的巨大价值，走在前沿的出版单位均配备了出版物衍生资源运营专员，部分实力雄厚的出版单位设立了出版物衍生资源专门事业部门，甚至建立了专业的出版物衍生资源运营公司。建议出版单位根据自身发展需求及实际情况，设立相应的管理部门，负责开发和运营相关事宜，统筹协调出版单位内外出版物衍生资源，搭建专业的出版物衍生资源输出渠道，聘请和培养出版物衍生资源开发和管理方面的专业人才。

出版单位运营出版物衍生资源不仅存在专业上的局限，还受限于体制流程，想真正实现出版物衍生资源全媒体运营十分困难，其生存又离不开传统图书出版主业的支撑，尤其是传统出版单位，更不能忽略传统出版主业，也就不能对内部出版流程进行颠覆性的重构，因此在出版单位内部组建专业出版物衍生资源运营团队，采取以出版物衍生资源运营事业部门为依托，拓展出版物衍生资源开发及运营能力的方式最为可取。在出版物衍生资源运营事业部门的职责设定上，首先要有敏锐的市场嗅觉，能够迅速并且大量抢占优质

内容资源及"元出版物",通过买断、引进、合作等多种形式,圈占有市场号召力的优质内容资源及"元出版物",并且尽可能获得排他性支持,获取网络信息传播权、影视改编权、商标许可权等多种知识产权。其次,在部门的发展战略上,要以内容资源及"元出版物"为纽带,积极开展出版物衍生资源产业价值链整合,以授权为核心,以网络平台为基础,展开多领域、跨平台的商业拓展模式,对大量的出版物衍生资源进行管理运营和品牌化运作。尤其重要的是,要通过机制创新引导传统出版物编辑向出版物衍生资源编辑转变,培育出版物衍生资源产品经理人。目前已经有众多出版单位开始使用职业经理人、股权激励等机制,以项目制、股份制等多种形式,在出版、影视、游戏、文创等方面开展出版物衍生资源试点工作,这也是契合出版物衍生资源特色并且代表未来方向的一大举措。此外,出版物衍生资源部门的负责人可以列席编辑部门的选题会,了解编辑部门与作者的签约情况。在报送选题阶段,出版物衍生资源部门直接参与讨论购买或出售版权的意向。

在成立专业机构的同时,重点培养专业的出版物衍生资源人才队伍。出版物衍生资源运营基于不同的制作平台和营销渠道,而出版单位以往传统的编辑人才队伍结构已经不能满足目前出版物衍生资源产业价值链的经营需求。专业的出版物衍生资源人才不仅要对产业链上游的优秀内容选题有着专业敏感度,还需从出版物衍生资源的角度对产业链中游、下游的产品进行加工制作、运营等行为的可行性进行把关,同时具有敏锐的互联网思维,精通互联网数字技术,能够应对互联网冲击下的发行渠道的最新变化。

二、组建出版物衍生资源孵化公司

出版单位开展跨界运营往往培养一支既懂出版又懂"出圈"的"一专多能"甚至"多专多能"的人才队伍，以及善于利用大数据分析市场的综合性专业人才队伍。若只是简单进行IP授权，容易因为对于作品或市场判断失误导致"出圈"失败，也不利于整体策划实现出版物衍生资源价值最大化。专业的出版物衍生资源孵化公司可集合多样化出版、影视改编、新媒体传播、文创产品设计、文旅项目策划等多重领域人才，根据内容资源和题材量身打造运营方案，而"元出版物"是否适合改编、改造，演化成何种题材、形式，传播方式如何调整，适合什么样的衍生策略，需要什么样的生产和运营团队等这一系列问题，均可由出版物衍生资源孵化公司来解决。当前，许多出版单位出售内容资源IP或"元出版物"版权相当于在直接售卖原材料，而专业的出版物衍生资源孵化公司将原材料做成了半成品，也就是将出版物衍生资源的基础级产品加工成升级产品，大大提升了产品转化的成功率。

三、搭建出版物衍生资源运营平台

不少出版单位以创意、内容、技术为核心要素构建融合出版管理平台，积极培育优质出版物衍生资源，起到了重构内容生产方式、重塑内容消费模式、重分内容服务市场的作用。构建符合出版流程的融合出版管理平台，是解放传统出版内容生产能力的重要手段，也是推进出版融合转型的基本保障。通过融合出版管理平台的规划，将使传统出版的内容呈现形式、生产流程机制、运营思维理念以及管理组织形式发生翻天覆地的变化。为服务和推动出版产业转型升级，在数字化出版、出版融合发展等趋势下，部分出版单位尝试打造一些"国字号"出版平台，但是目前的基本情况是，空有牌照少有业务创新，对出版产业升级的贡献还未显现。这里提出的出版物衍生资源运营平台，以整合不同出版单位自身出版物衍生资源数据库建设为着力点，内部挖掘整合既有出版物衍生资源，促其多媒介利用、全版权运营；外部寻找具有衍生开发价值的出版物衍生资源，通过价值评估体系决定其市场价值以及自身投资行为。

1. 设计要素

出版单位出版物衍生资源运营平台至少包括如下几大功能——出版物衍生资源分类储备、出版物衍生资源上传检索、出版物衍生资源协同管理、出版物衍生资源潜力评估、出版物衍生资源授权交易等，能够导入出版物衍生资源储备资源、市场热门出版物衍生资源、ERP 系统，统一形成该平台的元素数据库，并在出版单位之间实现信息共享，是一个集资源储备、内容生产、授权交易等功能于一体的平台。

2. 功能模块

通过多渠道按照题材、介质、版权、作者等分类标准，对既有内容资源或"元出版物"进行数据化整理汇总，使其汇聚、整合和优化成为出版物衍生资源运营平台的基础数据库，负责对海量数据和内容碎片进行存储、查询、关联、动态发布，实现出版物衍生资源在出版单位之间的及时共享和关联，实现出版单位之间出版物衍生资源的规整和衔接，以及寻找外部优质出版物衍生资源。

3. 协同管理

出版单位之间出版物衍生资源相关部门及人员及时共享、查询出版物衍生资源的功能模块，通过整合平台数据资源，提升整体出版物衍生资源数据多维化、可视化的呈现能力和组配能力，最终实现从一维到多维、可读到可视、平面到立体的转化，提供知识拓展、数值搜索、RSS（简易信息聚合）订阅等服务，并对目标出版物衍生资源进行多维度数据挖掘实现聚合重组，实现由点对点的检索发展成为由点及面的跨库检索。此外，还要充分发挥出版物衍生资源协同创作、关联 ERP 系统数据等功能。

4. 潜力评估

主要针对内容资源或"元出版物"本身的内在价值，如内容价值、运营价值以及多维度商业化价值进行评估。当前，内容资源或"元出版物"本身依托的去纸质化平台为出版物衍生资源潜力评估提供了运营的数据基础，但除此之外，还要突破平台和渠道的壁垒，整合诸如搜索引擎、主流新媒体等互联网入口数据，全面囊括 PC 端、手机 App、短视频、社群合作等渠道用户，为出版物衍生资源的潜力评估提供更加完整的市场和用户数据。同时，依靠大数据分析在商业模式中的运用能力，从内容、运营及商业化的角度入手，构建出一套适合某个或某类出版单位的定性分析方法，分析出版物衍生资源的潜在价值，并为其提供优化建议。

5. 授权交易

打通出版物衍生资源对外交流展销窗口，在出版物衍生资源行情分析中，对价格等因素进行总体性和实践性预判，通过平台会员注册等方式，对外打通优质出版物衍生资源共享及交易的集散中心，既可以形成对优质出版物衍生资源的线上讨论，也可以开展优质出版物衍生资源的线下交易，优质出版物衍生资源可以是其中一家出版单位独家持有，也可以是多家出版单位在平台效应聚集下产生。

第二节　出版物衍生资源运营制度建设

出版单位要想真正实现出版物衍生资源价值链管理和带来的价值增值，必须取得价值链联盟行业及单位间的高度共识，即上、下游关联方的协同作业。为此，出版单位必须要有健全完善、管控力全面、执行力强大的制度系统作为基础。出版物衍生资源运营制度建设必然涉及出版单位的组织架构和管理流程。笔者认为至少应该从以下几个方面入手进行出版物衍生资源运营制度建设。

一、目标控制制度建设

1. 经营目标责任制

经营目标责任制是出版单位特别是出版集团通常使用的关于管控和考核的基本制度。按照当前出版集团的发展趋势，经营目标责任制可在职业经理人制度、员工持股制度等改革制度上灵活使用。经营目标责任制的内容主要涉及经营业绩（营业额）、利润、资产安全等要素，强调出版单位在实现目标的过程中增强经营的效果和效率。经营目标与出版单位所要实现的总目标相关，这也是出版单位开展出版物衍生资源开发和运营的根本动力。

经营目标也包括经营业务的相关分目标或子目标，应该反映出版物衍生资源管理部门或者专业公司发挥其职能的效果，以及所处的产业环境和经济环境。虽然，各出版单位的此类目标会因管理层因各单位的特点、结构和业绩的不同而有所不同，但是，必须考虑的核心是：目标的制定是否基于市场的现实需要，目标的表达是否有益于业绩评估。一套目标明确、权责清晰、总分目标相关联的经营目标和策略对出版单位经营的成败是极为关键和重要的，因为它们提供了出版单位将要配置资源的重点。如果一家出版单位经营目标不明确或者未经过深思熟虑，其资源可能会投向错误的方向，导致资源浪费甚至亏损。

2. 目标报告责任制

目标报告责任制是关于出版单位编制公开发表的、真实可靠的财务报表，防止虚假报告的一系列责任制度，目标报告的驱动力主要来自于强制性要求。财务报告目标涉及编制真实可靠的公开财务报表，包括中期简明财务报表以及源自这些报表的、经过选择的财务数据等。出版单位必须实现财务报告的目标，以满足外部对财务报表的需求。真实可靠的财务报表是获得投资或贷款的先决条件，对被授予合同或与一些供应商进行交易也是至关重要的。投资者、债权人、客户和供应商通常依靠财务报表来评估出版单位管理层的业绩，并在同行业之间进行比较，以便决定投资与交易的对象。

与其他类别的目标责任一样，财务报告目标也包括相关的次级目标，财务报告目标的基本目标是要求财务报表的编制依照公认的会计原则以及主管机关的要求，进行公允的表达；财务报告目标被财务报表的声明所支持，这些声明代表了次级目标，而这些次级目标又被出版单位各种不同作业的目标所支持。

3. 其他强制性目标责任制

这类目标责任制涉及出版单位开展出版物衍生资源系列活动的合规性，也就是要遵守政策、命令、法纪。在有些情况下，所有出版单位的此类目标都基本相似；而在另一些情况下，合规性目标是跨行业的通则。特别是国有出版单位，坚持正确的出版导向和积极实现社会效益永远是放在首位的准则，所以在制定强制性目标责任制度的时候，应该充分考虑单位本身的实际，并健全对产业、市场、定价、税收、环境、职工福利以及国际贸易等有关内容的设计。一个出版单位的合规性历史情况，可以直接影响其社会声望，以及出版物衍生资源开发与合作的结果。

二、会计控制制度建设

我国出版单位的传统内部控制制度建设一向是偏重构建以会计控制为核心的内部控制框架，出版单位会计部门和相关人员负责出版单位资金、财产、投资、债权债务等审批、决策和跟踪管理，会计系统负责收集和管理出版单位经营和业务活动的综合信息。因此，有效的会计控制可以防止侵吞出版单位财产和其他违法行为的发生，保护出版单位资产的安全。会计控制制度是现代出版单位落实管控的重要方式，主要包括会计组织管控和预算控制等。

1. 会计组织管控

会计组织管控是出版单位组织结构中一个重要的组成部分，是贯彻会计控制以及具体执行控制职能的基本环节。会计部门和岗位设置是出版单位会计组织控制的主要形式，是制定和执行出版单位会计准则、进行会计核算和执行控制职能的单位和岗位，是对会计信息质量控制的基础和保障。出版单位会计组织管控应与出版单位的类型、规模、经营业务特点密切相关。会计组织管控分为纵向管控和横向管控。纵向管控是指出版单位特别是出版集团内部从上到下的垂直财务管理，这里特别要强调的是出版单位本级财务部门对所属或者合作的出版物衍生资源单位财务部门的对接，应能够实现准确、便捷、高效的财务信息共享和应用，从而充分、及时、有效地把握出版物衍生资源市场的变化和本单位的经营状况；横向管控应该根据出版单位会计工作流程，对出版单位业务部门之间的业务和信息传递特点及要求进行设计。

2. 预算控制

预算控制是现代出版单位会计控制的一种主要方式，出版单位通过预算控制，能使出版单位的经营目标转化为各部门、各岗位和个人的具体行为目标，作为受控单位的约束条件，从根本上保证出版单位经营目标的实现。预算控制通过对出版物衍生资源经营目标的一步步分解，使其在具有了可控性和可考核性的同时，也有助于协调和控制出版单位开展出版物衍生资源的各种活动。现代出版单位呈现出资本、投资和经营分散化及多元化的趋势，出版单位特别是出版集团的分支机构有可能遍布国内外，而且从事各不相同的生产经营活动。预算控制成为组织协调和保证经营目标实现的重要的控制方式。

三、风险控制制度建设

由于出版物市场竞争加剧，出版单位面临的各种风险不断增加，现代出版单位应该重视风险管理，增强识别风险、评估风险和控制风险的能力，特别是对于国有出版单位，坚持出版导向和避免国有资产流失是重中之重的政治责任，因而风险控制制度建设显得尤为重要。

1. 风险识别与评估机制

生产经营不确定性是客观存在的，特别是出版物衍生资源的开发和运营，面临着更多不确定的变数。出版单位管理层不可能明确知道变数是否发生、何时发生及其发生的结果。风险识别与评估机制就是分析影响风险发生的各种外部和内部因素，为生产或投资决策服务。其中，外部因素包括政治、经济、环境、社会和科技因素等；内部因素体现了管理层的选择，包括基层结构、人力资源、各种管理流程以及衍生措施等。而风险可能产生潜在的正面或负面影响，或两者兼有。对于具有潜在的负面影响的风险，需要管理层进行评估并做出反应，该种风险的发生将会阻碍目标的实现；具有潜在正面影响的风险，管理层应将其纳入战略决策或目标设定过程中，以捕捉这些机会。管理层在风险评估和风险回应过程中还应该考虑可能潜在的抵消负面影响风险的事件。风险评估就是出版单位判断潜在风险如何影响目标实现的过程。可以从可能性和后果两个方面来进行风险评估，通常采用定性与定量分析相结合的方式进行。如果风险自身不能量化、无法进行定量评估，所需分析材料无法取得或不符合成本效益原则时，就应使用定性评估；定量评估更准确，在更复杂的活动中可以补充定性评估的不足。潜在事件可能产生众多的后果，这是进行风险回应的基础，通过风险评估，可以单独或分类来鉴别这些潜在事件在整个出版单位层面的正反影响。

2. 风险回应机制

风险回应机制是根据风险承受能力和成本效益原则决定风险回应，同时，选择并考虑它发生的可能性、产生的后果及影响，然后制定并贯彻风险回应措施。风险回应可以分为回避风险、减少风险、分享风险（转移风险）和接受风险。回避风险是指采取行动退出产生风险的活动，如放弃可能明显导致亏损的投资项目，拒绝与不守信用的企事业单位的业务往来，等等。减少风险是指减少风险的可能性、后果，或两者兼有，常用方法有：进行准确的预测，对决策进行多方案优化或替代，保持与相关单位的沟通，进行多地域、多品种、多业务经营，等等。分享风险（转移风险）是指通过转移或者承担一部分风险而减少风险的可能性或后果，如向保险公司投保，采取合资、联营、联合开发等措施实现风险共担，或者通过技术转让、租赁经营和业务外包等实现风险转移。接受风险是指不采取减少风险可能性或后果的行动，包括风险自担、风险自保两种。

3. 监督控制机制

出版单位的管控方式是随着时间的推移和实际情况的变化而不

断变化的，从而对所应用的风险控制方法带来新的变化。因此，出版单位也需要相应的监督控制机制来适应并应对新的风险。基于此，对于出版物衍生资源开发和运营进行检查和监督，是保证实现价值和降低风险的重要环节，出版单位可以通过持续性的监督活动、独立的评估，或两者并用来实现这个过程。

（1）持续监督机制

持续监督机制包括对出版物衍生资源开发和运营过程的日常管理活动、督导活动、相互对照印证、定期核对和其他常规性活动的规范和约束，涉及出版单位正常并不断循环的经营活动。它已根植于出版单位内部，能及时发挥作用，并根据变化的环境能动地进行反应。

（2）独立评估机制

尽管持续性监督程序一般可以提供关于其他控制要素有效性的重要反馈，但从新的角度，把焦点集中在对系统的有效性直接进行评估也是十分有益的。独立评估是审计、纪检、监察等部门从独立性角度出发，对出版单位控制系统进行审核的过程，主要关注系统的设计和运行的有效性。独立评估的频率取决于管理层的判断，出版单位根据变化的性质和程度、有关的风险、贯彻风险回应和有关控制活动的人的竞争意识和经验，以及持续监督活动的效果等方面的因素，来判断是否进行单独的评估。

需要说明的是，持续监督和独立评估的有机结合可以确保出版单位对出版物衍生资源开发和运营维持有效的实时控制。

四、鼓励激励制度建设

出版物衍生资源开发和运营作为一项新兴的、伴随较高风险和回报的经营活动，出版单位应该打破传统薪资待遇框架，按照市场化规律和行业水平，制定相应的鼓励激励制度。激励机制是出版单位人才建设的重要环节和主要措施之一，根据管理学理论与出版单位发展实践，较为健全的出版人才激励机制应当包括绩效薪酬激励、成长激励、项目激励、精神激励、福利激励等方面，并充分结合职业经理人制度等改革性制度进行。

1. 绩效薪酬激励

绩效薪酬激励指的是通过调控薪酬的分配方式，调动员工干事创业的激情，这也是最基础、最直接、最常用的激励方式。一是推行宽带薪酬制。首先要面向市场，即在确定"宽带"的时候，要充分考虑行业薪酬水平情况和单位自身实力水平，既要保持人才吸引力，也要兼顾人力成本，避免薪酬浪费。其次，保持差异，根据岗位和职级特点，有针对性地制定工资级次和浮动范围。最后，以合法为前提，充分依法依规依纪制定和落实宽带薪酬制度，不随意克扣员工正常的薪酬所得，不执行"零薪酬"等违法制度。二是设置集体性奖金制度。首先，保持稳定性，明确评比的主要依据和具体标准，并作为单位的一项基本制度确定下来。近些年，一些出版单位把集体性奖金纳入"三项机制（指鼓励激励机制、容错纠错机制、能上能下机制）"的"鼓励激励机制"中，不失为一种明智的做法。其次，要体现公平。一方面，严格明确和控制集体范围，奖励针对的是对集体工作有贡献的成员，杜绝"搭便车"现象；另一方面，按照成员分工和贡献多寡进行奖金分配，避免"大锅饭"现象发生。

2. 成长激励

成长激励指的是通过帮助员工在职业道路上不断成长，来激励员工不断为实现职业理想而奋斗。笔者认为，合理的成长激励设计应该包括晋升和培训两个方面。一是落实晋升激励，指的是通过职务或职级晋升的方式来激励员工，是最基本、最重要的激励方式之一。首先，为员工做好职业生涯规划，从单位发展的需求、员工的素质能力等客观因素以及员工对成长的主观意愿出发，本着"双赢"的目标,为员工提供专业技术类和行政管理类双轨制成长路径；其次，强调公平竞争，明确晋升或者选拔任用标准，凸显公开、公平竞争，避免"论资排辈"；最后，正负激励相结合，建立"能上能下"双向流动制，纳入"三项机制"加以运用,对表现优异、贡献突出的员工正向激励的同时，对工作态度不端正、业绩不佳、工作存在过失或错误的员工,予以岗位调整、延缓晋升、降职甚至解聘等处理，避免造成"干好干坏都一样，干好干坏都晋升"的影响。二是实施培训激励，通过让员工获得教育培训的机会来发挥激励作用。首先，丰富培训内容和方式，因人而异地为员工提供不同专业方向、应用目的、深度、规模、形式的培训和学习机会，帮助其提升出版物衍生资源开发与管理业务水平；其次，运用好培训结果，将培训结果与受训者的录用、待遇、晋升和提拔挂钩，使培训学习成为一种自觉、一种主动、一种渴望，形成"谁受训、谁受益"的良好氛围，让终身学习内化于心，让终身就业外化于行。

3. 项目激励

项目激励是指通过参与项目团队，申报和实施各种出版资源项目，依靠项目引领作用，让员工在项目中锻炼本领、提升能力、实现价值。参与项目工作的最大特点是能够在较短的时间内，迅速提升员工的业务水平、综合素养以及团队协作能力，员工往往把进入项目团队作为自己能力得到认可和迅速成长的机会，因此，项目激励越来越受到出版单位员工的欢迎。

4. 精神激励

精神激励，主要是指通过精神性奖励和创造良好的工作软环境来发挥对员工的激励作用。一是精神性奖励激励，也称荣誉奖励，指的是出版单位通过举办各种职工专业技能竞赛，组织开展先进单位及个人评选等活动，来表彰先进者、推广先进做法和经验，既能激励获奖者本身焕发出更强大的事业心，又能充分激发广大员工向优秀者学习、力争上游的工作激情。在进行精神奖励的同时，可以搭配一种或者多种其他奖励，例如增加晋升机会，或者颁发奖金、奖品等物质性奖励的方式，从而产生多重激励效果。二是工作软环境激励，是在工作中营造良好的关系和氛围，不断激励员工爱岗敬业、团结奋进。笔者认为，工作软环境激励至少可分为弹性工作、情感关怀、企业文化三个方面。

5. 福利激励

福利激励是主流物质激励（如绩效薪酬激励）之外的补充性物质激励，虽然是补充性激励，但其重要性丝毫不亚于绩效薪酬激励，反而在当前行业内绩效薪酬水平逐渐成熟、透明的情况下，成为吸引和留住人才的法宝。福利激励至少包括三种，即社保性福利激励、股权激励、生活性福利激励等。

第三节　出版物衍生资源的价值实现路径

通过对出版物衍生资源开发现状的分析可知，出版物衍生资源若要顺利实现内部价值和外部价值，就要充分表达衍生资源的内容化特征和多元化体验，并通过新兴技术实现可扩展性、可连接性、可转化性和可识别性。出版单位通过多重市场化开发运作，实现出版物衍生资源的产品价值、品牌价值、服务价值等多种价值的增值和变现。具体到运营模式上，出版单位主要采用自主孵化模式和合作分成模式，尤其注重开发独立而有特色的出版物衍生资源，探索"互联网+"下多种衍生模式的深度融合，进而实现出版物衍生资源价值最大化。

一、出版单位的价值实现路径

1. 衍生资源形态价值路径

出版物衍生资源价值转化是指内容资源和"元出版物"由原生形态转化为另一种形态或多种形态，并在此过程中实现价值最大化，最终实现价值变现的过程。针对广义的出版物衍生资源价值转化，学术界及业界认为出版单位在出版物衍生资源开发形态上拥有三种主流模式，这在某种程度上与内容资源的形态要素相吻合，因此，我们可以在出版物衍生资源市场开发的基础上，从产品、品牌、服务等角度实现价值变现。

（1）产品价值转化

出版单位的主营业务是生产种类多样、形态各异的出版物，不同载体的出版物产品是出版单位的基础产品。由于具备历史沉淀、资源整合、专业能力等优势，出版单位生产出版物具有无可比拟的优势，因此出版单位要在出版物衍生资源开发中实现价值转化，最为便捷可靠的路径是将其转化为其他出版物和文创型、融合型产品，从而实现内部价值转化和外部价值转化。近年来，改编影视剧和文创产品的火热，都可以认为是出版物衍生资源产品价值转化的成功案例。

当然，实物产品仅仅是出版物衍生资源价值转化的基础阶段和初级水平，单就产品价值转化来说，随着新兴传播技术的发展和对象用户体验的升级，传播介质升级和价值链延展不断向纵深推进，出版物衍生资源产品价值转化在每一个延展阶段都实现价值变现。无论是数字传播发展技术驱使，还是出版融合产业发展等政策引导，传统出版物的数字化开发都已经成为出版单位的常规动作，最为普遍的表现是电子出版物的快速发展，对出版物衍生资源价值转化创造了机会。出版物衍生资源产品不再拘泥于传统图书、音像产品，而是衍生出形态各异的数字化产品。出版单位按此路径进行出版物衍生资源开发，不仅能够创造多个价值实现的点位，而且各种不同介质的出版物可以形成合力，对内容资源和"元出版物"形成规模效应。目前，出版单位图书产品经营的外延已经无限丰富，价值链或产业链得到延伸，基本形成以图书生产为上游，延伸至动漫、影视剧、游戏等周边产业的产业链雏形。出版单位出版物衍生资源开发也应该在已经成熟的轨道下运行,在提升出版物衍生资源开发专业承接能力的同时,通过出版物衍生资源产业链开发创造高附加值,产业不同环节相互交叉、影响力互享,附加值共增,全链条提升出版物衍生资源产品价值。

(2)品牌价值转化

品牌是产品的标识,更是产品品质和社会公信力的保证。对于出版单位而言,品牌是对象用户选择产品的重要参考和依据。出版单位在进行出版物衍生资源开发过程中,越来越重视品牌的打造,作者、产品、形象等不再局限于经验惯例,而是将它们进行品牌化打造,借此提升公信力、影响力和辐射力,借助品牌提升出版物衍生资源的变现能力。随着出版物衍生资源开发的外延不断扩大,出版物衍生资源品牌价值得到无限放大。比如,在出版物衍生资源开发过程中,出版单位通常把初级阶段的图书产品进行品牌化打造,策划、出版、发行了一批受到广大读者追捧的畅销图书,并形成了各具特色的优势出版物衍生资源储备,将其转化为自身赖以生存的基础能力,实现相应的经济效益。更进一步,出版物衍生资源中的作者及其衍生出来的各种形象,也都进行了品牌打造。出版物衍生资源开发衍生出来的系列形象及周边产品,在一定时期内会成为流行。出版物衍生资源品牌价值转化,正是通过出版物衍生资源上、中、下游各个环节的品牌合力,最大程度实现出版物衍生资源附加值。值得注意的是,出版物衍生资源品牌价值转化是以拥有内容资源和"元出版物"为前提,这也是出版行业出现出版物衍生资源热后,不遗余力抢占优质内容资源的主要原因。大 IP 运营已经成为流行趋势,对出版物衍生资源进行多个向度、多种介质的延伸，通过打造产品族群完成产业化，已经有很多成功案例。我国出版单位已经整体具备图书 IP 改编意识，将图书出版物衍生资源转化成为影视剧、游戏、动漫等多种形态，一旦"元出版物"及其作者拥有足够规模的对象用户基础，就能对其所有作品及衍生产品进行开发，涉及实体出版、数字出版、影视剧制作、游戏、娱乐等多领域，这早已是出版单位出版物衍生资源品牌价值转化的典型模式。

（3）服务价值转化

出版单位对内容资源和"元出版物"的深度开发，将内容产品数字化，将有形的产品价值转变为无形的服务价值。目前，出版单位通常做法为以图书系列产品（包括产业链上的衍生产品）数据库建设为支撑，做足内容资源，以"元出版物"为核心资源搭建各种类型的平台数据库，实现由出版商向内容和服务商的转型。鉴于此，出版单位以内容资源和"元出版物"为核心资源的出版物衍生资源开发，在尽可能发现和挖掘产品价值的前提下，以平台数据库为支撑的服务取向为突破口。归根结底，服务价值取决于建立在出版物衍生资源数据库基础上的信息挖掘，核心支撑是产品数据库平台。

就目前而言，国内无论是综合性出版传媒集团，还是具有专业特色的出版单位，已经搭建或者正在搭建自身产品数据库平台，基于在某专业或专题领域形成的品牌书系，首先将拥有的版权资源进行深度数字化加工，形成数据库核心框架和体系，对内成为资源共享和产业协同的工具和手段，对外输出版权深度利用的新产品。从前面的论述可以看出，目前出版单位出版物衍生资源运营遇到的问题是缺乏具有普适性的价值评价体系，这一体系能够为出版单位储备和开发出版物衍生资源提供科学的依据，能够尽可能规避出版物衍生资源开发中可能遭遇的各种风险，对内对外都能提供有数据依据的信息服务。目前，出版单位在出版物衍生资源开发过程中，对服务价值的深度挖掘有较大的需求，但是整体仍然处在尝试和探索阶段。

除以上所述的产品价值、品牌价值和服务价值外，由于资本市场对出版物衍生资源的高度关注和深度介入，出版物衍生资源作为一种无形的知识产权的资本属性被广泛挖掘。具体而言，把出版物衍生资源的相关资源投放资本市场，买家卖家议价交换，产生的成本和费用就是出版物衍生资源价值的直接体现。随着出版物衍生资源产业化发展越发清晰，相关权利的买卖已经成为出版物衍生资源资本价值的初级形态，以风险投资方式介入出版物衍生资源开发将成为常态方式，也逐渐受到了出版单位的青睐。

2. 衍生资源内容价值路径

针对出版单位特别是国内主要的出版集团的主业及主阵地——图书出版与发行，按照传统的图书内容资源三分法——教育类、专业类、大众类，对出版物衍生资源可以从内容角度具体讨论一下价值实现路径。

（1）教育类出版物衍生资源的价值实现

在教育出版领域，出版单位的关键资源是自有版权的教材教辅内容资源，其中教辅内容资源是出版传媒集团盈利的主要来源。如何将教辅内容资源在不同媒介资源上实现最大的社会价值和经济价值，是"教媒融合"的最终目标。在传统教材教辅的运营模式中，出版单位或运营自有版权，或运营租型版权，完成教材教辅的印制和区域发行。有些出版单位还自有物流公司可以完成教材教辅的配送，实现了纸质教材教辅从出版到送到学生手中的全流程。这个业务系统仅满足单一的学生需求，学校这个利益相关者的需求并没有受到出版单位的关注，学校如何使用教材教辅来教授学生，出版单位也无权参与。因而，出版单位的盈利模式是简单纸质图书的成本收益模式，出版单位的关键资源能力，仅体现在是否拥有教材教辅的版权，以及发行区域的大小。

在出版物衍生资源运营中，出版单位的业务系统得到扩展，利益相关者从学生扩展到了学校教师和教育管理者；定位从仅满足学生需求扩展到不仅满足学生，还满足教师对学生的测评以及教育管理者对学生的管理，且教材教辅满足学生需求的方式也更加多样，可以通过建立网上学习平台、构建授课软硬件教学系统，来充分满足学校教学的需求。出版单位的关键资源能力将会得到进一步的拓展，整个业务系统的价值空间也会大幅增加。

教育类出版物衍生资源运营下建立起的教育软硬件系统以及教育互联网平台需要大范围的市场和终端用户。比如在线教育的领先者培生集团在基础教育领域拥有的是全美 34 个州的潜在学生用户，在高等教育领域拥有 40 多家全球合作伙伴和超过 250 组在线课程，在职业教育领域则与全球多家职业证书颁发者共同开发管理在线课程。出版单位在基础教育领域则面临着租型教材和自有版权教材的限制。因此，在制度框架不可更改的条件下，教育类出版物衍生资源应进一步细分领域，开发具有全国市场的在线教育产品，比如职业资格认证、高等教育领域的在线专业课程，这应该是出版单位未来构建教育类出版物衍生资源核心竞争力的主攻方向。

（2）专业类出版物衍生资源的价值实现

在专业出版领域，出版单位的关键资源是多年积累下来的专业知识内容资源。传统的媒介运营模式是专业编辑策划选题并组稿、约稿，经三审三校等编辑出版工作，完成图书出版流程，通过相关发行渠道走向市场。但是专业知识一般呈现出理性、客观、系统、严肃的特点，专业类出版图书仅有特定的发行渠道和市场。

在出版物衍生资源运营中，出版单位可以将专业知识通俗化，再通过数字化的知识服务平台，向更广泛的市场传播，将会产生更大的社会价值和市场价值。专业出版业务系统中的利益相关者从出版传媒集团、研究机构、研究者，进一步分化出一般读者和专业读者，建立数字出版专业数据库，并且由编辑将严肃枯燥的专业知识通俗化为科普知识，如果能建立一些专业知识的互动平台，甚至专业读者都可以承担这一功能。整个业务系统将一般读者和专业读者引入，通过知识服务，将专业出版的盈利模式重新改造，业务系统的社会价值和市场价值增加。这种知识服务功能，构成专业出版内容资源跨媒介运营的核心。出版集团的关键资源能力，从挖掘具有知识权威的名家名著，进一步扩展到如何将专业知识进行通俗化汇编和讲解，使知识能够真正服务大众。

在专业类出版物衍生资源运营过程中建立的科学数据库，需要进一步围绕各细分学科专业数据库进行建设，同时进行专业知识通俗化汇编和阐释，搭建平台，扩大专业知识的受众范围，抓住知识付费的风口，尽快转型成知识付费内容生产商和平台提供商。例如，目前，在专业知识全学科领域的数字出版发行方面，以中国知网为代表的专业化公司占据学术市场的主导地位；汤森路透的数字化收入占总收入的93%；励讯集团72%的收入来自数字产品；中国科传建立的医疗健康大数据平台，通过整合国内知名医疗机构与上千位专家的临床资源以及大量的图书期刊资源，为医生、患者带来最新的医学信息。在科学知识通俗化方面，形成了以果壳为代表的科学知识普及网络平台和以知乎为代表的专业知识社交互动平台两种运营模式。出版单位需要进一步细分学科领域，围绕知识的供给方和需求方搭建平台，诸如以上的专业知识服务平台将是未来专业类出版物衍生资源发展的方向。

（3）大众类出版物衍生资源的价值实现

在大众出版领域，出版单位的关键资源是大众文学和儿童读物中的优质内容资源和"元出版物"。传统的大众出版运营模式即通过编辑对大众阅读风潮的把握与策划，积极与知名作家签约，不断推出畅销书，以此来引领社会主流价值观，同时实现经济利益。但是，传统的大众出版依赖于编辑对读者趣味的把握，具有不确定性，同时，即使是策划成功的畅销书也仅是单次盈利，内容资源和"元出版物"的开发利用不足。

在出版物衍生资源运营中，出版单位的业务模式从编印发，扩展到以特定的技术出版电子书和音频书，同时培育和发展文学出版物衍生资源，开展全媒体运营；利益相关者从作者、出版单位和读者，扩展到电子书内容分销平台；出版单位同作者的关系不再只是简单的投稿、组稿、约稿，而是围绕图书版权的控制权和邻接利益索取权的重新分配，实现"一种内容，多种媒体，多元盈利"，出版单位与出版物衍生资源分销平台也以授权、合作分成、联合出品等方式进行利益分配。

大众类出版物衍生资源需要进一步细分领域，在多元化产业链上进一步延伸，深度参与影视剧的投资制作、游戏动漫的开发推广以及多种文化创意产品的生产销售。目前，大众类出版物衍生资源的影视剧开发基本是由专业的 IP 资源开发和影视剧制作公司所掌控，其开发的大众类出版物衍生资源多以网络小说为主，资源的细分程度不足。出版单位所拥有的大众类内容资源和"元出版物"更多分布在大众文学和儿童文学等领域，在这些领域建立大众类出版物衍生资源库，并进行专业化的资源开发是未来的发展方向。

二、产业链价值实现路径

1. 上游产业链价值路径

内容资源和"元出版物"储备及其 IP 售卖位于出版物衍生资源产业链的上游，其功能主要是为中、下游环节提供优质内容产品，产品形态多为传统出版物大类中的作品，产业主体包括出版企业、发行机构以及原创作者。产业主体利用人力、物力创作产品形态丰富的原创出版物衍生资源，同时通过投资、并购等方式整合国内外优质出版物衍生资源，在实现出版物衍生资源储备的基础上搭建优质的出版物衍生资源平台，再利用授权、售卖、合作等方式盈利。这种价值实现路径具有明显的短板，突出表现为盈利模式相对单一、变现能力较弱，需依靠产业链中、下游完成其价值增值部分。

2. 中游产业链价值路径

出版物衍生资源产业链中游一般单指影视化作品制作和运营，拥有电影、电视、舞台剧、微电影和网络剧等多元化表现形态，是对上游初级产品的加工和转化。产业主体从上游获得出版物衍生资源，利用自身的专业能力和营销手段运营出版物衍生资源，由于上游出版物衍生资源已经拥有了强大的对象用户基础，对出版物衍生资源的开发可以减少自己的投资风险，同时可以利用对象基数优势迅速占领市场，提高被关注度，完善自己产业链。中游和上游的出版物衍生资源价值都是阶段性原创成果，但是相较上游，中游的变现能力更强。

3. 下游产业链价值路径

出版物衍生资源产业链下游主要是出版物衍生资源产品中的跨行业产品，是在出版物衍生资源上游或中游产品形态基础上的深加工，比较有代表意义的就是 ACG 出版物衍生资源。鉴于国家多次明确提出促进与动漫形象有关的服装、玩具、食品、电子游戏、文化旅游、文化地产等衍生产品和行业的发展，预示着 ACG 出版物衍生资源市场有巨大的发展空间，能够在多个维度给予对象用户更丰富的体验，延伸了产业链，完善了产业布局，扩大了商业利润，完成了各种形态的转换与增值，对象用户可以更好地身临其境，集欣赏与体验于一身，实现出版物衍生资源价值最大化。

三、强化宣推和用户连接

1. 推进立体化宣传推广矩阵的建设

出版物衍生资源的价值实现建立在用户对该衍生资源的基础认知和口碑之上,宣传推广矩阵的建设,在保证传统媒体传播渠道覆盖区域的基础上,兼顾优质自媒体平台的个性引流,还要考虑核心网络社群的锁定和私域流量开发,以实现品效合一。一些热门出版物衍生资源往往同时通过电视、广播、报纸、杂志、网站等媒体平台、"两微一端一抖"等自媒体渠道推广,全媒体、全渠道同步进行;同时,直接面向用户,开放建设互动营销圈;此外,众筹、娱乐宝等充满互联网思维的项目运作方式,也成为出版物衍生资源营销的新宠。这种宣推合力会形成强大的辐射力和影响力,能够充分调动用户对象的关注度和注意力。

2. 加强用户连接能力建设

一是必须在对象用户和出版物衍生资源及其承载渠道之间形成有效连接,把重建对象用户与出版物衍生资源产品之间的关系作为衍生资源及产品的功能之一,收集对象用户群体的意见反馈。出版物衍生资源开发者可以根据对象用户的行为数据了解出版物衍生资源在不同媒介中的实际效果,并根据对象用户的行为分析及时调整对内容资源、"元出版物"及出版物衍生资源的开发,增加出版物衍生资源的创造力,打造更多受用户欢迎的出版物衍生资源,深度挖掘出版物衍生资源市场,从而实现出版物衍生资源价值变现。二是在出版物衍生资源产品必须具备的服务中,切实为某类对象用户提供个性化服务，这种"和而不同"的个性化服务是检验出版物衍生资源是否具备开发价值及顺利实现盈利的最终标准。

　　传播文化、传承文明是人类天然的价值诉求，出版物衍生资源市场开发和价值实现的宗旨是满足广大对象用户的精神文化需求并实现功用延伸，从而形成文化传播与经济收益的双赢。内容资源无处不在，衍生资源也无处不在，出版物衍生资源的无限可能，使出版物衍生资源价值转化成为一个边界极为宽泛的议题，出版物衍生资源的开发与营销，是出版行业更高层级的发展理念，本研究仅涉及当下流行的主流模式，以期在业界及学术界形成参考、引起反思。

第六章
出版物衍生资源的开发

第一节 出版物衍生资源的特征与开发理念

一、出版物衍生资源的特征

从信息传播的角度来说，一切出版物都可被衍生，信息具有不灭性、无限复制性的特点。[①]当信息传播的时效性进一步提高时，受众对于信息传播方式的心理期待也会进一步提高，从而推动信息本身的进化与裂变。出版物是信息资源的一部分，故而也具有这样的特点。但是，当我们在考虑这一特点同时兼顾出版资源的市场价值和市场竞争力时，我们发现，可以被衍生的出版资源将具有以下特征：

---

① 姜玉洁，李茜，郭玉申. 促销策划 [M]. 北京：北京大学出版社，2011.

1. 内容资源富集

出版物资源的衍生，归根结底是其内容资源的衍生，出版物资源的内容越具有广泛的受众群体、越贴合受众群体的使用预期，它被消费者记住的时间就越长，希望被衍生的需求就越大，随着不同行业的介入，衍生的可能性就越多。

"哈利·波特"系列图书，自1997年被J. K. 罗琳创作，因其奇幻有趣的内容和在困境中不畏困难的主角人物的特点，吸引了全世界大量的忠实读者。在这个过程中，"哈利·波特"系列图书被做成游戏与电影，通过不同的渠道进行了二次、三次的衍生和传播。而这样的巨大号召力，又最终带动了作者下一本书的成功出版。

《火影忍者》是日本Jump漫画公司的拳头产品，在最早的纸质漫画书成名之后，该公司迅速发力，在电影、动漫、周边玩具、话剧、线下活动等多个渠道展开了成功的衍生产品发行策略，使得该漫画在出现之后，迅速火遍全球，成为目前全球动画产品中最优秀的产品之一。

《克苏鲁神话》是以美国作家霍华德·菲利普·洛夫克拉夫特的小说世界为基础，由奥古斯特·威廉·德雷斯整理完善，并由诸多作者所共同创造的架空文学体系。克苏鲁神话最初因为宣传渠道单一，多年间一直没有为出版社带来很好的成绩，随着电影市场的蓬勃发展，克苏鲁世界观被大量引入如"异形"系列、"生化危机"系列等成名电影之中，使得原先比较冷门的克苏鲁小说，瞬间变成了出版社的金牌现金流产品。在这之后，美国出版公司根据克苏鲁神话的世界观和运行规则，制作了《克苏鲁神话跑团游戏指南》，成为继《龙与地下城》游戏指南书之后，全球第二大桌上角色扮演游戏指南书，在其细分市场一直长期占有绝对地位直至今日。

2. 受众群体广泛

无论内容多么有趣，一个能够有效广泛衍生的出版产品，都必须拥有广泛的用户基础，实际上，从前文来看，无论是"哈利·波特"系列图书中的"少年巫师""神奇魔法"，还是《火影忍者》中的"忍术"与"奋斗"，抑或是克苏鲁神话中的"探索未知"与"勇敢"，都是其细分市场甚至绝大多数人感兴趣的话题，这些话题存在着围绕主角积极向上的世界观，或者存在着整个故事世界中令人神往的普遍价值取向，使未知的世界能够与普通人的情感产生共鸣，形成广泛的用户群体和具有普适性的价值观。这是许多优秀出版物的共同特点，同时也是其有着广泛受众群体的重要因素。

3. 市场影响广泛

19世纪的20至90年代，电视作为"上升中的主要传播渠道"占据着消费者的主要注意力，其影响力大小主要取决于和其他厂商在单一宣传渠道竞价的实力。新时期手机与移动平板电脑这种更加个性化、直达单一消费者的传播载体的出现，彻底打破了传播寡头的垄断，使传播渠道出现了"有高原无高峰"的现象。这样的现象在其他行业是贬义的，但是在市场竞争中却意味着公平竞争的局面逐渐形成。虽然许多"高原"在传播中仍然具备着很大的话语权，但是因为其他"高原"的存在，使得他们不得不为了维护自己的传播渠道而选择本来就有市场影响力的文化产品。

得道App自创建以后，迅速成为图书、知识分享的热点平台。

他们的一个秘诀，就是在选择可以讲解的图书时，选择那些作者具有号召力、内容影响广泛、图书本身在市场上反应良好的书籍。通过这样的方式，他们在二次衍生图书内容之前，就已经赢得了大批粉丝，在售卖图书本身的同时，迅速占领了其一部分的衍生市场。

4. 特定细分市场黏性高

温德尔·史密斯（Wendell R. Smith）于1956年提出市场细分理论（Market Segmentation）。他认为，市场细分指企业按照某种标准，将市场上的顾客划分成若干个顾客群，每一个顾客群构成一个子市场，不同子市场之间需求存在着明显的差别。市场营销行为根据目标市场，设计正确的产品、服务、价格、促销和分销系统"组合"，从而满足细分市场内顾客的需要和欲望。①

史密斯认为，在传统市场中，市场细分存在"完全市场细分"和"无市场细分"两个极端，而在这中间存在着不同类型的市场细分方式。理论上说，只有一些小规模的、消费者数量极少的市场才能进行完全细分，这种做法对企业而言是不经济的。但是他在当时同时提出了"完全细分市场在一些行业依然具有潜力"的见解。

随着5G通信和互联网时代的到来，新兴媒体正在不断打破原有的细分市场，进而根据用户行为将市场需求划分得更加详细。对于出版行业来说，曾经的出版资源无论如何细分，区分方式往往是基于出版物本身特性，在原有用户区间内进行重新划分。这样的区分方式是粗暴的，不能满足读者的个性化需求，应当通过衍生资源进行更加个性化的市场分析。

---

① 郭毅. 市场营销学原理[M]. 北京：电子工业出版社，2008.

日本熊本县的文化符号"熊本熊"是一个很好的案例。在熊本熊之前,日本各市县都创立了不同的吉祥物,但是因为吉祥物本身并没有赢得较高的黏性用户,吉祥物冠名的各类衍生文化产品并没有很好的销路。熊本县却另辟蹊径,设立专门的小组对熊本熊的形象进行推广,把熊本县居民的生活和熊本熊的各种促销活动相挂钩,成功地为熊本熊在全球赢得了大量高黏性的粉丝。自从熊本熊诞生后,去熊本县旅游的游客络绎不绝,而以熊本熊为形象制作的衍生食品、文具、节目、动画,也在全球的粉丝簇拥下,获得了巨大收益。

二、出版物衍生资源的衍生方式

出版衍生资源通常由市场认可的出版物所产生,至少与出版物有着单向衍生的关系。我们以"被市场认可的(优秀)出版物"作为起始点,可以发现其衍生的资源会以放射式同心圆的形式向外扩散(图6-1),包括以下多种衍生方式。

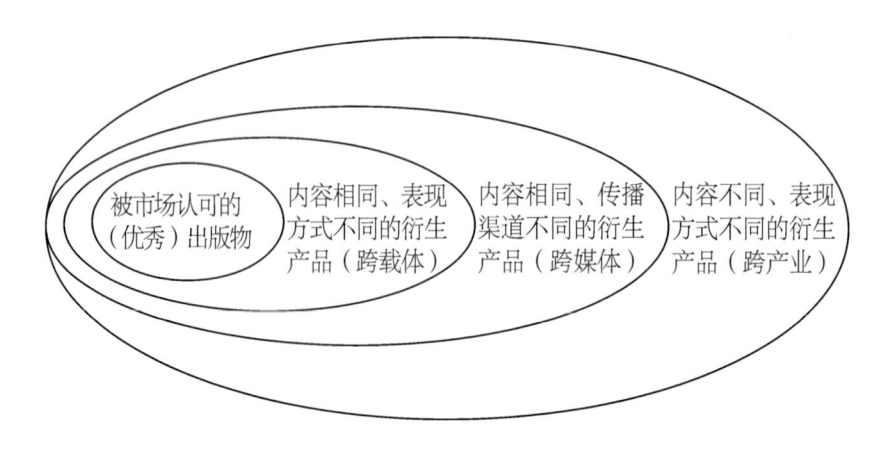

图6-1 出版物衍生资源的扩散

1. 内容相同但表现方式不同

这种产品一般为跨越出版物载体的衍生物。比如跨载体电子书、有声读物、衍生 CD、衍生磁带、衍生海报、衍生印刷品等。

目前大部分市场读物都会在出版纸质图书的同时出版与原内容相匹配的电子书，这些电子书一般会在当当或其他电子阅读平台销售，无论是通过低定价还是使用打折的策略，其价格都要低于其所属的纸质图书，这是因为电子化减去了大量成本，所以很多时候单本电子书的成本要小于纸质图书。

在这样的基础上，如《盗墓笔记》这样的大 IP 畅销小说陆续出版了自己的有声读物、CD 以及海报产品，这些产品作为纸质图书原渠道的扩宽和补充，进一步为图书带来了利润。

2. 内容相同但传播渠道不同

这种产品一般为跨越传播渠道的衍生物。比如《福尔摩斯探案全集》一书，在获得成功之后，出版社立即联系了英国的电视媒体，制作了英剧《福尔摩斯：基本演绎法》，并联系游戏公司制作了取材于《福尔摩斯探案全集》的游戏作品《夏洛克·福尔摩斯：第一章》。

我国著名童话作家郑渊洁的作品《皮皮鲁和鲁西西》《舒克贝塔传》等作品，在出版后受到了市场的广泛欢迎，并被制成了动画片在电视台播放，在得到可观利润的同时也带来了多角度的渠道推广。

我国四大名著之一的《西游记》一直是衍生产品的重要来源，该作品因其巨大的包容性和广阔的世界观，到今天，已经成为我国动漫、电影、游戏取材的经典出版物。每年有数以千计的文化产品从中汲取灵感，市场反响较好。已经投放市场的电影《西游降魔》《大闹天宫》都获得了市场的好评，游戏《黑神话：悟空》的上线使这个古老的 IP 迎来了又一波"春天"。

3. 内容不同且表现方式不同

这种产品一般为跨越不同行业的衍生产品，产品内容往往已经超出了文化产业的范畴，但是需要文化产品特殊的符号属性来提高产品的识别度和用户群体区分度，于是厂商冠名某种文化产品并在市场上售卖，通过附加文化属性增加产品价值。

如小说《魔道祖师》一经出版就收获了高人气和粉丝效应，在影视、动漫同步发行的同时，出版方还和食品公司合作，制作了联名点心，投放之后，销量也颇为可观。

在化学反应中，反应物之间要能发生化学反应，首先它们的分子等微粒间必须发生相互碰撞。实验证明，在无数次分子间的碰撞中，大多数的碰撞是无效的，只有其中少数分子间的碰撞才能引发化学反应。这种能够发生化学反应的碰撞叫作有效碰撞。发生有效碰撞的分子叫作活化分子。[1]其中有效的化学反应，被称为活化反应。

综合性产业中"综合"的关键，在于其核心内容具有化学反应中活化分子的特点，当产业中的活化分子与产业核心内容相碰撞，不断形成有效的新公司、新群体、新产业链，从而带来新的产品和新的用户群体时，我们就可以说，这样的产业集群具有综合性产业的特性。产业中的分子与"活化"的产业核心不断碰撞产生新资源、新格

---

[1] 林树坤，卢荣. 物理化学 [M]. 武汉：华中科技大学出版社，2016：01.

局的过程，被称为产业的"资源活化理论"。

与资源活化理论类似，同济大学的王健先生在《创新启示录：超越性思维》一书中提出了"优势富集效应"①，出版产业的资源活化之路，说到底是将优秀出版物的微小优势，通过与文化产业分子不断碰撞、跨界融合，将优势不断放大的过程。正是拥有着如此严密而有效的联系，出版衍生资源才能在产生之后不断继续跨界再造，创造出更多的二级、三级衍生产品，最终围绕核心出版资源，形成一个文化意义上的"出版资源综合产业区"。

以美国的漫威漫画公司（Marvel Comics）为例，漫威漫画公司是美国漫画巨头之一，它创建于1939年，于1961年正式定名为Marvel，旧译为"惊奇漫画"，曾用名"时代漫画"（Timely Comics）、亚特拉斯漫画（Atlas Comics）。

1939年4月，Marvel在《电影连环画周刊》创刊号上创造出了世界上第一位变种人反英雄——纳摩·麦肯齐，这是Marvel创造的第一位超级英雄，他比公司的成立还要早半年。同年10月，公司在《惊奇漫画》第1期上创造出世界上第一位生化人超级英雄——初代霹雳火，并将纳摩·麦肯齐引入其中，这水与火的双重合作，打出了Marvel史上的第一拳。2009年底，Marvel被华特迪士尼公司以42.4亿美元收购，成为其子公司。2010年9月，Marvel宣布其正式中文名称为"漫威"。

---

① 优势富集效应：起点的微小优势经过关键节点的级数放大会产生更大级别的优势积累。

时至今日，漫威公司旗下拥有蜘蛛侠、金刚狼、钢铁侠、美国队长、雷神托尔、绿巨人、鹰眼、惊奇队长、黑豹、死侍、黑寡妇、蚁人、奇异博士、惩罚者、超胆侠、杰茜卡·琼斯、卢克·凯奇、铁拳、尚气、恶灵骑士、刀锋战士、野蛮人柯南等超级英雄，还有复仇者联盟、X战警、神奇四侠、银河护卫队、捍卫者联盟、光照会、异人族、永恒族、午夜之子等超级英雄团队角色。每个角色除了有大量的漫画、小说作品，同时还有大量同名电影作品。之后漫威公司更是与迪士尼合作，在上海、曼谷、迪拜等多个国家的重要城市建立了"复仇者联盟主题公园"。将漫威公司的漫画作品中的场景、人物实体化，形成了巨大的"漫画产业链"经济，一举夺得北美动漫市场双巨头之一的地位。

三、出版物衍生资源开发的构成要素

出版衍生资源的开发，是以优秀出版物为核心的系统工程，除优秀出版物外，还包括多种要素。

1. 原创出版资源

除了原创性带来的资源内容优势，出版资源的原创性最重要的意义是它受到法律的保护。好的作品得到市场的奖励，才能吸引到更多优质资源，才能持续产出佳作；一旦作品失去法律的保护，则内容生产将逐渐陷入劣币淘汰良币的恶性循环。通过出版资源本身的原创性，其衍生资源也才能够保证知识产权的独立性，避免不必要的纠纷最终殃及池鱼。

2020年12月，111位编剧、导演、制片人、作家联名上告，声称郭敬明的作品存在巨大的抄袭问题。这件事虽然以郭敬明的道歉而告终，但是负面影响极为巨大，而最终，大IP电影《晴雅集》下架，成为其多年剽窃抄袭后的牺牲品。

得益于知识产权保护的大幅提升，近年来文化产业佳作不断，在这样的环境下，支持原创、坚持原创，是出版物衍生资源产出的首要条件。

2. 资本投入

近年来，文化产业在我国国民经济和人民生活中的重要性日益凸显。政府与社会一起推动文化事业全面繁荣，使文化产业有了快速的发展。然而，文化产业的发展并不是独立的，文化产业作为集群性的综合类产业，其发展离不开资本投入的土壤。

出版衍生资源作为文化产业的一部分，同样具有文化产业的综合性的特点，由于具有这样的特点，出版衍生资源在创造的过程中，就必然会调动大量的人力物力，从而产生大量的运营费用。

资本的介入为企业提供了充裕的资金供给，有利于吸纳新技术、团队和人才，提高企业整体的竞争力，对商业模式的创新和尝试、产业规模的扩张也有帮助。

近年来，我国提出"文化产业指数"标准，进一步规范文化市场与资本投入的结合方式。文化产业指数将构筑起资本市场与文化企业之间信息交流的平台，促进产业与资本市场的深度融合。指数的适时发布，不但可以反映文化产业发展趋势、提升市场关注度，还可以作为投资者的投资工具，引领文化产业投资，更有利于发挥资本市场在支持文化产业发展、促进经济结构转型、服务国民经济发展等方面的重要作用。

未来几年，随着国家对文化产业的不断扶持及文化产业自身的发展壮大，会有越来越多优秀的文化产业公司上市，并成为资本市场中的重要板块。在这样的时代背景之下，出版衍生资源与资本投入的融合是必然的结果。

3. 人才支持

"21 世纪，人才是第一位的战略资源"，对干事创业具有基石作用。古人早已认识到这一点，刘备三顾茅庐会诸葛，萧何月下单骑追韩信，在人才的辅佐下，事业终得以日新月异。人才可谓思想的载体、智慧的化身，虽非兼具龙凤之姿，然却腹有锦绣之策。再好的构思和设想，脱离人才的支持，也很难把事情做好。

衍生资源作为出版资源中结构较为复杂的资源，其产生需要多方面人员的支持。在日本市场上之前较为火爆的漫画《火影忍者》，改编成动画后，一集动画所需要的人力劳动就在 100 人以上，这之中既有少量的原画师，也有大量的外包基础工作加工团队，正是因为他们的有效配合，动画才能以周的方式在日本电视台、网络稳定播出，产生可观收益、树立良好口碑。

4. 传播渠道

过去，好的东西讲究"酒香不怕巷子深"式的渗透，如今，巨大的信息高速网络让人们知道，每一个进入市场的产品都具有自己的产品生命周期，并且，在新的市场环境下，因为巨大的竞争压力，周期均在逐渐缩短。这意味着出版社要不断产生衍生产品以不断激活原生产品品牌生命力，通过聚合效应延长产品生命周期的同时，必须将宣传推广渠道的建设和开发提到同样重要的层面上。市场不是只有产品的孤立环境，而是产品和用户注意力不断碰撞的动态环境。为了产生这样的双向效应，每个产品都应深挖自己的传播渠道，这样的道理同样适用于衍生产品。可以说，衍生产品和传播渠道密不可分，许多衍生产品甚至在设计之时，就对其所要对应的传播渠道有了自己独特的规划和设计。

《忒修斯之船》一书面向喜欢解密侦探小说的发烧友，在制作开始，就用了大量特殊材质的纸和加工方式，上市之后，虽然价格昂贵，但迅速被抢购一空，其书中各种用特型纸制作的线索和标志，在其同名电视剧上映后均被有效使用，成为"图书+电视剧"融合的又一个成功产品。

5. 市场前景

市场前景是指行业所经营的项目在市场需求及价格方面的变动趋势。衍生产品在成功开辟新的市场细分之前，应对投放的目标市场进行有效分析。然而，衍生产品的市场前景分析相对困难，一方面，因为衍生产品并不完全依靠原生产品，故而不能很精准地通过原生产品的目标市场去判断衍生产品的市场前景。另一方面，衍生产品又与原生产品有千丝万缕的联系，这意味着，即使衍生产品本身的特质再强大、优秀，依然需要对原生产品的品牌和形象特性做好价值分析。这就要求出版衍生产品在进行市场预测时，不能单从某个产品特性进行分析，而必须将原生产品特点和衍生产品特性相融合，积极寻找二者目标用户市场的交汇区域，发掘真正有效的市场商机。

第二节　出版物衍生资源开发的基本理念

一、依托出版资源优势

创意产业是一个国家和地区发展到一定阶段的产物。在金融危机背景下，我国创意产业实现了逆流增长，在调整结构、扩大内需、增加就业等方面的重要性凸显。而在创意产业实现反经济增长的过程中，出版产业的增长起到了较大的作用。出版产业在这样的时代背景之下能取得如此的优势，源于中国出版产业所具有的产业集群效应。

产业集群效应是指集中于一定区域内特定产业的众多具有分工合作关系的不同规模等级的企业与其发展有关的各种机构、组织等行为主体，通过纵横交错的网络关系紧密联系在一起的空间积聚体，代表着介于市场和等级制之间的一种新的四维空间经济组织形式。

出版产业集群在产业分工的基础上，通过产业链上下游的衍生和拓展形成了完整的产业环节。目前，我国出版产业集群已包含构建出版产业链所需要的几乎所有条件，同时，政府实行行业倾斜政策，出版业龙头企业则拥有较强的资源整合能力。在数量众多的产业环节内部，上下游企业往往在同一区域聚集，使出版产业链趋于完整。近20年来，出版业的资源基础[①]逐步发展成为战略管理领域的主流资源运作方式，成为出版企业获得竞争优势的重要来源。

资源交换与整合是集群内部资源在企业流动与重组过程中所形成的网络体系的核心构架，起到了连接不同主体、实现资源互补、调节生产和创新活动等作用，可以说是集群内部的血液循环系统。近年来，出版产业集群使处于各节点的集群企业形成关系网络，促进了出版企业战略性资源要素的创新与融合，使出版企业竞争优势得以提升。出版集群企业间畅通的资源交换与整合渠道，使单个出版企业从同行及上、下游企业筹集到创新所需的资金设备和原材料等硬件资源。同时，企业间技术与人才的不断流动，也为创新所需的知识技能等"软件"提供了融合的渠道。在这样的背景下，出版产业集群可通过联合攻关的方式开发具有不确定性和挑战难度的衍生资源项目，从而提高出版企业的创新能力和竞争优势。

企业竞争优势主要来源于学习能力、创新能力和企业家精神等

---

① 资源基础：指资源基础理论，企业具有不同的有形和无形的资源，这些资源可转变成独特的能力，资源在企业间是不可流动的且难以复制，这些独特的资源与能力是企业持久竞争优势的源泉。

战略性资源，而这些资源和能力的提升是一个创新性知识的积累过程，是动态性①和路径依赖性②的结合，依托原有平台，出版企业在生产研发衍生出版产品的过程中，将会极大地提高其在路径性和动态性市场分析方面的眼光，从而通过开发衍生产品路径倒逼原有路径中不合理机制的改革。

二、遵循产品开发规律

出版衍生资源归根结底是企业的产品资源，产品的研制开发对企业的生存与发展至关重要，然而，像其他产品一样，出版衍生产品的开发并非易事，也存在着风险和陷阱，为了提高出版衍生产品的开发成功率，出版社及合作商在开发衍生出版资源时，应遵循以下开发规律：

1. 根据市场需求选择产品开发的重点

企业产品开发的目的是满足消费者尚未得到充分满足的需求，企业开发的新产品能否适应市场需求是产品开发成功与否的关键。因此，必须通过深入的市场调研和科学的预测，分析消费者需求变化的趋势以及在产品的品质、性能、款式、包装等方面的要求，研制

---

① 动态性：系统作为一个运动着的有机体，其稳定状态是相对的，运动状态则是绝对的。企业是社会经济系统中的子系统，为了适应外部社会经济系统的需要，必须不断地完善和改变自己的功能，而企业内部各子系统的功能及其相互关系也必须随之相应地发展变化。企业系统就是在这种不断变化的动态过程中生存和发展，企业的产品结构、工艺过程、生产组织、管理机构、规章制度、经营方针、管理方法等都具有很强的时限性。企业系统就是在这种不断变化的动态过程中生存和发展的，是一个动态的协调过程。

② 路径依赖性：又译为路径依赖，它的特定含义是指人类社会中的技术演进或制度变迁均有类似于物理学中的惯性，即一旦进入某一路径（无论是"好"还是"坏"）就可能对这种路径产生依赖。

开发满足市民需求的新产品。不能满足市场需求，或者虽然能够满足某一需求，但市场需求量太小的产品，均不宜研制开发。

2. 根据企业资源和实力确定产品开发的方向

企业要根据自身的资源、设备条件和技术实力来确定产品的开发方向。有的产品，尽管市场需求相当大，但如果企业缺乏研制开发和市场开发能力，也不能盲目跟风，必须量力而行。

3. 要有企业的特色

产品开发贵在与众不同、新颖别致，这样才能形成自己的特色优势。这种特色可以表现在功能、造型上，也可以表现在其他方面，以满足不同消费者的特殊爱好，激发其购买欲望。

4. 要有经济效益

开发新产品必须以经济效益为中心，这是企业的经济性所决定的。企业对拟开发的产品项目，必须进行技术经济分析和可行性研究，以保证产品开发的投资回收，能获得预期的利润。不能为企业创造任何利润的产品，其研制开发对企业来说没有任何经济意义。

三、满足新的消费需求

用户的消费需求是动态的不断变化的过程。文化产业的文化资源虽然具有不可枯竭的特性，但是倘若无法满足消费者的新需求、新想法，资源最终只能退化为无价值的信息。互联网时代，信息的最大特点在于大量信息在互联网上快速地产生、聚合、传播以及表达。这些信息在互联网上的行为给人类社会生活方式带来了巨大的变化。而随着一轮又一轮的互联网技术发展和革新、商业模式的崛起和演变、科技资本的涌入和退潮，大家在追求着一个又一个不断变化的蓝河和风口。在市场经济条件下，图书衍生资源作为与新信息传播格局联系紧密的一支，应当以实现经济效益和社会效益最大化为目标，紧密结合消费群体的需求，调整市场定位，加快经营方式的转变，实施科学的营销策略，从而最大程度地满足用户的消费需求。

第三节　出版物衍生产品开发路径

一、通过产品形态和内容延伸，推动衍生产品开发

1. 在形式上做延伸与衍生

即相同或相似的内容用不同的形式或者不同的载体来展现，以满足不同读者的不同爱好与不同需求。比如：《三国演义》可做成精装本、平装本、插图本或者普及版、典藏版、升级版，《十万个为什么》可做成纸质图书、CD、VCD、DVD、电子书、数据库，等等。形式上的衍生开发，出版界已有很多尝试与探索，并取得了较为丰富的经验与成果。

2. 在内容上做延伸与衍生

即对图书进行增删、改写、重组、延续、演化等而衍生出新的图书。比如：《三国演义》可以做成改写本、注释本、点评本、动画本、戏说本；《历史是个什么玩意儿》一炮走红后，图书公司马上推出《历史是个什么玩意儿 2》《历史是个什么玩意儿 3》《历史是个什

么玩意儿4》，以延续其良好口碑，扩大品牌优势，抢占更多市场，获得更多利润。内容上的衍生开发，出版界也有很多尝试与探索，也取得了不少经验与成果。

3. 在形式与内容上做延伸与衍生

即以图书的某一个人物、某一个情节、某一个方面为基础，在内容与形式上做立体的、全面的构思与创造，从而衍生出新的产品。新的产品有可能仍是图书，也有可能不是图书。比如 J. K. 罗琳的"哈利·波特"，由图书衍生出电影、DVD、游戏、广告、玩具、文具、主题公园、主题旅游等，形成了一个庞大的产业链，而这个产业链还在不断延伸、拓展、丰富。这种通过创新来延续、深化、激活、拓展原作品的运作思路与运作方式，正是中国出版业和中国文化产业所欠缺的。

二、通过拓展产业链推动衍生产品的开发

出版产业链的拓展是指将出版产业延长，超过本行业传统的上、下游，将图书产品发展到如影视、服装、餐饮、玩具、音乐、游戏、主题公园等其他行业。

1. 出版产业链拓展的意义

（1）有利于延长图书生命

出版产业链拓展，出版衍生产品的开发，可以提高出版产品销售能力，延长出版产品生命周期。比如，2003 年《暗算》由世界知识出版社出版时，销售业绩平平，2005 年同名电视剧播出后，带动了图书的热销。又如《魔戒》出版于 1954 年，经历半个世纪后基本

已淡出大众视野。2001 年底《指环王Ⅰ：魔戒再现》上映后，《魔戒》系列图书再次走向市场并引发读者阅读热潮。

（2）有利于实现广义出版的价值增值

出版衍生产品增加，出版产业链拓展，图书、电影、电视剧、话剧等联动传播，有利于实现各方价值增值。明末文学家汤显祖创作的经典名著《牡丹亭》，当代年轻人并不熟知。2004 年，台湾著名作家白先勇携手众多艺术家打造青春版昆剧《牡丹亭》，立刻让这部经典著作再次大放异彩。2008 年，越剧电视剧《牡丹亭还魂记》开机摄制；2009 年，正剧电视剧《牡丹亭》开机摄制；2011 年，电影版《牡丹亭》开机摄制，话剧《牡丹亭》开始上演。与此同时，插图版、校读版、评析版的《牡丹亭》相继面世。《牡丹亭》青春版昆剧、电影、话剧、电视剧的面世推动了图书的热销，而图书的热销又激起读者观看影视剧版或者剧院版《牡丹亭》的欲望，从而推动图书及其衍生品的共同发展，实现图书与衍生品的价值增值。

（3）有利于提升出版物品牌以及 IP 的影响力

由出版产业链的拓展所打造出来的品牌是包括图书、作者、出版衍生品等在内的整体品牌，具体可分为角色品牌、主题品牌、作者品牌。

角色品牌是指图书中的角色形象深入人心，从而形成独特的品牌形象。比如《机器猫》图书与衍生品均以机器猫为主要形象。《喜羊羊与灰太狼》中的角色形象如喜羊羊、美羊羊、懒羊羊、沸洋洋、灰太狼等都形成了自己的衍生品，包括饮食、服装、玩具等，实现了角色品牌的多样化。

主题品牌是指以作品的名字形成的品牌。比如"哈利·波特"，其衍生品涉及各种角色、各种品类，但均归属一类——"哈利·波特"。又比如《竹兜快乐家庭》是红黄蓝教育机构原创的一套针对学前儿童家庭教育的系统产品，包含 DVD、绘本、认知读物、亲子手工书、益智玩具、CD、家庭教育环境材料和父母用书等八大组合。八大组合的同时发行，形成了自己的主题品牌。

作者品牌是指通过图书及其衍生品烘托出作者的个人品牌，从而为作者其他作品的发布与衍生提供更好的平台。比如：2005 年，桐华在网络上连载小说《步步惊心》；2006 年，《步步惊心》图书出版；2009 年、2011 年，图书两度修订再版；2011 年，电视剧《步步惊心》播出带动图书销售，同时大大提高了桐华的个人知名度，由她所著的其他图书如《大漠谣》《云中歌》等也成为畅销作品。

不论最后形成的是角色品牌、主题品牌，还是作者品牌，出版产业链的拓展都可以使图书及其衍生品凝聚在一起，产生更强的品牌影响力，从而推动图书及其衍生品的销售。

2. 通过拓展产业链开发出版衍生资源的途径

出版产业链的拓展有两个维度：一是行业内拓展，二是跨行业拓展。

行业内拓展包括横向、纵向两个方向。横向是图书—报纸期刊—广播电视—数字多媒体，其目的是以不同的媒体形式来充分利用内容资源，进而形成相得益彰的文化产品格局；纵向是造纸（出版上游）—出版—印刷发行（出版下游），这是出版上、下游相关行业的产业链构造。

跨行业拓展也称多元化产业链拓展，是从本行业跨向其他行业进行拓展，通过出版主业积累的资本进入投资回报率高的非出版相关行业，或者通过股份合作、版权贸易、形象授权等方式介入其他行业。比如：重庆新华书店集团公司近年来初步形成出版物发行、光盘制造、酒店旅游、房地产开发四大产业板块；《杜拉拉升职记》图书爆火后，话剧、电视连续剧、电影、服装等行业相继开发衍生品。

行业内拓展出版同人基本上已操作得游刃有余、得心应手，但其施展空间有限，潜力不是很大。跨行业拓展则刚刚起步，潜力巨大，是出版业今后的一个发展方向与趋势。

如果说打造原创精品是第一次创造，那么开发衍生品、拓展产业链就是二次创造、创新。出版业如何向其他产业拓展，是出版人面临的新课题与新机遇。

三、实施出版融合工程开发衍生产品

融合出版是出版衍生物开发的重要基础，出版单位应在不断优化的顶层设计指引下，提高数据共享与应用能力，加强创新能力，使自己具备进入深化阶段的基础条件。

近年来，"互联网+"已上升到国家战略层面，国家新闻出版广电总局、财政部联合印发《关于推动传统出版和新兴出版融合发展的指导意见》，深刻阐释了出版业跨界融合发展的新起点。推进"互联网+"出版转型不仅是履行国家政策的战略目标，更是顺应时代发展的需要。在这样的背景下，众多出版单位也在持续探索融合发展之路，在技术手段、运营模式上不断推陈出新，加大融合型人才培养力

度，创造融合型内容产品，让融合之势如同星星之火逐渐燎原。

技术融合发展。从技术层面上来说，大数据、云计算、二维码识别、VR等技术的飞速发展，移动App、微博、微信等传播工具的推陈出新，正在推动新一轮出版业生态的重构，加速了出版内容、出版载体、出版服务、出版发行的升级。出版内容已不再仅仅局限于单一的文字或图片，而是为读者提供集音频、视频、线上服务等多种表现形式为一体的资源与服务，是一种内容呈现的无限延伸，是多种载体的无限发布；出版载体由PC端向移动端延伸，为信息的随时随地传播与获取提供了便利；出版服务由单一的产品服务，上升至基于内容的多元化服务，从有形服务延伸至无形服务；出版发行依托读者数据深度挖掘，产品供给渠道不断完善，平台售书模式兴起，推动线下与线上的融合发展，新的商业盈利模式不断涌现。

内容融合发展。技术的飞速发展有力地推动了出版内容的多元化发展态势，作为以内容为核心的出版业，对内容的深度开发与持续探索被放在重中之重。纸书出版内容被拆分与重构，产业链逐步完善，IP成为行业热词并受追捧。一批大型出版传媒集团，以大型文化工程、原创出版项目为牵引，以优质纸书内容为依托，深度挖掘纸书中有价值的内容，实现纸书内容的一次出版、多次开发，打造集在线教育、影视制作、游戏动漫为一体的出版融合产业链。

二维码为内容的多元化延伸提供入口，精准的读者数据分析备受重视。人民出版社、安徽少年儿童出版社、《环球人物》杂志社等一批知名出版单位基于纸书的二维码模式，打造集在线教育、音视频互动、读者圈等资源与服务为一体的融合型"现代纸书"，并依托第三方大数据技术分析扫码读者喜好,持续为读者提供精准服务,有力增强读者黏性,创设基于纸书的额外营利方式。

目前,大部分出版社仍然依靠线下纸书销售盈利,或与京东、当当等第三方平台合作,拓展线上销售渠道。但这种线上+线下的销售模式并没有让纸书的销售利润有突破性增长。面对移动互联网的冲击,实体书店进一步萎缩,书店盈利持续下滑;第三方平台通过压低纸书利润换取销售数量,虽一定程度上增加纸书传播力与影响力,但出版社的盈利状况并未因此有显著增长。另一方面,在知识付费时代,在线教育、网络出版、头条、分答、微课、听书等日益丰富的线上内容变现形式加剧了对纸书的冲击。部分出版社也做了相应尝试,将优质内容与线上渠道对接,增加除纸书销售收益外的新的内容变现方式。

融合发展要求出版社始终将用户摆在内容生产的核心地位,并贯串内容生产的整个过程。从选题策划开始,就站在用户角度,以市场为导向,按照用户需求去生产有效的产品,从而带动整个产业结构的调整,满足有效消费的需求。同时,也要着力落实"三去",即去产能、去库存、去杠杆,缩减库存,避免不必要的资源浪费,将人力物力投入有效的资源当中。出版社在进行互联网转型的时候,切勿盲目投入,应结合自身需求"对症下药",将发展模式由数量扩张型向质量效益型转变,保障优质的人力物力投放到有需要的地方,实现转型融合发展的绿色和可持续性。

全媒体时代,内容生产者已经不限于传统的编辑、校对,懂数字开发、产品设计、用户体验的人才会备受欢迎。但传统出版行业无论从发展潜力、薪资待遇、激励机制等方面都缺乏对这类人才的吸引力，新鲜血液供给不足导致创新能力滞后。作为出版业核心内容生产者的编辑，在出版社的鼓励下，应主动探索融合发展的模式，学习新技术、新经验，谋求发展出路。未来出版业的融合发展离不开理念的创新，要勇于突破传统机制限制及传统思维桎梏，真正用互联网思维引导发展。

第七章
出版物衍生资源开发过程管理

伴随着网络和新媒体技术的不断革新，出版行业面对的挑战已经不同于往日。伴随着网络化技术的大发展所带来的时代变革，整个出版行业产生了多种因素，所面对的出版资源每天都在以几何级数的规模增长，而读者概念中的出版物已经不再是传统介质所承载的内容，知识产权不再仅仅依托于实体的出版物，更多的衍生资源充斥着人们的眼球。正因如此，出版行业所面临的市场，也展现出了新的模式。从出版资源的角度进行观察，现有的竞争模式和行业发展格局已经突破了传统的经验和视野。通过分析近年来的出版行业发展形势可以看出，如今行业的焦点都汇聚在了出版资源尤其是衍生资源的角力上，具体表现为从多种媒体间的竞争转换为多种资源平台间的竞争，以及从内容的竞争转换为知识产权的竞争这两个方面。

在这样的新时代中，市场要求出版行业的管理者必须适应不断的变化，将注意力转移到出版衍生资源的开发利用以及协调管理上。本章拟从出版物衍生资源相关权利的积累、出版物衍生资源核心 IP 的塑造、出版物衍生资源开发的策略与技巧和出版物衍生资源的管理与维护这四个方面，阐述在出版物衍生资源运营管理研究过程中所产生的一些思考。

第一节 出版物衍生资源相关权利的积累

面对当前不断变化的市场，出版业管理者需要稳定住心态，抓住出版过程的核心，充分利用法律来保护与出版物相关的知识产权，从根源上做好出版物衍生资源相关权利的积累。这需要出版从业者强化对于出版物相关的知识产权保护范围的重视，其中尤为需要关注的是改编权。传统意义上的改编权是建立在媒体形式上的，比如某些出版物的合同中，会约定享有电影、电视的改编权。如今的改编权已经不再是狭义上的对原有内容进行改编，而是知识内容以及思维创造的二次拓展，其应用的实际呈现形式，就是我们所说的出版物衍生资源。新媒体技术带来的变革已经从阅读方式转变为阅读习惯的革新，我们可以看到，技术的发展导致对传统事物的认识有了爆炸式的拓宽。如今，互联网技术的发展，改变了读者的阅读方式，以前从纸媒、影视上获取信息的渠道已经转移到了个人电脑及移动终端上，视听技术的革新，也促发了 MPR（多媒体印刷读物）、AR（增强现实）、VR（虚拟现实）等提供信息的新方式，人们已经逐渐接受并依赖上了从视觉获取转变为全身感官体验的新模式。通过统计数据就可以发现，人们的阅读习惯与十几年前相比，已经发生了翻天覆地的改变。如今，更多依赖多媒体形式的衍生产品生存的出版物比比皆是，而传统纸媒、音像渠道的优势也逐渐被弱化。传统出版业面对瞬息万变的市场形势，如果依然抱着传统的观念，就会被市场抛弃，成为竞争的牺牲品。因此，如何通过合理积累内容并形成出版物衍生资源，确保并提升企业的竞争力，对出版业管理者提出了更高的要求。

一、出版物衍生权利的取得

从根本上研究出版物衍生权利，第一步就是要从内容的角度切入，狭义上将出版物衍生权利认为是知识产权的衍生权利，而这也符合知识产权在当前市场经济形势下的特征，这是属于无形资产的一种特质。其特殊性在于衍生品的形式多样，对比有形资产，知识产权在转移和使用过程中，又会衍生出新的权利。如何分辨并管理这一过程中所衍生的权利，从本质上获取使用权，也就成为一个焦点问题。

知识产权来自于人类思维智慧的创造，确定其归属的根源是法律，通过运营使其产生价值则需要在市场中。在市场经济运营中，出版业管理者需要高度重视政策、法律法规与市场规律之间的联系。从政策和法律角度来讲，权利归属于按照合同或协议规定执行的所有者，但知识产权与有形资产不同，其存在的灵活性与可变性需要通过设置地域及时效等限制增加确定性。因此，所有的合同和协议在起草过程中，必须严谨客观地对待现实条件以及未来可能发生的情况，并将其以文字形式表述出来。比如，在操作一项引进版权的出版物时，必须依据以往案例以及当前法律法规的有关条款起草转让协议，从各方面做详尽的规定，并对各自的权利和衍生权利进行划分。如此，便确立了出版物衍生权利的范围。

作为出版市场参与者，需要清醒地认识到，知识产权相关法律对于知识私有化的保护，是非常全面并且十分重要的。比如一款移动终端上流行的 App，由于它本身所具有的长期发展并不断更新的特点，现有法律将它的知识产权归入著作权法的保护范围。在此背景下，App 的开发者就拥有了相关知识产权的长期拥有权，这是对思维创造力的一种保护，也是值得我们注意的一点，不能因为存在形式及受众的接触方式不同于传统出版物，就忽略了一些应归类为知识产权的思维创造。

在此，还需要强调，衍生权利的判定还来自于合同或协议签订双方或多方对于法律条文的理解掌握以及市场经济形势的判断。合同或协议中所约定的条款，代表双方的权利诉求和责任划定，从经济角度看，就是约定风险及利益划分。同样情况下，谁对法律和市场经济形势理解得越透彻，谁就越会从客观条件上获取更多的利益。由此可见，把握知识产权衍生权利，强调其确定特征以及对未来发展预期的判断，以虚见实，以小见大，尽可能广泛地获取相关权利，才能更好地把握衍生物的知识产权。

二、出版物衍生资源权利的保护

对于出版物而言，无论其外延如何变化，核心必然是内容。作为出版业管理者，需要明确内容保护的方法和意义。对于内容的保护，从法律角度讲，就是对知识产权的保护。目前我国对于知识产权保护的法律法规有《中华人民共和国商标法》《中华人民共和国商标法实施条例》《中华人民共和国专利法》《中华人民共和国专利法实施细则》《中华人民共和国著作权法》《中华人民共和国著作权法实施细则》《中华人民共和国反不正当竞争法》《关于禁止侵犯商业秘密行为的若干规定》等。对此，我们应当认识到，法律给予约束的同时，也授予了内容所有者相应的权利，作为内容承载形式的出版物也随之获得了相应的权利。

从定义上看，出版物和出版物衍生资源为两个有着紧密联系的概念，后者往往是基于前者的再次开发创作。仔细剖析两者的不同点可以发现，正规出版物在法律规定范围内均属于知识产权的产品，受到著作权的保护，但其衍生品因为形式多样化、搭载的媒介多元化，一部分衍生资源在实际情况下暂时得不到著作权的全面保护。有观点认为衍生资源是思维创造，属于知识产权保护范围，但也有观点认为衍生资源只是依托于原有出版物而存在的，并不能够体现其本身的思维价值。在具体的纠纷中往往会因为衍生资源的部分构成要素无法确定独创性，而得不到相应的保护。

这凸显出的出版物衍生资源的权利保护问题，从一定程度上已经严重影响了衍生资源的开发与管理。在未受保护的情况下，出版物及衍生资源的权利容易被侵犯，如果在资源的创作及开发过程中，产生了诸如著作权、专利权、商标权等权利，可以得到相应法律的保护。如果没有这些相关权利和法律的保护，则出版物衍生资源中的知识产权保护就将面临较大难题。

当出版物及其衍生资源受到侵权时，参考近些年发生的侵犯知识产权的案例，权利所有人依照法律的解决方式可以总结为以下两种。

第一种，可以从专利或者注册商标的角度介入。如按照《商标审查及审理标准》规定，未经著作权人的许可，将他人享有著作权的作品申请注册商标，应认定为对他人在先著作权的侵犯，系争商标应当不予核准注册或者予以撤销。

使用这个条款对于适用的条件要求很严格，因为只有将出版物内容凝聚成一个图像或者实际形象注册成商标，或取得相应专利保护才适用该条款。这种保护仅作用于商标或者专利本身，对于衍生资源具体内容，无法同出版物一样形成实质意义的保护。

第二种依据的是《中华人民共和国反不正当竞争法》，该法规中所提到的不正当竞争行为，即经营者在生产经营活动中，违反《中华人民共和国反不正当竞争法》规定，扰乱市场竞争秩序，损害其他经营者或者消费者合法权益的行为。此处提及的经营者是指从事生产、经营或者提供服务的自然人、法人和非法人组织。从字面看，反不正当竞争法对于知识产权的保护没有实际意义，但其实通过对诸多案例的研究，我们注意到，几乎所有的不正当竞争行为都在一定程度上侵犯了知识产权所有人的权利。从这个角度来讲，使用法律的武器反对不正当竞争，就是保护知识产权的一种有效行为。

但是，在实际操作中，很多案例中与出版物衍生资源类似的知识产权并未得到有效的保护。究其原因，并不是法院不支持知识产权所有人的申诉，而是法院在调查证据后无法直接认定构成不正当竞争关系。造成这样局面的最主要原因在于出版物与出版物之间的竞争容易认定，而出版物衍生资源与其他出版物之间的竞争关系难以认定，知识产权的保护就更加难以判定。

在出版物衍生资源的保护过程中，管理者们还需要面对的一大难题便是金钱和时间的成本问题，因为举证困难、诉讼过程烦琐等诸多问题，大多数知识产权所有者放弃申诉自己的权利，也一定程度上纵容了非法侵权行为，对知识产权的保护也构成了障碍。

于是在讨论如何有效合理保护出版物衍生资源时，专家学者们提出可以参考商品化权，建立一种新形式的知识产权形态。商品化权是现代经济社会中出现的一种知识产权，它是指权利人将自己的姓名、形象及创作的作品、角色、标志等，通过商业性使用而取得经济利益的可能性的权利。可以说，从这一角度能够对出版物衍生资源进行有效保护。

但是，目前这一概念还仅处于理论研究阶段，如何合理保护及有效约束权力，都是需要解决的问题。根据目前的情况，最简单有效的办法应该是在实际操作中，将"复制"的概念与关于著作权保护的国际条约《伯尔尼公约》中的相关条约联系起来，使得所有出版物的权利所有者，享有授权以任何方式和采取任何形式复制这些作品的专有权利，从而有效地对衍生资源进行保护。

第二节　出版物衍生资源核心 IP 的塑造

IP 即 Intellectual Property（知识产权）的缩写，国外 IP 领域的研究主要围绕知识产权维护、版权国际化以及电影版权运营机制创新等维度展开。国内主要是指拥有一定受众基础，能够跨越媒体平台进行不同形式开发的优质内容版权。实际应用中所有含有知识产权的资源都可以归属于 IP 的范畴。

不同于知识产权的传统定义，IP 可以是一种思维创造创意，甚至仅仅是一个概念，也可以是一个人物。由此可见，IP 指代的范围更加广泛，具有更强的包容性和普适性。目前对于 IP 运用较多地集中在文学创作上，在"互联网+"以及网络时代文化思想的催化下，IP 开始展露其在多媒体渠道商业发展以及泛娱乐文化中的重要作用。运营效果最佳的便是由核心 IP 衍生出的影视、动漫、游戏、周边设计等诸多资源，这些衍生资源不单通过新的创造过程获取了知识产权，并且在传播中形成了一定的产业和广泛的受众。出现这一现象，是与媒体传播渠道以及互联网技术发展紧密相关的。互联网时代的文化行业繁荣必然需要借力于 IP 发展的快车道。

一、核心 IP 塑造的常见形态

众多文化行业纷纷布局 IP 产业，出版物、影视作品、动漫作品、游戏等多种融合产品，从单向度进行内容版权售卖，演进为围绕内容版权进行 IP 产业链衍生开发，实现多元化经营发展。实现 IP 的蓬勃发展，就要在掌握的产品内容中提炼出核心 IP。谈及核心 IP 的塑造，要明确 IP 来源。开发利用的 IP 目标来源集中在以网络文学 IP 为主体的内容来源。如：中国出版集团先后打造了曹文轩儿童文学艺术中心、脚印工作室、中版昆仑传媒、中版数媒、漫像 App，成功策划了电影《青铜葵花》、电视剧《我的儿子皮卡》、舞台剧《背叛的门牙》等 IP 运营案例；中南出版传媒集团依托旗下博集天卷公司，成功打造了《法医秦明》《杜拉拉升职记》《爵迹》《采珠勿惊龙》等内容 IP；江苏凤凰出版传媒集团为适应优质内容 IP 的开发，依靠传统出版单位获取优质内容 IP，同时成立影视公司及游戏公司，专业承接优质内容 IP 的多渠道开发，输出了《左耳》《山海经》《父亲的身份》等一批热播影视剧以及《侠客风云传》等热门游戏。

在围绕以网络文学为代表的 IP 内容版权方面，很多图书文化公司开展了积极的探索。磨铁图书公司将网络文学、图书出版和影视剧制作串联成较为完整的 IP 出版产业链，在 2016 年制作《从你的全世界路过》，获得了不错的票房收入。白马时光文化公司实行书影联动，以图书发展影视，以影视促进图书，不仅在图书版权交易方面有较好的收益，旗下 90%以上的签约作家都和影视业有良好的互动，出品《琅琊榜》《致我们终将逝去的青春》等影视剧，市场表现亮眼。此外，诸如凤凰联动、新经典等民营出版机构 IP 运营也取得了不俗的成绩。

可以从以下几种常见形态对核心 IP 的塑造做简要分析。

1. 商业化影视改编

近年来，IP 伴随着"互联网+"的快速发展，成为各大投资者关注的对象。各大视频平台纷纷推出影视及网络剧，这与人们更加依赖网络化的交互方式有着密切关系。也正是各种各样的交互软件在不断增加 IP 的热度，出版机构拥有众多受影视剧青睐的内容题材 IP 版权，使得出版业扮演影视剧 IP 的内容提供者角色，成为影视及网络剧产业的重要依托，由此催生出的出版衍生资源产品也源源不断。尤其是伴随着网络小说的兴起和发展，不时有精品小说改编成影视及网络剧。业界认为，2015 年可称为 IP 元年，期间如《何以笙箫默》《盗墓笔记》《花千骨》《伪装者》《琅琊榜》大量 IP 改编剧推出，并受到观众热力追捧，一时间 IP 影视版权价格水涨船高。2016 年，IP 出版与影视及网络剧的互动更为密切，《欢乐颂》《亲爱的翻译官》《微微一笑很倾城》《青云志》《幻城》《余罪》等剧大热，IP 影视及网络剧作品呈现蓬勃发展态势。

据不完全统计，2007—2015 年，我国网络剧数量猛增，平均制作成本从 600 元/分钟，提升到了 30 000 元/分钟左右。比较典型的例如根据天下霸唱所著的《鬼吹灯》改编拍摄的系列网络剧和网络电影，上线仅数小时，网络播放量就上亿。高黏度的受众群体，为 IP 衍生资源的商业化提供了保障，由此带来的广告效应以及视频平台会员和点映收费的丰厚收益也相当可观。在这样的市场环境下，IP 产业化已经成为常规模式，网络影视作品与小说可以相互转化并结合，更多的文化传媒公司也将重心放在了 IP 的影视改编权，充分体现出了知识产权衍生资源的重要意义。

在内容 IP 向影视及网络剧转化过程中，出版企业借助内容 IP 本身具备的受众基础和影响力，借势扩大影视及网络剧作品的话题影响力和市场表现力。由于内容 IP 具备较好的受众基础和话题热度，在转化为影视及网络剧后，还有向游戏等方向转化的更多可能。

2. 游戏、动漫、音乐等泛娱乐化的 IP 衍生资源产业

随着移动终端的快速发展，游戏市场得以扩容，发展成为端游（客户端游戏）、页游（网页游戏）、手游（手机游戏）等多种形态，游戏业需要更多优质内容 IP 进入。游戏带来的巨大现金流，周边产品及衍生产品的开发，为内容 IP 提供了巨大的增值空间和多元变现方式。

根据近年《中国数字出版产业年度报告》，网络游戏作为数字出版业的三大巨头之一，其年度收入一直在整个数字出版业中占有较大的比重，并且呈现上升趋势。面对日趋旺盛的市场需求，一方面出版机构整合资源通过核心 IP 衍生游戏类产品纷纷试水游戏产业，另一方面游戏产业大力挖掘出版企业已经出版的 IP 作品的价值。优质 IP 内容竞相成为市场追逐的热门目标，形成了"网络文学+游戏"的发展模式，如表 7-1 所示：

表 7-1　游戏类 IP 开发案例

IP	游戏类型	IP	游戏类型	IP	游戏类型
盗墓笔记	同名页游、手游	芈月传	同名页游、手游	琅琊榜	同名页游、手游
花千骨	同名页游、手游	诛仙	端游	旋风少女	同名页游、手游
择天记	同名端游	鬼吹灯	系列游戏	微微一笑很倾城	同名手游
全职高手	同名手游	绝世唐门	同名页游、手游	造化之门	同名手游
魔天记	同名手游	九阳剑圣	同名手游	斗破苍穹	同名页游、手游
武极天下	同名手游	武动乾坤	同名手游	超神战记	同名手游

IP 与动漫互动的成功案例可以追溯到 2000 年，当时国产动画片《蓝猫淘气三千问》红极一时，不仅在国内热播，而且其版权输出全球 36 个国家和地区，这在当时引起了动漫产业乃至整个文创产业的关注和讨论。动漫产业链得到延伸，不再局限于期刊、动画片、玩具等单个点位，构建了从出版到动画片、游戏、周边玩具等衍生产品的产业链，而且其中的每个环节都能产生利润。对于处在产业链上游，善于通过文学、漫画生产 IP 的出版企业来说，按照图书、动漫、游戏、影视的出版物衍生资源全产业链开发模式，能够通过延伸产业链长度获取更多利润。

传统出版企业以内容创意和 IP 孵化为突破口，进入动漫、影视、游戏、音乐等相关领域，进而在衍生产品等细分领域寻求新的增长点。

IP 衍生资源产业的发展带来的不仅仅是内容的极大丰富。在网络化时代下，丰富的娱乐模式成为 IP 衍生资源发挥能量的渠道，游戏、动漫、音乐等衍生品组成的市场使得粉丝成为主要的消费对象，捕捉粉丝兴趣关注点并将它作为 IP 衍生内容的运营方向则至关重要。

核心 IP 作为基本资源，可以像种子一样不断成长，衍生出多种符合互联网传播需求的娱乐产品。然而，有效的运营推广更是至关重要。在如今的时代，直接运营并且能产生规模化的 IP 经济的只有一些大型互联网公司，它们有着雄厚的资本、难以匹敌的网络资源优势等。由大型互联网公司所引领的泛娱乐战略，极大地影响了人们的生活。依托于自身优势，大型互联网公司能够快速进行文化产品全产业链模式的开发。比起以前电视剧按照写好的剧本演出等娱乐形式，现如今，所有的娱乐都是充满互动元素的，人们既是参与者，同时又是设计者，在这样的环境下，运营与粉丝之间的身份交织，IP 的衍生资源的内容范畴也被催化发展到了前所未有的规模。

其实，只要仔细剖析这一过程便不难发现，互联网时代娱乐的核心，就是为粉丝服务，打造粉丝经济模式。在粉丝经济中，通过核心 IP 衍生就是最核心的竞争力，谁掌握了好的核心 IP 衍生资源，谁就能吸引大量的流量，推动更多衍生资源的产生。

二、IP 衍生资源的运营

我们在了解并定义了 IP 衍生资源在"互联网+"背景下具有符合时代发展的意义之后，接下来，我们讨论一下如何合理、高效进行 IP 衍生资源的运营。

在剖析 IP 衍生资源的运营之前，首先要对已经发生的 IP 运营案例中存在的一些难题逐一进行分析。

一部互联网电影经过了投资者的调研，决定投资，但在拍摄过程中，由于粉丝效应所带来的强烈关注度，投资者不断要求导演和编剧根据粉丝要求修改剧本及拍摄方法，严重的场外干预使得电影拍摄效果大打折扣。在这个过程中，投资者的一味迎合其实只是从众行为，并不代表主创人员原有意志，当电影播放后，这些粉丝摇身一变又成为贬斥电影的主力军。同样的案例在近年来屡见不鲜，究其原因，在传统影视作品中，人们的观影感受更多来自于导演、编剧和演员的艺术表达，主创人员可以遵从原有想法和专业方式进行艺术创作。而在"互联网+"时代中的影视产品是传统影视创作的优化升级，IP 衍生资源的丰富，虽使影视文化创意产业格局以及制作模式有了很大的升级，但过快过热的关注度，带来的却是急躁的情绪和浮夸的作风，主创人员过于迎合受众需求，一味地追求其经济价值，而忽视了文化创造本身的内涵与表达。结果导致丰富的衍生资源并没有带来高收益，反倒造成了大量 IP 的浪费，影响核心 IP。还有部分企业，为了追求热点，盲目购买热门 IP 并进行改编，却忽略了互联网时代人们对热点关注的时效性很短这一特征，导致衍生内容已经不是热点这种尴尬局面。另一种情况，也有一部分企业，为了追求时效性，放弃了对艺术性的把关，在没有做好充分准备的情况下进行衍生资源的开发和运营，从根本上贬低了核心 IP 的价值。

解决这一难题需要从内容层面上重人物形象塑造与故事情节的延续，衍生过程反复突出主题，让粉丝能够产生与之共生共长的感觉，从而对衍生产品充满期待。重视衍生品的开发与创造，授权衍生，如电影延伸文化旅游、动画、游戏等方式，延长 IP 寿命。通过整合资源，开展多角度营销。首先是互联网营销，利用官方网站和目标受众聚集的各类社交媒体和网站等。其次是连环营销，其典型表现是影片末尾的"彩蛋"。最后是品牌间的联合推广。如 2016 年漫威公司在电影《奇异博士》上与华为的荣耀手机达成合作，进行一系列的线上与线下的联合营销，实现双方的共赢。

对于 IP 衍生资源来讲，应该正确认识其核心价值，不夸大其作用，并将精力投入作品本身，提高艺术价值及品位，注意加强对知识产权的有效保护，全方位促进自身的良性发展。从消费者的角度看，无论热点 IP 如何受人关注，其衍生资源还是需要通过艺术魅力以及原创力兑现价值，一般有效的方式有以下几种：

1. IP 改编+网剧制作

网剧作为近几年才流行起来的新型电视剧制作方式，处于高速发展阶段，网剧制作行业也正逐步走上正规化和精品化道路，且以优质 IP 资源为基础的网剧更是获得了大部分的网剧播放流量，成为影视制作的重要考虑因素。

2. IP 改编+电影制作

据相关数据统计，经过改编 IP 制作成的电影大多都获得了比较亮眼的票房。如《战狼 2》以 56.8 亿元的票房位居 IP 电影乃至中国电影票房榜首，并被选定代表中国内地影片角逐第 90 届奥斯卡最佳外语片。

鉴于 IP 产业发展已经形成较为完整的链条，IP 产业由单一产品销售变为全产业链实现盈利，内容、渠道、营销等各个环节都能实现利润，变现方式将会更加灵活多样。具体而言，内容端不仅能够从简单的版权交易中变现，还可以通过会员制、合作开发等多种模式推广。渠道端在传输内容产品的同时，还可以寻求与其他行业进行跨界合作，以使其附加值最大化。营销端更是综合运用多种营销手段实现投入最小化、利润最大化。在此背景下，出版单位已经不再满足于从版权售卖中获得单一的收入来源，而是通过合作开发等多种形式实现收益的最大化，从 IP 影视改编剧会员中获得收益，从游戏流量中实现收益等。回归本质，IP 产业通过提供高品质的 IP 内容产品开发获得多渠道的版权收益，进而获得产业周边及衍生价值开发的相关收入。可以预见，未来将有越来越多的出版企业拓展自己的 IP 运营渠道，在打造超级 IP 的同时积极创新 IP 运营方式。

三、围绕 IP 服务的设计思路

出版企业 IP 版权运营平台建设至少包括如下几大模块：IP 分类储备、IP 上传检索、IP 协同管理、IP 潜力评估、IP 授权交易等，导入既有 IP 储备资源、市场热门 IP 资源、ERP 系统，形成该平台的元素数据库，并在企业内部实现信息共享化，全面打造一个集资源储备、内容生产、授权交易等功能于一体的 IP 出版平台。

针对平台的模块也需要开展相应的内部服务机制。如：建立多渠道，按照题材、介质、版权、作者等分类，对 IP 进行数据化整理，使其汇聚、整合和优化成为 IP 版权运营平台的基础数据库，实现 IP 资源在企业内部的及时共享和关联，外部优质 IP 资源快速寻找和衔接。并且通过服务功能整合平台数据资源，提升内部 IP 数据多维化、可视化呈现能力和组配能力，实现 IP 资源、协同创作、集成 ERP 系统数据等功能。同时，开展评估服务挖掘潜力资源，突破平台和渠道的壁垒，整合其他搜索引擎互联网入口数据，全面囊括 PC、移动 App、合作渠道用户，为 IP 的潜力评估提供更加完整的读者数据。与此同时，依靠大数据分析构建出专属自己企业的定性分析方法，分析 IP 的潜在价值，为其运用提供优化建议。

接下来，就是 IP 产品运营、维护期间提供的外部服务。具体就是针对消费者合理需求的各种服务，以期提高消费者的体验，对产品产生信赖感。在提供服务之前，需要运营者首先建立起一套完善的 IP 资源保护机制。IP 对于企业来讲，是无形资产，需要通过合理的手段保护其商业价值。在这一点上国内做得较好的就是百度、阿里巴巴、腾讯等互联网头部企业，它们利用多年积累的用户资源以及雄厚的资本实力，构建起了强大的知识产权生态系统。

例如，腾讯旗下的阅文集团从事 IP 授权出口。阅文集团旗下的中文网、创世中文网、小说阅读网、潇湘书院、红袖添香占据了当前互联网原创文学半壁江山，百度的纵横中文网、91 熊猫看书、百度书城和阿里巴巴的书旗小说、UC 书城也都发挥着很大的影响力。

开展 IP 授权的同时，开展 IP 行情分析预判，对价格等因素的总体性和实践性进行观察，通过会员注册等方式对外打通优质 IP 资源共享及交易的集散中心，既可以形成对优质 IP 资源的线上讨论，也可以开展优质 IP 资源的线下交易。优质 IP 资源可以是自身持有的，也可以是平台效应聚集的优质 IP 资源，对开展有针对性的服务有很大帮助。

大型互联网公司之所以具备这样的影响力，是因为这些互联网公司利用自身优势，调用大量的资源围绕 IP 进行服务。为核心 IP 所有者提供一切便利条件，并快速有效地创造直接经济效益或者利用其衍生资源进行二次创作，提高核心 IP 的利用率，增强核心 IP 所有者对平台的认同感，吸引更多的原创资源，同时吸引资本投入，产生大量的资源聚集效应。我们应该充分认识到，进入"互联网+"时代后，IP 已经成为泛娱乐战略的核心。资本会引导 IP 发展成为产业所需要的衍生资源，强化自身的服务属性，在动漫、游戏、影视、戏剧、玩具、主题公园等方面形成良好的获利渠道，打造全产业链模式。

第三节　出版物衍生资源开发的策略与技巧

回归到我们所讨论的核心，也就是出版物衍生资源的开发这一点，需要仔细学习当前知识产权保护和开发的模式，在保留出版物原有资源优势的前提下，如何对资本、渠道等资源进行合理调用，才是出版从业者亟待解决的重要问题。从根源上讲，合理定位出版物衍生资源的意义和作用，制订相应的开发策略，利用合理有效的开发技巧，才是做好出版物衍生资源的开发必须研究的问题。

一、出版物衍生资源开发的方向确定

当前形势下，对于出版物衍生资源开发，需要多采用互联网思维进行思考，将原有对内容以及出版物的打磨转变为如何提升对消费者群体的吸引，即在充分利用自身内容优势、提高内在吸引力的同时，借鉴互联网公司 IP 运营的模式，打通外部渠道，吸引更多关注，发挥衍生资源的影响力。内容与渠道两者相辅相成，在优质内容资源的带动下，渠道也会随之增值。不得不说，在这一点上，国外先进的发展经验值得认真学习思考。

近年来，我国出版业出版物衍生资源开发的形式主要表现为，具有 IP 开发价值的图书与影视、游戏、动漫作品之间的授权和互动，即图书版权为影视、游戏、动漫作品提供内容来源，这些作品投入市场后反向提升图书的销售。IP 开发主要按照小说或漫画先期向

影视转化，再向游戏以及服装、玩具等周边产品或衍生产品转化的路线推进。

在出版物衍生资源产品化方面，进行溯源生产，在出版物的生产加工过程中，就开始对其所塑造的优质形象进行包装和保护，并且为后续衍生资源的二次创作埋下伏笔。在成熟的商业体系下，出版物衍生资源有一套完整的运营体系和产业化模式，作为管理者需要找准出版物的定位、相应的模式，对市场做出切实的预判，降低决策风险。

传统意义上的衍生资源只是将书中内容以影视或者戏曲等形式呈现，而在网络化时代，衍生了游戏、漫画、周边产品、互动情景体验等形式。这些出版物衍生资源的商业化不仅让人能融入其中，更催生了许多原有出版物没有的内容资源的开发，形成良性循环，实现非常合理有序的产业化运营效果。这也说明，一个已经耳熟能详的出版资源经过管理者的灵活运营，再配合鲜明的人物形象、唯美的场景、丰富的剧情等，同样可以吸引大量消费者的关注，实现盈利。

二、出版物衍生资源开发的策略管理

成功开发一系列完整的出版物衍生资源，需要完整高效的策略作为支持。过去的策略较为简单直接，就是把出版物拿来改编作为新的资源投放市场，过于依赖出版物本身的影响力，导致很难产生消费者的聚集效应，更难以适应当前全球化经济发展模式的需求。如今对于出版物衍生资源的开发，必须要达到系统化及全产业化，单打独斗的模式已无法生存。

首先要有敏锐的市场嗅觉，能够迅速并且大量抢占优质 IP 资源，通过买断、引进、合作等多种形式，圈占有市场号召力的优质 IP，并且尽可能获得排他性支持，获取网络信息传播权、影视改编权等多种产权；其次要以 IP 为纽带，积极开展文化创意产业价值链整合，以 IP 授权为核心，以网络平台为基础，展开多领域、跨平台的商业拓展模式。尤其重要的是，要通过机制创新引导传统编辑向 IP 编辑转变，培育 IP 产品经理人，目前已经有众多出版机构开始试点股权激励措施，以项目制、股份制等多种形式，在出版、影视、游戏等方面进行 IP 试点，这也是适合 IP 特色并且代表未来方向的一大举措。如，中南博集天卷旗下博集新媒体公司，公司 30% 的股权由员工持股，此举既能留住优秀人才，又能激发员工的工作动力。北京磨铁图书有限公司成立了专项 IP 版权部，该部门的工作是负责对大量的 IP 资源进行管理运营和品牌化运作。IP 版权部的负责人会列席编辑部门的选题会，了解编辑部门与作者签约情况。在报送选题阶段，版权部门就参与讨论购买或出售版权的意向。正是基于这样的探讨，让磨铁图书能够拥有资源多元开发的能力。

优质的内容是 IP 价值的核心要素之一。出版企业可能获取的 IP 资源，可通过图书出版、IP 孵化及购买来实现。针对不同的 IP 来源，从内容选择、优化到产品实现、运营均采用不同的策略。

1. 注重原创内容的开发

IP 是出版企业提升产品传播力、影响力与收益率的重要方式。在 IP 经济火热的今天，众多企业纷纷涌入 IP 大军。科技公司致力于平台搭建，影视公司拥有强大的资本。出版企业最大的优势便是对于优秀选题的独特眼光，对原创内容的筛选把关。出版企业面对 IP 大潮的来袭，应守住自己的阵地，抓住 IP 的源头——原创内容。优秀的出版编辑应辅助本土作家尽可能多地去创造有跨界可能性的 IP，而非买卖 IP。一个优秀编辑对一个故事的判断，对一个故事对受众驱动力的判断都有着过人的评判能力和独特眼光，出版企业处于一个故事（IP）开发的前端，甚至担当一个好的故事作者最早的发现者或哺育者。在科技浪潮不断迭代的时候，出版企业放弃自己创造内容的本职，而去盲目跟随技术，恐怕是相当危险的一件事情。只有守住内容这个"正"，出版企业才有可能在数字化革命中出"奇"。

2. 确立内容的核心价值观

价值观是 IP 的核心要素，通常由其故事化属性的内容来传达。一个优质 IP 的价值观体现创作者、运营者的基本价值取向，显现其基本价值标准，呈现其基本价值准则。内容和 IP 产品的基本立场、基本精神作为隐蕴价值无处不在。在倡导文化多元的同时，要坚守本土文化和本民族文化的根基。这种根基必须自觉体现在内容和 IP 产品中。出版企业必须明确自己的社会责任和强化阵地意识，以此体现其核心价值。一个优质 IP 的核心价值在于其有用性和有效性，精神文化产品的核心价值体现在心灵体验和内在影响力，能够最大程度地影响消费者，给消费者带来极致体验的内容，是文化企业的核心产品。

3. 积极引入文学经典作品

与畅销书相比，文学经典作品在受众的广泛性上与畅销书存在一些差距，但文学经典作品所富含的文学性、作品中展现的思考深度以及题材涉猎的广度却是其他"快餐文学"难以企及的。正因为如此，文学经典作品才能经得起时间的考验，在目前百花齐放的市场上占有重要的一席之地。出版企业积极引入文学经典作品，这样做，一方面可以增加 IP 内容资源的广度和深度，丰富出版企业 IP 储备的内容类型，聚焦大众阅读需求，进而增加 IP 资源的受众基础和用户覆盖范围；另一方面可以切实提升 IP 储备资源的质量，进而为 IP 产业链中游的影视剧衍生提供更经典的剧本，为下游衍生品市场提供更优质的内容。

4. 优化超级 IP 多元运营

这里所说的超级 IP，是指已经在市场上获得广大对象用户认可，拥有大量"铁粉"，具备很高的改编价值及其衍生开发价值的内容版权。目前，出版企业主要通过单一的版权交易或者以制作方、投资方、运营方等第三方介入的方式对超级 IP 进行开发，在充分运用传统出版产业的优质内容资源的前提下，借助新技术手段打造出版物衍生资源供应链和基于出版物衍生资源运营的产业价值链，对超级 IP 进行多元化的运营。

首先，借助物联网、区块链等技术创新实践，实现从出版服务商到内容服务商的转变，吸引更多内容创作者主动将自己的内容资源和"元出版物"首发在自有内容平台上，以此挖掘更多优质出版物衍生资源；发挥融合出版"中央厨房"在编译、校对、排版、协助创作、媒体推广等方面的作用，建设内容集成与协调共享平台；针对用户使用场景移动化、用户使用时间碎片化等新特点，优化 AI 搜索和推荐等功能。

其次，注重优质内容版权的竞合策略。出版物衍生资源运营注重连通内容创作者、对象用户群体、项目支持与参与者等多元主体对政策资源、资本资源、行业资源、渠道资源、技术资源的全面整合。要改变出版单位自己制作内容、完成整改产品线的单一运营思路，对外吸引技术合作方和资金运作方，尝试"内容+技术+资金"的组合运营模式；要打通优质出版物衍生资源与高效宣传推广，合理运用出版单位的原创内容资源，与资源平台方相互补足，实现出版单位获得高口碑和高授权收入，平台方也获得用户流量；充分将市场资源配置作为"指挥棒"，推动"权益分摊""权益分销""权益置换"等多种形式的展开，从竞争走向合作。

最后，针对受众群体的个性化需求进行智能推送，打造去中心化的阅读方式。一方面，通过 IP 版权运营平台向受众推送高质量的热门 IP，另一方面平台根据市场及受众的反馈信息，优化内容生产经营。将过去单线的"人找书"的模式转变成为"书找人"，促使读者主动寻找想要的内容产品，并且将自己感兴趣的内容推荐给其他读者。

5. 大数据技术反馈创作

在 IP 版权运营平台的基础上，对相关内容版权进行用户和市场分析，分析不同读者的习惯及阅读偏好，分析不同 IP 的读者和市场数据，分析超级 IP 运营案例，基于 IP 大数据分析可将读者喜爱的内容分类统计，为作者提供最精准的数据参考。一方面，可以孵化大量优质 IP；另一方面，可以第一时间抓取市场流行的优质 IP，为 IP

深度开发提供参照，为更好地选择与自身匹配的 IP，为 IP 储备及寻找创造先决条件。

6. 人力资源储备

在融合发展的大背景下，人才随出版企业自身发展的转型而呈现新的时代特征。当"内容为王"披上融媒体呈现方式的外衣，当 IP 文学著作成其他媒介形式的外延产品，跨专业、跨行业人才成为成就这些事业的重要推手。出版企业进行出版衍生资源开发，组建孵化公司、搭建运营服务平台，开展跨界运营，需要一支既懂出版又懂网络新媒体和项目策划，并善于利用大数据分析的综合性专业人才队伍。

首先，通过拓展员工自身能力适应出版企业多业态发展趋势，将成为我们应对转型升级的要求，实现跨行业融合发展的良策。传统出版人才文字功底扎实、文学修养丰厚、文化情怀深邃，新兴媒体人才掌握信息与网络专业知识，对于大数据、数字化的技术要求了然于胸。融合发展背景下，在继续提升员工队伍专业专识技能的同时，注重其他技能的挖掘，使其转变为具有核心竞争力的多面手，正是出版企业转型期的人才专识与通识能力并举的需要。

其次，推动人才创新思维向融合化转变。在出版融合的背景下，出版单位业务类型不再只局限于图书，数字出版、影视作品等出版资源衍生开发都能够成为其业务范畴。在新时代的要求下，学会分析判断市场，整合汇聚资源，用融合的头脑和思维，形成优势突出、亮点不断的核心竞争力，正是当下出版人才的思维创新方向。

最后，通过制订短期与中长期相结合的薪酬体系、建立以股权激励为主体的多种激励方式、创建进退自如的人才流动空间等方式，同时通过完善企业培训机制，使出版衍生资源的运营队伍在梯队化建设、高端化培育、全面化发展等方面呈现勃勃生机。

三、出版物衍生资源开发的方法管理

按照上述策略，出版企业结合现有资源的发展状况优化内容，确定衍生产品思路，形成系统的盈利模式。下面按照衍生产品的领域举例分析几个开发方法。

1. 文化旅游业

2006年10月叶广芩创作完成小说《青木川》，小说以主人公魏辅唐的传奇经历为内容，故事发生地位于陕西西南的一个古镇——青木川。从青木川解放前写至改革开放的今天，以这片神秘土地50多年的变迁来见证历史的变迁。这部小说的情节曲折动人，故事背后更蕴含着对深层次的人生哲理以及人性的呼唤。出版物上市即获得了读者的良好反响，同时吸引了上海新文化传媒集团股份有限公司、上海欢天喜地影视传播有限公司、北京鑫宝源影视投资有限公司等资本的关注，上述公司投资筹拍了由孙红雷、巍子、陈数一众实力派演员出演的电视剧《一代枭雄》，该剧2014年初在各大卫视一经播出，引起了非常大的反响和社会关注。而正因这部电视剧的原型所在，青木川便成了人们外出旅游的热门地区。位于秦岭山脉中安静的古镇，也借此焕发了新的生机。当地政府联合多方共同打造了以古镇为核心的文化旅游产业带，形成了出版物

衍生资源的良性发展。

类似成功的案例还有近年来播出的多部综艺节目，通过人气明星的带动，观众迅速了解了许多名胜景区，给当地的文化旅游业发展带来了非常大的推动作用。

2. 饮食文化业

这里试举一个反向利用影视衍生资源转化成为出版物的案例。《舌尖上的中国》作为中央电视台 2012 年推出的一档纪录片，里面记载了国内一些具有代表性的风味美食。由光明日报出版社出版的同名图书荣膺 2013 年度"世界最好的美食图书大奖"称号。该书以食物的味道、人情的味道、故乡的味道，带着对食物的敬意和情感，淋漓尽致地展现了中华饮食文化中的美味，引起了世界目光的广泛关注。

3. 动漫与影视及周边产品

欧美及日本近几十年来运营得最为成功的便是动漫出版物的衍生资源。从耳熟能详的各种卡通人物，到孩子的玩具及各种影视资源，无不充斥着漫画原创出版物的闪光点。可见通过漫画产生的衍生资源发展势头较好，并且充分展现了完整的产业链所能带来的丰厚收益的积极影响。不仅如此，诸如《小马宝莉》《四驱小子》这样从玩具反向衍生成为动漫出版物的案例也屡见不鲜。可见，在动漫这个领域内，原创资源与衍生资源之间的相互融合，已经成为一种成熟的商业开发策略。

4. 主题公园

提及出版物衍生资源中最为成功的案例，就不得不提及迪士尼乐园。由华尔特·迪士尼创办的迪士尼乐园，将原有出版物及影视作品中的卡通人物变成了实实在在的人物扮演时装秀，把原存于文字和画面中的场景变成了真实的感官体验，让人们能够拥有身临其境的感觉。主题公园类型的衍生资源可谓集大成者，充分说明创造力是无边际的。

四、出版物衍生资源开发的技巧

对于出版物衍生资源开发，前面已经讲了很多成型的模式化操作。究其内涵，更多的应该是对消费者心理的把握。所以，从技巧的角度看，出版资源管理者应该进行大众心理研究，从中找出适合自身出版资源运营的技巧。

我们应该清醒地认识到，在实际情况中，群体和个体是两个完全不同的对象。有着共同诉求的消费者一旦形成群体，就会表现出一种完全不同于任何个体的新特点。在一个群体中，成员们的个体意识都转到同一个方向上，于是个性便消失了，形成了一种群体心理，受群体精神的统一支配。在衍生资源开发的过程中，可以利用热点 IP 或者一些话题产生的聚集效应，使消费者形成一个群体。从出版物衍生资源开发的角度看，就是需要创作时加入带有群体引导性的内容，产生引流的效果，并逐一展开，为后续衍生资源的开发留好线索。

第四节　出版物衍生资源的管理与维护

现今，全国大多数出版企业已经进行了大量有关出版物及其衍生资源管理与维护的实践工作。分析统计数据不难发现，在网络化时代，数字技术已经成为出版企业主要采用的管理与维护的主要技术手段。企业员工可以通过内部局域网搭载的资源管理系统对数据和资源进行上传和分享，管理人员可以对其进行协调化管理，形成高效有序的管理与维护体系，在企业内部形成良性循环，从一定程度上降低了企业的管理成本。

一、出版物衍生资源管理运营机制

研究表明，出版物衍生资源管理运营的主要方向是合理调配资源在经营活动中的时间和比重，借助科学化的手段，从繁杂的业务数据中提取出关键信息并进行分析处理。

计算机技术的快速发展，极大地丰富了出版企业对于资源的管理手段。拿当前大多数出版企业所采用的 ERP 系统为例。出版企业通过联机事务处理方式每天对大量的信息数据进行处理，并将企业高层的决策转化为执行力，以直接高效的手段将信息传递给管理者，使他们能够精准掌握企业的经营情况，确保出版企业具备强大的内容资源管理能力。但目前大部分出版企业所采用的 ERP 系统或者其他管理系统都只是将传统纸媒的出版物作为主要管理对象，在出版物衍生资源管理方面还需要结合企业实际情况进行改进，以确保建立健康有序的管理运营机制。

目前条件下，一套完善的管理运营机制应该具备以下三点功能。

1. 衍生资源实时在线管理功能

网络化时代，信息的准确性和时效性就是以内容为主要生产资料的企业的生命线。对于信息的及时掌控，考验着每一位管理者对企业信息资源的控制力。这就要求管理运营机制提供操作性强的在线管理功能，以便使管理者针对信息的变化，及时采取措施，并能快速执行。

2. 衍生资源结构化分类功能

出版企业所涉及的内容资源数量非常庞大，这就导致了有大量的信息需要处理，并且需要较长的处理过程。从理性的角度出发，我们所需的管理运营机制，需要对内容资源具有结构化分类的功能。尤其是对于存在形式多样化的出版物衍生资源而言，信息的整体化快速处理，对于衍生资源管理运营工作有着重要的推动作用。资源先通过分类，再进入管理过程中，能够实现更加准确、快速的加工，收获更好的运营效果。

3. 相关数据类比功能

在出版物衍生资源实际的管理运营过程中，因为资源具有可变性及多样性的特点，所以经常需要进行大量的类比研究与分析，这就需要机制的设计中应包含数据类比功能，其目的是充分发挥互联网技术的优势，对现有资源进行类比，以利于出版企业对衍生资源运营方案的判断。

二、出版物衍生资源管理体系的设计

管理体系设计的初衷是基于对资源可控性以及管理时效性的要求，从设计的角度出发，需要对资源进行全面管理和调用。实际操作中需要根据出版物衍生资源的特殊性，在管理体系的设计上注意系统性和细节，符合以下几点要求：

1. 资源入库标识

在管理过程中，需要对资源进行定义和标识，便于查询和调用。应包含资源类型归属、时间节点和资源与业务对接需求等要点。

2. 编辑维度标识

在出版企业中，对出版物衍生资源内容实际操作和维护的主体绝大部分是编辑。因此，从编辑维度对内容处理及保护进行规定，是管理体系设计的一个重要环节，这样资源管理运营体系可以直观有效地对一线操作者的操作行为进行数据收集和管理。

3. 发行业务数据标识

发行业务的数据是衡量出版物衍生资源运营情况的一个重要标识。从营收的角度，也可以直接反映市场对产品的关注度以及消费情况。

4. 目标任务管理

每一种出版物衍生资源的运营都可以作为一项单独的任务进行管理。企业管理的一个特点就是目标任务的设立，这既是管理者对于运营发展方向的直接表达，也是一线操作者努力工作达到的目标任务。管理体系在设计中要确保能够按单独任务体系提取信息，并监控时间线和完成度等要素。

三、出版物衍生资源管理体系的应用与维护

从应用的角度来讲，因为出版物衍生资源管理体系是从技术层面搭建的平台，所以出版企业必须对技术方面的问题安排相应的人力资源进行管理。其主要职责是对体系及各种相关的应用进行管理及技术支持，并及时向企业管理者反馈体系和应用的运营情况。

综合前面所讲到的出版物衍生资源的多元化的特点，在维护过程中，还需要技术管理人员根据外部环境与行业发展形势，及时调整体系结构，提高与其他系统的兼容性和扩展性，保证出版企业能够顺利开展外部合作，这也是系统能够提升使用价值的核心保障。同时，在系统建设与维护的过程中，管理者们应从出版物衍生资源的未来发展方向着手，充分论证出版企业实现信息系统管理的具体实施方案，为搭建体系提供理论和方向的保障，最终通过深度管理，构建有效的信息融合系统管理方案。

四、出版物衍生资源品牌的创立与管理

品牌作为企业有形或无形的资产输出，在现今的产业运作中已经成为企业所持有的重要力量。作为出版物衍生资源产品同样强调重视形成品牌、打造品牌、维护品牌、输出品牌。

品牌的创建是一系列产品的合集，在出版物衍生资源具体品牌的创建中，首先，做好品牌规划，将品牌建设融入出版物衍生资源的

开发过程中，有计划、有目标地根据衍生资源核心产品的特点，塑造出品牌中各产品的差异，形成具有识别性的品牌标识系统。其次，做好品牌设计，根据品牌规划明确品牌价值定位，包括品牌确定的目标市场、目标用户、产品形态、产品内容、推广方式等，使品牌取得更有力的竞争优势。

在品牌产品的具体开发中，充分结合品牌规划和设计，对出版衍生资源产品在市场情况、目标用户等方面加以明确，突出产品与市场、目标用户等之间在适用性和实用性的贴合度。品牌产品彼此间有绝对品牌文化的体现，又保持各产品的特色，为细分用户提供更为精细的内容服务，以保证品牌的市场占有份额。品牌开发一方面要扩大规划好的品牌产品，另一方面要扩大产业链产品族群。

品牌产品要做到历久弥新、全面发展、互相协调且具有可持续性，需要有效管理、合理维护。在面临外部其他竞品挑战时，不因它们有一定影响力、市场份额较高就故步自封，应始终坚持开放学习的态度，对品牌的各种产品，开辟规范、公平的内部竞争环境与外部合作环境，各产品生产过程中的信息、资源、人力在企业内部充分流通、共享，为品牌的塑造夯实稳固的基础。在对品牌的管理维护中，要充分根据企业规划、资产情况、企业发展定位，进行系统、科学的选择和统筹，不断进行品牌的外延设计。在品牌产品从设计到投入市场再到后续更新的全流程中发现优势、强化优势，通过突出长板、补足短板，在新型市场与新产品的竞争中，抓住机遇、尝试拓展，利用好品牌的基础用户，进一步增强用户的黏性，扩大用户群体，捕捉更多信息来巩固品牌，实现长远发展。

第八章

出版物衍生资源开发经典案例

近年来,出版业的赢利模式已从过去单一依赖纸质图书赢利转向依赖纸质图书、数字产品、版权、形象、衍生产品等的多元赢利,出版衍生资源衍生开发渐成常态,成为一种发展趋势。单一依赖纸质图书来赢利已是短视之举,出版业一方面要努力做原创、出精品,另一方面也要打开思路大力开发图书衍生品,实现"一种内容,多次售卖"或者"一种内容,延伸、衍生出更多新的内容,尽可能多地销售与赢利",从而丰富文化内涵,提升传播能力,拓展赢利空间。下面我们分享一些国内外覆盖教育出版、主题出版、专业出版、网络文学、少儿出版、大众出版等不同出版领域的衍生资源开发案例,希望能给大家带来一些启示。

第一节　衍生资源多媒体开发案例

一、"中国蜀道"

蜀道是保存至今人类最早的大型交通遗存之一，是古代由长安通往蜀地的道路，沟通中国西部南北联系，由穿越秦岭的陈仓道、褒斜道、傥骆道、子午道，贯通巴山的金牛道、米仓道和荔枝道组成，素以险峻闻名于世，是西部各民族间经济文化交流的走廊，是民族凝聚力的象征，在我国政治、经济、军事和文化史上发挥着重要作用，是无价的文化瑰宝。2016年，三秦出版社历时6年，经过实地勘察、古籍搜集、文献整理，推出大型文化精品著作——"中国蜀道"丛书。"中国蜀道"是一套大型人文地理学术著作，包括《交通线路》、《历史沿革》、《人文地理》、《文化遗存》（上、下）、《建筑艺术》、《艺文撷英》（上、下）、《科学认知》（上、下）共计7卷10册，约440余万字。该套丛书由我国著名的考古学大家刘庆柱先生和秦汉史研究大家王子今先生担任主编，全面系统地介绍了中国蜀道的历史沿革、人文地貌、文化遗存、诗词歌赋、绘画艺术及相关研究，是三秦出版社国家级重大项目重要成果之一，2012年获得国家出版基金资助，同时入选国家"十二五"出版规划项目，2017年获得第四届中国出版政府奖。

现代数字信息技术在出版领域的广泛运用，是传统出版向现代出版的新跨越,是出版形态的一次历史性变革。因此三秦出版社利用现代信息技术对丛书"中国蜀道"进行了数字化衍生开发,主要有以下三个方面:

1. 蜀道文化数字资源库

蜀道文化数字资源库将收集整理的 2000 公里蜀道的人文历史和非物质文化遗产资料,利用先进的数字信息技术,如数码拍摄、二维、三维扫描,数字录音、摄像,VR 等,对蜀道文化遗产进行分类、制作与存储,建立文字、图像、音频、视频、动画等数据库,并配有强大的搜索引擎,以实现对珍贵资料的永久性保存和使用。

2. 中国蜀道网

中国蜀道网采取多媒体互动性设计,依托蜀道文化数字资源库,通过多媒体技术、网络技术等新媒体技术,将中国蜀道文化以数字化形式完整呈现于网络之中。

中国蜀道网利用现有的网络技术手段共享资源,使浏览者跨越地域限制,坐在家里就能受到蜀道文化的熏陶。同时为研究者提供了便利,通过搜索引擎可以轻松查阅相关资料,不仅提高了研究效率,而且节约了研究成本,拓展了保护思路,而且有利于提高蜀道文化遗产保护和研究的整体水平。

3. 互动电子书

互动电子书是将"中国蜀道"系列丛书改编为电子书的形式展现于广大读者眼前,更利于读者快捷、高效、随时随地地选择阅读自己感兴趣的关于蜀道的历史。

电子书不仅呈现了纸书的内容,而且通过多媒体技术、网络技术等新媒体技术,将中国蜀道文化以数字化形式完整呈现于网络之中,让读者在看书的同时还可以欣赏到反映故事情节的清晰精美的插图、动画、视频,从而更便于向大众宣传和普及蜀道历史文化。

二、《盗墓笔记》

《盗墓笔记》是南派三叔以"盗墓"为题材创作的系列悬疑惊悚小说,最初是由作者本人于2006年6月26日在百度贴吧发帖引起受众关注的,同年7月6日作品开始在起点中文网进行连载更新。从2007年1月《盗墓笔记壹:七星鲁王宫》的出版到2011年12月《盗墓笔记捌:大结局(上、下)》上市,共计8部9本实体书,第1部至第6部由中国友谊出版社出版,第7部由时代文艺出版社出版,第8部由上海文化出版社出版。从该系列的第1部开始,《盗墓笔记》即开始缔造中国出版界的神话。据有关统计,开售仅一个月,销量就突破60万册,随后每一部书籍销量都节节攀升,单本销量平均超过百万,总销量超过1200万册,开创了中国通俗小说的"盗墓时代"。《盗墓笔记》兼具高辨识度和易再创作的优势,所以《盗墓笔记》这部文学作品已经被衍生成网络剧、电影、游戏、漫画、话剧等多种产品形式。

1. 图书

在磨铁公司的策划下,对原版稍作改动,出版了《盗墓笔记》青春纪念版,共3册。还出版了多部外传:《藏海花》故事发生在《盗墓笔记》结束后的第 5 年，2010 年吴邪意外发现一幅张起灵的油画，由此引出张起灵的身世之谜，算是张起灵外传。《沙海 1：荒沙诡影》《沙海 2：沙蟒蛇巢》是《盗墓笔记》的后传，讲述普通少年黎簇莫名被卷入神秘计划之中，认识了已步入中年的吴邪，然后两人开始了新的冒险。《老九门》是《盗墓笔记》前传，"老九门"的概念出自小说《盗墓笔记》，小说中描述了在老长沙被称为"老九门"，又称"九门提督"的九个势力极大的盗墓世家，据说几乎所有的冥器买卖只要在长沙就必经过其中一家。

2. 影视剧

2015 年 6 月 12 日，12 集季播网剧《盗墓笔记》在爱奇艺上开播，该剧第一天就创下了上线 2 分钟网络播放量达 2400 万次，上线 22 小时网络播放量破亿的纪录，截至 2015 年年底，《盗墓笔记》以 27.54 亿播放量成为 2015 年网剧收视率冠军，被骨朵传媒评为"2015 年度十大网络剧"。此外，根据欢瑞世纪公布的财务报表估算，剧中的纯贴片广告和会员分成高达 5280 多万元。

2016 年 7 月 4 日，由陈伟霆、张艺兴、赵丽颖主演的电视剧《老九门》在东方卫视和爱奇艺同步播出，是国内首部网台联播的周播剧，也是全网第一个网络播放量破百亿的 IP 剧，收视率最高超过 2%，成为"2017 年爱奇艺尖叫之夜年度剧王"。

2016 年 8 月 5 日，由井柏然、鹿晗主演的电影《盗墓笔记》上映。电影上映 4 个小时票房超过了 3000 万元，4 天突破 5 亿元，上映 6 周突破 10 亿元，以 10.04 亿元的票房成绩荣登 2016 年中国内地电影票房榜第 9 位、华语电影票房榜第 5 位。同年 9 月，该电影进入乐视超级电视的同步院线和乐视视频网站，实行 VIP 付费观看模式，上线 3 天点击量破亿，吸引超过 500 万 VIP 用户。

2016 年 10 月，趁热打铁的《老九门》四部番外篇网络电影《老九门番外之二月花开》《老九门番外之四屠黄葵》《老九门番外之恒河杀树》《老九门番外之虎骨梅花》先后在爱奇艺播放，反响良好，点击量不断上升。

由企鹅影视、南派泛娱、视骊制作联合出品，吴磊、秦昊、张萌、杨蓉、季晨、张铭恩等人主演的网络剧《沙海》于 2018 年 7 月 20 日在腾讯视频独播，上线 5 小时网播量破亿。

3. 话剧

目前，正式上演的"盗墓笔记"IP 话剧共 6 部，分别是上海锦辉艺术传播有限公司出品的《盗墓笔记 1：七星鲁王宫》《盗墓笔记 2：怒海潜沙》《盗墓笔记 3：云顶天宫》《盗墓笔记话剧：长白山特别版》，上海祺天文化和南派泛娱共同出品的《藏海花》和番外篇《新月饭店》。2013 年，话剧《盗墓笔记 1：七星鲁王宫》演出 77 场，总票房达 3500 万元。2014 年，话剧《盗墓笔记 2：怒海潜沙》演出 45 场，总票房超过 2000 万元。2015 年，话剧《盗墓笔记 3：云顶天宫》和前两部联合演出。截至 2016 年 6 月，《盗墓笔记》系列话剧累计收益达 1.5 亿元。南派三叔亲自参与运营的《藏海花》和番外篇《新月饭店》分别于 2016 年和 2017 年在上海首演。

4. 游戏

2011 年 4 月，《盗墓笔记》被改编成大型网页游戏《盗墓笔记之七星鲁王》。同年，天拓游戏推出了国内首款盗墓题材悬疑探险卡牌手游《盗墓笔记》。2015年6月，3D动作手游《盗墓笔记S》与网剧同时上线。2016年8月，ARPG（动作角色扮演类游戏）《盗墓笔记》页游与电影版《盗墓笔记》同期上线，首周开服开次创新高，居360游戏中心页游榜第一，10月流水宣告破亿，在此期间一直稳居页游市场的开服前三位。同年，MMORPG（大型多人在线角色扮演游戏）《新盗墓笔记》手游上线。

5. 漫画

2011年，南派三叔与极东星空工作室合作出版了《盗墓笔记》系列漫画，累计销量超过2000万册。《盗墓笔记》漫画国际版远销美国、泰国、越南、法国等国家。此外，《藏海花》《沙海：荒沙诡影》两部漫画图书也同步推出。

三、《哈利·波特与魔法石》

1997年6月，《哈利·波特与魔法石》在英国布鲁姆斯伯里出版社正式出版，随后的几个月这本书大受好评，短短15个月之内销售15万册，登上英国《卫报》《泰晤士报》等报纸发布的畅销书排行榜，并荣获了斯马蒂图书金奖章奖、英国国家图书奖儿童小说奖等几大奖项。自此之后，20多年里诞生了无数令人眼花缭乱的衍生品，除了书籍和电影之外，还包括游戏、服饰、玩具、主题公园、主题旅游等，形成一个庞大的产业链，创造出了巨大的商业价值和文化价值。根据外媒相关数据，2019年"哈利·波特"系列以309亿美元（约合2144亿元人民币）的总收入，在全球IP营收排行榜上排名第10。

1. 图书

"哈利·波特"系列的衍生图书众多,包括原著衍生图书以及电影衍生图书两大类。原著衍生图书中,以《诗翁彼豆故事集》《神奇动物在哪里》《神奇的魁地奇球》三本最为出名,三本均为J. K. 罗琳本人撰写。电影衍生图书中,最早出版的是《哈利·波特电影魔法书》,书中不仅有电影艺术设定相关的内容,更是配套了不少小型纸质周边道具,比如霍格沃茨录取通知书、圣诞舞会邀请函、活点地图等。

《哈利·波特与被诅咒的孩子》舞台剧剧本由杰克·索恩和约翰·蒂法尼在原书作者 J. K. 罗琳的帮助构思下所写,在小说主人公哈利·波特的生日 7 月 31 日那天全球同步发行。据国外媒体报道,剧本英文版在亚马逊网站和巴诺书店上的预售都是第一名。2016 年 7 月 31 日该书全球上市后,在英国、澳大利亚等地引发销售狂潮,哈利·波特迷们彻夜排长队抢购。悉尼 Dymocks 书店在 2016 年 7 月 31 日中午之前就已售出 1.5 万本书。

2. 电影

"哈利·波特"系列电影无疑是原著最成功的衍生品,八部"哈利·波特"影片及两部"神奇动物"影片在全球范围内累计斩获了 91.9 亿美元(约合人民币 637.6 亿人民币)的惊人成绩。如表 8-1 所示,影片的评分也同样出彩,10 部影片豆瓣评分一度平均 8.3,IMDb(Internet Movie Datebase,互联网电影资料库)评分平均 7.5,受到书迷、影迷的追捧,也成为这个系列长盛不衰的原因。

表 8-1

片名	全球票房(美元)	豆瓣评分	IMDb 评分
《哈利·波特与魔法石》	972,298,093	9.0	7.6
《哈利·波特与密室》	878,746,656	8.6	7.4
《哈利·波特与阿兹卡班的囚徒》	793,628,545	8.7	7.9
《哈利·波特与火焰杯》	896,681,477	8.5	7.7
《哈利·波特与凤凰社》	942,641,670	8.2	7.5
《哈利·波特与混血王子》	934,764,396	8.0	7.6
《哈利·波特与死亡圣器（上）》	960,429,357	8.3	7.7
《哈利·波特与死亡圣器（下）》	1341,614,864	8.8	8.1
《神奇动物在哪里》	813,474,336	7.8	7.3
《神奇动物：格林德沃之罪》	652,220,086	7.1	6.6

（表中数据为早年数据）

3. 主题公园

目前，全球共计有四所主题乐园包含"哈利·波特魔法世界"，分别是奥兰多环球影城度假村、日本环球影城、好莱坞环球影城以及北京环球度假区。每个"哈利·波特魔法世界"都以压倒性的规模和精心营造的细节，真实地重现了哈利·波特的传奇世界。探索神秘的霍格沃茨城堡，在霍格莫德街头小店购物，到魔法世界里最著名的几家餐厅品尝佳肴和甜品。这里还有精彩纷呈的冒险游乐设施、互动体验设备和精彩的街头表演，将"哈迷"们带入了一个充满惊险与刺激的魔法世界。

4. 服装、饰品、玩具

全球最大的三家玩具制造商——美泰、乐高、孩之宝分别以数千万美元的价格购买了哈利·波特系列玩具与文具的特许经营权，并纷纷向市场推出了巫师袍、魔杖等周边商品。外媒报道的相关数据显示，这类衍生品周边开发的收益是该系列电影利润的70%~80%。除此以外，全球还有众多品牌与哈利·波特进行联动，推出了数不胜数的联名款，如顶级艺术家居品牌Pottery Barn、韩国快时尚品牌SPAO、运动潮牌VANS、国内服装品牌太平鸟、潮流玩具品牌泡泡玛特等。

5. 游戏

2001年起，全球著名的游戏公司电子艺界为每部"哈利·波特"书籍电影定制推出一款游戏，游戏名称与原著一一对应，基本遵从原著的故事设定，并于电影上映当年问世，2003年还特别推出了《哈利·波特：魁地奇世界杯》。此外，WB Games San Francisco、门钥匙游戏与Niantic还联合推出了一款《哈利·波特：巫师联盟》，华纳兄弟与网易共同推出卡牌RPG手游《哈利·波特：魔法觉醒》。

6. 舞台剧

"哈利·波特"系列衍生舞台剧《哈利·波特与被诅咒的孩子》由J.K. 罗琳和杰克·索恩联合编剧，导演是托尼奖与奥利弗奖双料得主约翰·蒂法尼。该剧是"哈利·波特"系列的第八个故事，是该系列的正统续集。《哈利·波特与被诅咒的孩子》讲述的是第七部《哈利·波特与死亡圣器》19年后的故事，主要讲述了已经长大成人的哈利在魔法部的工作以及与自己三个孩子的关系。该剧于2016年7月30日在英国伦敦西区的宫殿剧院首演，分上、下部演出。千名来自全球各地的"哈迷"观看了演出，而舞台剧的所有门票共17.5

万张早在前一年就被大家抢光。

四、《发现海昏侯》

作为目前我国发现的面积最大、保存最好、内涵最丰富的汉代列侯等级墓葬，南昌西汉海昏侯墓成功入选"2015 全国十大考古新发现"。在 2015 年 11 月，海昏侯墓主椁室的考古发掘工作启动后，中文传媒便密切关注考古事件的最新进展，立即与组织发掘部门、相关学者取得联系，探讨部分选题的可行性。江西教育出版社率先推出的海昏侯考古发现第一书——《发现海昏侯》，成为全国第一本全面解读南昌西汉海昏侯墓的图书，一年内重印 5 次，版权已成功输出到印度、日本等国家。以此为契机，中文传媒着力对海昏侯主题进行全媒体开发，不仅出版了多部图书，还加紧推进影视、动漫、游戏、文创等多领域的开发运营。

1. 图书

中文传媒旗下已至少有 5 家出版社推出 13 种海昏侯主题图书，如表 8-2 所示：

表 8-2

序号	书名	作者	出版社	出版时间
1	发现海昏侯	江西晨报、江西省文物考古研究所	江西教育出版社	2015 年 12 月
2	五色炫曜：南昌汉代海昏侯国考古成果	江西省文物考古研究所、首都博物馆	江西人民出版社	2016 年 2 月
3	传奇刘贺：从昌邑王、汉废帝到海昏侯	胡迎建	江西人民出版社	2016 年 3 月
4	千古悲摧帝王侯——海昏侯刘贺的前世今生	黎隆武	二十一世纪出版社集团有限公司	2016 年 3 月

续表

序号	书名	作者	出版社	出版时间
5	海昏：王的自述	程维	百花洲文艺出版社	2016年5月
6	图说海昏侯——刘贺其人	卢星、方志远	江西美术出版社	2016年6月
7	图说海昏侯——刘贺其墓	王东林、王冠	江西美术出版社	2016年6月
8	图说海昏侯——答疑三十六	万军	江西美术出版社	2016年6月
9	刘贺证史——海昏出土的西汉记忆	刘胜兰	江西教育出版社	2016年8月
10	海昏之谜1：海昏国历险记	吴邦国	江西人民出版社	2016年9月
11	纵论海昏——"南昌海昏侯墓发掘暨秦汉区域文化"国际学术研讨会论文集	江西师范大学海昏历史文化研究中心	江西教育出版社	2017年1月
12	隐形天子霍光的前世今生	黎隆武	二十一世纪出版社集团有限公司	2017年1月
13	海昏之谜2：四国奇遇记	吴邦国	江西人民出版社	2017年4月

这13种海昏侯主题图书内容丰富、形式多样，既有对考古成果的展示，也有对标志性历史人物和历史事件的分析，更有对西汉政治、经济、文化、社会生活的深入思考。

由江西省委宣传部副部长黎隆武创作、二十一世纪出版社集团有限公司出版的《千古悲摧帝王侯——海昏侯刘贺的前世今生》，成为海昏侯主题图书中的现象级畅销书。该书责任编辑谈炜萍曾说，该书上市当月便位列开卷畅销书排行榜传记类图书榜第一名，至今已售逾17万册。

江西人民出版社推出了4种海昏侯主题图书，包括以图录形式反映海昏侯国重大考古成果的《五色炫曜：南昌汉代海昏侯国考古成果》，全面解读海昏侯墓主刘贺的历史著作《传奇刘贺：从昌邑王、汉废帝到海昏侯》，以及专为小读者出版的儿童幻想小说"海昏之谜"丛书的《海昏国历险记》和《四国奇遇记》。

江西教育出版社继率先推出的海昏侯考古发现第一书——《发现海昏侯》之后，又出版了《刘贺证史——海昏出土的西汉记忆》《纵论海昏——"南昌海昏侯墓发掘暨秦汉区域文化"国际学术研讨会论文集》。

江西美术出版社借助美术出版的优势，出版了附有大量高清图片的"图说海昏侯"丛书 3 卷本《刘贺其人》《刘贺其墓》《答疑三十六》。

百花洲文艺出版社推出了由江西作协副主席程维创作的长篇小说《海昏：王的自述》，并荣登 2016 年度"华文领读者·年度好书榜"。

2. 影视

《千古悲摧帝王侯——海昏侯刘贺的前世今生》已成为二十一世纪出版社集团有限公司的优质 IP，根据该书改编的海昏侯系列网络大电影"四部曲"，第一部《海昏侯传奇之猎天》已于 2016 年 6 月 23 日在爱奇艺播出，点击量突破千万，在 2017 年度浙江省网络电影大赛评选活动中，荣获年度最佳网络大电影三等奖，实现荣誉与票房的双丰收。该系列网络大电影的第二部《海昏侯传奇之藏锋》也于 2018 年 3 月 31 日在爱奇艺独家上线，点击量超过 800 万。第三部和第四部《守墓人之海昏侯迷踪》《守墓人之龙棺海昏侯》也分别于

2018年11月2日和2018年11月15日在爱奇艺上播出。

3. 文创产品

此外，江西中文传媒艺术品有限公司还开发了海昏侯主题的文创产品。该公司2016年8月与江西省文物考古研究所达成合作，取得海昏侯考古成果衍生文创产品开发授权，已研发出"再现海昏"系列文创产品百余个品种。在深圳文博会、艺术江西博览会等展会上，"再现海昏"文创产品受到众多"海昏迷"的热捧，创造了良好的品牌效益，也获得了较好的经济效益，年销售额100多万元。

4. 文化旅游

以黎隆武的文学作品《千古悲摧帝王侯——海昏侯刘贺的前世今生》为创意来源，以海昏侯刘贺王、帝、民、侯的传奇生涯为背景，以"2015全国十大考古新发现"的海昏侯墓为实景，通过电影主题造景，运用声、光、电、人工智能和虚拟现实等高科技手段，打造出的一款游客和观众深度参与的梦幻实景互动体验项目——越界神游之《征战海昏侯国》实景影院，2018年9月16日已正式开业。

五、"大中华寻宝系列"

"大中华寻宝系列"是由二十一世纪出版社集团有限公司出版的一套寓教于乐的漫画书，由上海京鼎动漫科技有限公司2012年开始创作，作者是著名漫画家孙家裕、尚嘉鹏、欧昱荣等人。书中巧妙地结合了知识与娱乐两大元素，是不可多得的佳作。全套书以我国23个省、5个自治区、4个直辖市、2个特别行政区为背景创作，共34册。至今，该系列共出版了《北京寻宝记》等29册图书，单本最高印数达 100 万册，全系列累计销售超过 3000 万册。"大中华寻宝系列"适合 7—14 岁的中小学生阅读，不但能培养孩子的阅读兴趣，还能使孩子们在阅读过程中学习到丰富的地理知识。

2018 年，二十一世纪出版社集团有限公司专门成立项目组，秉承拉长作品价值链、实行全媒体覆盖、深度挖掘 IP 资源的经营理念，以"大中华寻宝系列"IP 打造为核心，向图书出版、动画片、大电影、数字化开发等方向综合发展。推动"大中华寻宝系列"实现纸质图书、影视动漫、游戏小程序、全民阅读推广等业态的衍生产品开发，全方位打造立体产业链。

1. 图书

"大中华寻宝系列"衍生出了多种图书作品，如《大中华寻宝记小说版》《寻宝记神兽在哪里》《寻宝记神兽发电站》《恐龙世界寻宝记》《大中华寻宝记·历史寻宝记》《寻宝记神兽小剧场》等。"大中华寻宝系列"丛书可以说是市场上最受欢迎的童书作品之一。

"大中华寻宝系列"不仅有精彩的故事情节和丰富的地理历史知识，更重要的一点是作者将中国传统文化融入其中，让小读者在阅读的过程中，了解我国源远流长的历史和博大精深的中华传统文化。同时，该系列具有浓郁的"中国风"特色，书里神兽的属性和超能力都是依据中国五行八卦排列以及相生相克的原理确定的。

2. 动画片

由上海京鼎动漫科技有限公司和二十一世纪出版社集团有限公司联合出品的改编自大型原创知识漫画——"大中华寻宝系列"的 52 集动画片《大中华寻宝记》，于 2018 年 12 月 20 日在中央电视台少儿频道（CCTV-14）首播。《大中华寻宝记》以惊险有趣的寻宝故事为载体，片中的主人公们为寻找宝物、传承宝物，勇往直前地迎难而上。该动画片让观众们在轻松幽默的观看过程中了解中国悠久的历史文化、走近地理与人文，那些饱含中国特色的文化元素，能滋养广大青少年朋友的心灵，给予他们成长的力量。动画片让观众畅游在中华历史的长河中，感受中华优秀传统文化的魅力，增加文化认同感，培养爱国情怀，从而树立正确的文化观和价值观。

3. 主题知识竞赛

2018年5月开始，二十一世纪出版社围绕"大中华寻宝系列"图书开展了全民阅读推广活动——"中华寻宝大会"，该活动以图书内容为蓝本，以微信小程序为载体，以知识竞赛为形式，广泛宣传中华优秀传统文化，以极强的互动性受到全国小朋友的热烈欢迎。数字化线上阅读结合线下推广活动同步展开，活动自启动以来，一直活跃在校园、书店、少年宫等，2019年更是走进广东、四川、辽宁、江西等多个省份。目前已在全国1000多个城市的展会、书店、图书馆、学校举办宣传活动上千场，陪伴超过10万名小朋友快乐成长，迅速实现了跨地域的全民广泛参与。

4. 广播剧

基于"大中华寻宝系列"图书内容开发的《大中华寻宝记》广播剧于2018年4月在喜马拉雅平台上线。该广播剧共45集，目前累计播放近百万次。通过用声音演绎故事的形式，让小听众跟随广播剧一起去探寻中华之美、发现中华瑰宝，身临其境地领略祖国大好河山，了解各地风土人情，增长知识见闻。

5. 其他

"大中华寻宝系列"以市场需求、优势资源和数字内容平台为基础，构建起一条复合型产品链。开发的笔记本、手提袋、文具袋、立体拼插等周边文具和玩具，深受孩子们的喜爱。2020年，"大中华寻宝系列"携手上海环球港凯越酒店打造了主题IP客房，为携带儿童出游的家庭提供童趣非凡的入住体验，进一步提升IP品牌影响力。同时，在全国还建设落成了多家"大中华寻宝记"主题馆，在实体书店营造了良好的品牌氛围，增强读者浸入式的阅读体验。

第二节 衍生资源图书开发案例

一、《小学奥数举一反三》

陕西人民教育出版社出版的《小学奥数举一反三》主要定位为小学奥数竞赛思维训练，通过趣味数学题拓展小学生的数学思维，自2001年上市以来，经过十多年的市场沉淀与产品自身的不断优化升级，该套书受到广大师生和家长的一致认可与赞誉，更成为小学奥数学习的首选品牌及入门必备图书。该套书的销量在市场同类竞品书中遥遥领先，2005年《小学奥数举一反三》5年级版本被中国书刊发行业协会评选为"2004年度全国优秀畅销图书"，被当当网列为"五星好评"教辅图书产品，常年占据京东网教辅图书畅销榜，2018—2019年度被《中国出版传媒商报》评为

"小学竞赛类金奖"。

陕西人民教育出版社自推出《小学奥数举一反三》后，围绕小学阶段的竞赛及培优板块和举一反三品牌拓展做了大量的研发工作，出版了一系列的教辅图书，取得了巨大的市场影响力，并收获了很好的经济效益。

以下选取《小学奥数举一反三》系列衍生产品中影响力较大的几种进行简要介绍。

①2004年，为了迎合市场对同步培优类教辅的需求，陕西人民教育出版社推出了《小学语文培优集训举一反三》和《小学数学培优集训举一反三》两套丛书。自初版以来，再版情况良好，销量稳定，成为陕西人民教育出版社市场化发行产品中不可或缺的重要力量。

②2005年，推出了《行程应用题举一反三》和《比例应用题举一反三》等5本小学奥数专项训练图书，让读者可以根据自己的情况对弱项进行强化训练。这套图书的出版，也在一定程度上丰富了《小学奥数举一反三》系列的产品线。

③在2006年《小学奥数举一反三》第四版改版前，将《小学奥数举一反三》更名为《小学奥数举一反三 A 版》，将 2005 年推出的《小学奥数 1 周 1 测》更名为《小学奥数举一反三 B 版》，彼此搭配形成规模化奥数产品线，构成了讲与练相互结合的每周学习高效解决方案。该系列图书进入市场后，产生了一定的影响力，使得陕西人民教育出版社小学奥数类图书在小学竞赛培训类图书板块站稳了脚跟。

④2011年，在《小学奥数举一反三 A 版》和《小学奥数举一反三 B 版》销量逐渐上升的时期，陕西人民教育出版社抓住机遇，继续推出了《小学奥数举一反三 C 版》系列共 12 个产品，主要侧重于假期以及平时巩固训练使用，为维护并稳固《小学奥数举一反三》系列产品的市场占有率发挥了很大的作用。

⑤2012年，第六版修订，命名为《小学奥数十年钻石版》，这次设计了全新的封面及内文版式，备受全国广大读者的喜爱，销量迅速攀升。自这一年起，这套书盘踞全国竞赛培训类图书销售榜单第一名直至今日。

⑥2014年上线例题动画讲解，在每一道例题旁印制二维码，使得家长可以通过电脑、手机等终端设备即时观看解题视频，并同期在陕西人民教育出版社官网开通了名师在线答疑平台，实现了平面教辅与新媒体技术的创新融合。

⑦2016年在腾讯视频和天猫直播室开通了在线课堂，让《小学奥数举一反三》成为广大读者的私人课堂。

⑧2016年，陕西人民教育出版社与金星教育集团强强联合，推出了《举一反三同步巧讲精练》系列图书，基本涵盖了小学和初中各年级主要科目。该套书一经推出，便以优秀的品质迅速获得读者欢迎，收获了极大的市场关注度，取得了良好的销售业绩。

⑨2016年，陕西人民教育出版社针对小学阶段学生亟待解决基础训练量不足、基本功不扎实的问题，逐步推出了《举一反三口算高手》《举一反三默写高手》和《举一反三应用题高手》等系列图书，获得了非常好的反馈，近年来销量逐步攀升，具有了一定的市场影

响力。

⑩2019年，与步步高公司合作，开发在线微课，《小学奥数举一反三》的品牌价值又得到了大幅提升。

二、《红色档案——延安时期文献档案汇编》

《红色档案——延安时期文献档案汇编》由陕西人民出版社策划出版，自2009年10月启动，2014年3月完成，历时5年之久，是国家出版基金资助项目，国家"十二五"规划重点图书。这是一套全面展示延安历史风貌与革命风采的大型丛书，收集汇编了目前能收集到的延安时期政治、经济、军事、文化、教育等方面的珍贵文献档案资料，包括延安时期出版的期刊、图书以及个人日记、笔记、单位档案材料等。

本丛书是延安时期出版的《八路军军政杂志》《解放》《中国青年》《共产党人》《中国妇女》《中国工人》《中国文化》《大众文艺》《陕甘宁边区参议会史料汇编》《文艺战线》《群众文艺》《文艺突击》《大众习作》《速写陕北九十九》《五月的延安》《文艺月报》《谷雨》《草叶、新诗歌、中国文艺》《鲁迅研究丛刊》《整风文献》《陕甘宁边区实录》等图书刊物的影印本，以及延安时期的文献《陕甘宁边区政府文件选编》，共22种，许多文献资料是首次解密、公开出版，具有珍贵的史料价值。对于让广大读者更深入地了解延安时期的革命历史、更好地弘扬延安精神，对于推动延安时期革命历史的研究，都具有重要的意义。本丛书的出版是中国现代史、中共党史资料整理上的里程碑式的成果，对整理历史记忆、弥补出版空白、传承延安精神、推动延安时期历史研究和20世纪中国社会历史研究，具有重大的促进作用，是奠基性的基础工程。

陕西人民出版社为了更利于对党的重要历史文献资料的有效保护和传播，对该丛书进行了数字化的衍生开发，构建了《红色档案——延安时期文献档案汇编》数据库。该数据库通过整合延安时期的图书、期刊资源，进行数字化加工整理、碎片化、条目化，利用HTML5和XML技术对史料内容进行基于数据形式多元化的重构和重排，资源总字数达3000多万字。数据库检索功能准确、高效、快捷，提供了内容复制功能，方便用户引用。系统界面简单整洁，重点突出，便于用户使用，且包含了完善的数据保护手段。2019年5月正式上线运营，得到业界的广泛好评，获得了良好的社会效益和经济效益。2019年底该项目入围国家新闻出版署"2019年度数字出版精品遴选推荐计划"，2021年4月又入围国家新闻出版署"百佳数字出版精品项目献礼建党百年专栏"，目前已有185家图书馆在使用。

第三节　案例启示

一、衍生开发以内容为核心

任何时候，出版的核心都是内容。坚持内容为王、打造优质内容是需要一直坚持的方向，也是衍生开发的基础。衍生开发的力量源头就是原创优质内容，产业链的源头就要提取出版内容资源中最有价值的核心元素。一个优质 IP 的价值核心由人物形象、故事情节、思想主题等内容构成，它们决定着是否能为产品与服务带来高附加价值和产业链长度。

"哈利·波特"系列小说中的人物深受读者的欢迎，对于读者来说，哈利·波特的故事是永恒的和全球的，各个年龄段和世界各个角落的读者都被这些丰富的人物所吸引；同时，"哈利·波特"系列小说的故事情节极富创意，当读者沉浸在故事中，他们的想象力得到极大的释放，正是这些品质造就了"哈利·波特"系列小说独特的魅力和持久的吸引力。

《盗墓笔记》所讲述的故事、塑造的人物形象和所传递的思想精神、价值理念得到了读者强烈的认同和喜爱，不是仅停留于小说的文字层面，而是对于《盗墓笔记》之中的精神文化的认同。这是一种无形的情绪资本，其引起的共鸣和认同会直接转化为消费动力。

《小学奥数举一反三》内容基于小学数学教学大纲编写，是数学教材的补充和延伸，适用于人教、苏教等版本的小学教材。每个年级都有完整的内容体系，分类非常细致，按照周、天将学习任务进行分解。孩子只需要跟着书学，按照"举一反三"计划的进度练习，不用单独规划，非常省心。这使得学生可以已有的数学概念为基础，运用已有的数学知识，灵活地处理新的问题，通过判断和推理等形式认识对象，掌握新知识。该书自上市以来，便成为"小学奥数"学习的经典教材，受到广大师生和家长的一致认可与赞誉，成为"小学奥数"学习的首选品牌、入门必备图书，丛书销量在市场同类竞品书中遥遥领先。《小学奥数举一反三》使用后的良好效果使得家长对该系列的其他衍生产品也充满了期待，并愿意为之付费。

"中国蜀道"丛书由我国著名的考古学大家刘庆柱先生和著名的秦汉史研究大家王子今先生担任主编，是国家级重大项目重要成果，获得第四届中国出版政府奖，是研究蜀道文化的权威著作。

《红色档案——延安时期文献档案汇编》是中国现代史、中共党史资料整理上的里程碑式的成果，对推动延安时期历史研究和20世纪中国社会历史研究，具有重大的促进作用。在相关专业研究领域，其内容具有全面性和权威性，是从事相关研究的专业人员首选的第一手参考资料。这些内容上的独特性、权威性、不可替代性也都奠定了对其进行衍生开发的基础。

二、跨界运营，延长产业链

衍生开发需要企业统筹开发版权及其衍生产品，形成一条各环节相互配合的产业链，从而实现创意作品版权收益最大化。科学技术的迅猛发展和"互联网+"时代的到来为IP开发的跨界运营提供了平台，灵活有效地利用新的科学技术可以打破各产业之间的技术壁垒，通过跨界运营延长IP开发产业链。

《盗墓笔记》IP开发采取了一种全版权运营模式，主要表现为对IP的跨界整合运营，有平台跨界运营和形式跨界运营两种方式。形式跨界运营是指同一IP内容被多次改编，最后以不同改编版本呈现的IP开发运营模式。这种模式在我国影视行业的IP开发中比较常见，如同样拍了电影版和电视剧版的《盗墓笔记》《三生三世十里桃花》以及不断翻拍的各种影视剧。平台跨界运营简单来说就是以某一媒介平台为基础的 IP 运营模式，腾讯、阿里巴巴、百度构建的泛娱乐帝国都采用这一模式。如腾讯建立的四大泛娱乐业务平台，不仅拥有众多 IP 资源，还可以实现同一 IP 作品的出版、游戏、影视、动漫等不同形式的 IP 转换。

哈利·波特的成功离不开它多元化的衍生开发，哈利·波特图书、电影的成功带动了后续衍生品的成功，从出版开始，电影、DVD、录像带、电视、唱片、游戏、广告……周边产品不断拓展，还有难以计数的特许经营商品，再到主题公园、主题旅游……产业链不断扩展、丰富。覆盖地球各个角落的互联网、印刷技术的现代化、全球统一的包装推介、有节奏的系列图书出版等，最终让哈利·波特从文学形象变成风靡全世界的艺术偶像，形成了环环相扣的衍生产业链，让哈利·波特远远超出了小说、电影的范畴，催生出一个巨大的商业链条。罗琳提供的是剧情资源，各个国家地区被授权的出版社提供的是成功发售"哈利·波特"系列图书的资源与经验，华纳兄弟提供的是电影制作资源以及成功运作电影衍生品的经验，玩具商美泰、乐高和孩之宝提供的是成功制作与推广电影衍生玩具的资源与经验，美国艺电提供的是游戏制作与游戏推广的资源与经验，其他被授权生产相关衍生品的公司提供的是在各自行业内制造和推广相关衍生品的资源与经验。

相比较而言，"中国蜀道"《红色档案——延安时期文献档案汇编》的衍生开发则比较原始，只是将出版内容进行了简单的传播介质上的转化，缺少内容价值的深度挖掘和相关产业链的协同配合。

三、独特有效的营销方式

营销是衍生开发的命脉，只有合适的营销，才能有效地开发版权。在衍生开发的过程中通过所谓创新扩散，利用新概念、新创作及新热点等，将品牌重新排列组合、开拓创新，使之保持持续传播。

"哈利·波特"系列在世界各地受到欢迎，还在于它围绕哈利·波特这个 IP 的核心角色，围绕魔法的主题，不断保持新闻热点，不断生产新的内容，保持内容的常新，保持持久的吸引力。哈利·波特本身就是最大的新闻点，有关作者、作品和作品衍生品等方面的消息都让媒体兴奋。全球至少有 2000 个与哈利·波特相关的网站，网络热潮不断。"哈利·波特"系列的衍生产品种类繁多，覆盖面广，对"哈热"起到了推动作用。"哈利·波特"系列有什么风吹草动，媒体便会闻风而动，将信息传播给受众，新一轮新闻热点便随之席卷而来。将 IP 作品当作信息源，持续地提供新闻点，吸引求新猎奇的媒体，调动他们的胃口，从而进行持续的大众传播，是一种不用花钱或少花钱办大事的营销手段。

"大中华寻宝系列"在营销推广方面，以创意化的方式，以全方位、立体化的营销推广，把 IP 营销、线上营销与活动营销相结合，覆盖全国。

四、树立版权意识，加强原创保护

IP 开发与其他生产行业不同，IP 的开发运营具有其独特之处。IP 是文化属性和经济属性的统一体，这两种属性都要求 IP 运营者在 IP 开发的过程中加强原创意识。IP 开发的重要环节在于版权，我们经常提及的"版权原创"，就强调了核心创意在整个产业链中发挥着重要作用。版权侵权现象不仅会严重打击 IP 原创者的信心，更会直接妨碍 IP 开发。只有以原创优质 IP 为基础，IP 创造者才能更充分地发挥创造力，将原生 IP 内容更进一步地衍生创造，创作出更多优质的 IP 产品。只有合理合法地拥有版权，才能顺利进行 IP 开发。

"哈利·波特"系列的大发展，正是得益于全球知识产权意识的显著提高和知识产权制度的逐步完善。国外的知识产权保护机制健全，图书版权、电影拍摄权、衍生品经营权等在严格的法律保护下，开发方顺利开展商业合作，保障了合作渠道的顺畅。"哈利·波特"和"神奇动物"系列中各个角色和标识形象都已成功注册了商标，在防止他人恶意蹭热度的同时也避免了品牌美誉的过分消耗。罗琳和华纳兄弟为了杜绝侵权事件，聘请了数十位律师在全球范围内捍卫作品的合法权利。曾有美国"哈迷"打算出版《哈利·波特词典》，被纽约曼哈顿地区法院认定构成侵权，罗琳也因此获得了 6780 美元的赔偿金。这件事中赔偿金不是重点，而维护品牌形象、商标名誉才是关键。这件事的发生对侵权行为起到了警示的作用，避免了其他想借哈利·波特牟利的行为发生。

《小学奥数举一反三》早期缺乏版权保护意识，选择了人们熟知的成语"举一反三"作为图书名，没有进行"举一反三"商标注册。随着"举一反三"奥数系列图书获得较好的市场表现，市场出现大量仿冒品牌字样的产品。这一类图书在书名的使用中或打名称"擦边球"或改变"举一反三"字样图案大小,读者在选购时可能鉴别不清,导致错买,极大地损害了作者、出版社的利益。由此可以看出,树立版权意识、加强原创保护意义重大。

参考文献

［1］余人，徐艺婷.论图书衍生品开发与出版产业链拓展［J］.出版广角，2013（4）：75-77.

［2］谢漾漾.出版企业 IP 运营现状与策略研究［D］.湘潭大学，2017.

［3］吕艳.基于价值链管理的企业内部控制体系的构建［J］.会计师，2018（4）：49-50.

［4］杨荣，杜艳平，唐贾军.图书出版媒介融合运营模式研究：基于 15 家图书出版集团的观察［J］.出版科学，2019，27（4）：58-62.

［5］吴明红.价值共创视角下出版社文创产品融合开发研究［J］.出版参考，2020（12）：28-32.

［6］第 46 次《中国互联网络发展状况统计报告》［EB/OL］.［2020－09－29］.http://cnnic.cn/gywm/xwzx/rdxw/202009/W020200929343125745019.pdf.

[7] 金强.创新驱动与模式探索：传统出版融合文创产业思路探寻[J].编辑之友，2021（1）：60-65.

[8] 李刚，宫景政.从"小出版"迈向"大文化"：地方出版社文创产品的开发路径[J].出版广角，2021（2）：45-47.

[9] 杨斌.基于出版视角的文创产业二次创意开发分析与研究[J].北京印刷学院学报，2021（2）：7-10.

[10] 郝振省，宋嘉庚.从文化强国的远景目标看"十四五"时期出版业的发展指向[J].现代出版，2021（5）：5-10.

[11] 李盖虎，董娟娟.基于IP运营的出版融合转型策略[J].中国出版，2021（8）：47-49.

[12] 张建友，张祎鑫.价值链视域下数字阅读产业发展路径探索[J].出版广角，2021（17）：48-50.

附：陕西出版衍生资源部分开发策划方案案例

案例一

"中国蜀道"衍生开发策划方案

一、策划背景

近年来，数字技术、网络技术迅猛发展，为思想文化传播提供了新的载体，催生了新的文化形态。科技的发展也以独特的方式增强着文化的表现力、吸引力和感染力。实现社会主义文化大发展、大繁荣，必须适应科技发展的新趋势，着力增强科技意识，尤其是科技创新意识，加快高新技术在文化领域的应用，加快构建覆盖广泛、技术先进的文化传播体系，不断为文化发展注入新内容、构建新平台、创造新形式，努力用先进科技发展和传播先进文化。

数字出版是传统出版和高新技术相结合的新兴出版业态，随着信息技术和网络技术的快速发展，以及国民阅读习惯和阅读环境不断变化，数字出版被认为是 21 世纪出版业发展的方向和潮流，是出版产业未来发展的必然趋势。2010 年 8 月国家新闻出版署出台了《关于加快我国数字出版产业发展的若干意见》，2011 年正式发布了《新闻出版业"十二五"时期发展规划》，明确提出了包括"顺应数字化、信息化、网络化趋势，推进新闻出版业转型和升级"在内的七个方面重点任务，为扶持和培育出版产业新的经济增长点奠定坚实的基础。

将现代数字出版技术应用于保护和传承中华民族文化，可以起到最快速度及最大范围的传播作用。因此，陕西三秦出版社有限责任公司依托 2012 年度国家出版基金项目"中国蜀道"系列丛书开发了中国蜀道数字平台，该平台已经成功入选 2013 年度新闻出版改革发展项目库。

二、开发意义

蜀道沿线旅游资源丰富，文化底蕴深厚，旅游价值巨大，蜀道文化具有重要学术价值、艺术价值和重大文化积累价值。通过数字技术挖掘保存中国蜀道宝贵的历史文化资源，可以传承和弘扬中华民族优秀文化，留下民族记忆，保住中华文化基因。全面整合中国蜀道文化资源，把中国蜀道所承载的深厚历史文化，通过数字出版的形式全方位展现出来，弘扬中国独特的蜀道文化，彰显蜀道精神，增强中华民族文化的凝聚力和影响力。

通过数字技术的广泛应用，促进数字技术与文化资源的有机融合，将中国蜀道文化与移动互联网结合起来，为蜀道文化提供全新的传播平台和展示平台，借助移动互联网的独特传播优势，为蜀道文化注入新的生命力，提高中国文化的传播力，把中国文化的魅力推广并展现到全世界，使更多的人了解和喜欢中华民族优秀文化，提升国家文化软实力，推动中华文化"走出去"，进一步扩大蜀道文化资源的影响力。

通过对传统出版内容资源的衍生开发，将促进传统出版数字化转型，深度整合出版资源，构建和完善数字出版产业链，形成数字出版的产业高地，提高我国出版产业整体竞争力。

三、"中国蜀道"系列图书简介

蜀道是保存至今人类最早的大型交通遗存之一，是古代由长安通往蜀地的道路，沟通中国西部南北，是西部各民族间经济文化交流的走廊，是民族凝聚力的象征。蜀道素以险峻闻名于世，诗人李白的代表作《蜀道难》极言蜀道惊险壮观。蜀道由穿越秦岭的陈仓道、褒斜道、傥骆道、子午道，贯通巴山的金牛道、米仓道和荔枝道组成，在我国政治、经济、军事和文化史上发挥着重要作用。作为巨型线性文化遗产，蜀道遗存是无价的文化瑰宝，2011年蜀道申遗在四川广元启动，蜀道也日益受到国家政府、学界和社会群体的关注。

"中国蜀道"丛书是三秦出版社历时6年，经过实地勘察、古籍搜集、文献整理推出的大型人文地理文化精品学术著作。丛书包括《交通线路》、《历史沿革》、《人文地理》、《文化遗存》（上、下）、《建筑艺术》、《艺文撷英》（上、下）、《科学认知》（上、下）共计7

卷10册，约440余万字，由我国著名的考古学大家刘庆柱先生和秦汉史研究大家王子今先生担任主编。这套书全面系统地介绍了蜀道的历史沿革、人文地貌、文化遗存、诗词歌赋、绘画艺术及相关研究，是三秦出版社国家级重大项目重要成果之一，2012年获得国家出版基金资助，同时入选国家"十二五"出版规划项目，2016年正式出版，2017年获得第四届中国出版政府奖。

"中国蜀道"丛书在总结历代有关蜀道开通和使用的历史文化记录，并进行全面的历史学、考古学、地理学考察研究的基础上，多方位、多视角、多学科地说明蜀道的历史地位和文化意义，进而深化对中华民族文化的创造精神、开放意识、和谐交往传统的认识和理解。从多方面分别对蜀道的历史载体和文化影响进行考察和说明，以求准确、全面地认识蜀道对于西部地区发展乃至全国经济、文化格局形成的重要意义以及蜀道开拓所体现的人文精神，是迄今为止对古代蜀道进行全面系统研究的填补空白之作品。

四、衍生开发主要内容

"中国蜀道"系列的衍生开发主要包括：蜀道文化数字资源库、互动电子书、中国蜀道网和中国蜀道系列动画片。

1. 蜀道文化数字资源库

蜀道文化数字资源库将收集整理的2000公里蜀道的人文历史和非物质文化遗产资料，以图片、音频、视频的形式存储在网络数据库中，即利用先进的数字信息技术(如：数码拍摄，二维、三维扫描，数字录音、摄像，虚拟现实，网络数据库，搜索引擎等)，对蜀道文化遗产进行分类、制作与存储，建立文字、图像、音频、视频、动画等数据库，并配有强大的搜索引擎，以实现对珍贵资料的永久性保存和传播。

2. 互动电子书

互动电子书是将"中国蜀道"系列丛书改编为电子书的形式展现于广大读者眼前，更有利于读者快捷、高效、随时随地选择阅读自己感兴趣的关于蜀道的历史。这本电子书不是静态格式，而是采取多媒体互动性设计，通过多媒体技术、网络技术等新媒体技术，将中国蜀道文化以数字化形式完整呈现于网络之中，让读者在看书的同时还可以欣赏到描绘故事情节的清晰、精美的插图、动画、视频，从而更便于向大众宣传和普及蜀道历史文化。

3. 中国蜀道网

中国蜀道网站采取多媒体互动性设计，依托蜀道文化数字资源库，通过多媒体技术、网络技术等新媒体技术，将中国蜀道文化以数字化形式完整呈现于网络之中。

中国蜀道网利用现有的网络技术手段共享资源，使浏览者跨越地域限制，坐在家里就能受到蜀道文化的熏陶。同时为研究者提供便利，通过搜索引擎轻松查阅相关资料，不仅提高了研究效率，而且节约研究成本，拓展保护思路，有利于整体提高蜀道文化遗产的保护和研究水平。

4. "中国蜀道"系列动画片

"中国蜀道"系列动画片让读者在看书的同时，通过精美的动画，从视觉、听觉等方面吸引大众，使人耳目一新，从而便于面向大众宣传和普及蜀道历史文化。

第 1 集《烽火戏诸侯》

第 2 集《鞠躬尽瘁死而后已》

第 3 集《乐不思蜀》

第 4 集《明修栈道暗渡陈仓》

第 5 集《蜀道难》

第 6 集《五丁开道》

第 7 集《萧何月下追韩信》

第 8 集《一夫当关万夫莫开》

第 9 集《一骑红尘妃子笑》

第 10 集《如嚼鸡肋》

五、社会效益、经济效益分析

1. 社会效益分析

通过挖掘古蜀道宝贵的民俗文化资源，传承中华文明，留下民族记忆，保住中华文化基因，把蜀道的艰险、文化的绵长与自然景观的秀美全方位展现出来。同时发掘蜀道独特的旅游文化资源，打造新型文化旅游项目。回归自然、亲近自然是人类固有的天性，在工业文明突飞猛进、生活节奏日趋加快、城市人满为患、空气噪音污染的今天，生态旅游作为一种新兴旅游项目已显示出前所未有的前景。

(1) 传承中华民族文化

中华民族悠久的历史文明积淀了丰富的珍贵历史文化遗产，这些历史文化遗产蕴含着重大的教育与开发利用价值,如何更好地保护中华民族文化资源并进行合理的利用与开发,如何更好地宣传与发扬中华民族悠久的历史文化,做好民族文化的可持续发展,这些都是我们现在面临的重要问题。蜀道是一条集文化与自然于一体的独特文化线路,蕴含着中华民族特有的精神价值、思维方式和想象力,是中国古代文明的瑰宝。习近平总书记指出:"不忘历史才能开辟未来,善于继承才能善于创新。只有坚持从历史走向未来,从延续民族文化血脉中开拓前进,我们才能做好今天的事业。"因此,发展中华文化的关键不能只停留在简单形式上的保护,而是要进行创新,做到世代相传。通过数字出版的形式,深入挖掘蜀道这一文化资源宝库,可以更好地传承中华民族优秀文化。

(2)整合资源,服务于旅游产业发展

此次衍生开发将为蜀道文化提供全新的传播平台和展示平台,通过数字技术的广泛应用,促进数字技术与文化资源的有机融合,给蜀道文化注入新的生命力。通过整合蜀道文化资源,使蜀道文化资源服务于旅游产业发展,服务于沿线城市地方经济发展,整体扩大蜀道文化资源的影响力。

(3)促进传统出版产业数字化转型

数字出版是现代数字信息技术在出版领域的具体运用,是传统出版向现代出版的新跨越,是出版形态的一次历史性变革。此次衍生开发,可以促进传统出版数字化转型,搭建数字出版发展产业平台,深度整合数字内容资源,构建和完善数字出版产业链,形成数字出版的产业高地,提高出版产业整体竞争力。

2. 经济效益分析

本项目的盈利方式主要有以下三种：

（1）与移动通信运营商紧密合作，进行下载分成

传媒大亨默多克的新闻集团之所以纵横世界传媒界，最主要的原因就是他拥有一个传媒"法宝"：渠道+内容。可见，其中渠道对于传媒发展的意义是何其重要。在国内，移动通信运营商可以从用户手机话费里扣除无线增值业务费。所以，对于数字出版而言，盈利模式很重要的一块就是依靠无线增值业务，可以在中国移动和中国电信的手机平台上发布，通过用户下载分成获得收益。目前，内容提供单位与移动通信运营商的分成比例为40∶60。

（2）引入广告机制

全球第一大广告集团奥姆尼康旗下 BBDO 广告公司 CEO 安德鲁·罗伯逊曾预测："手机和其他无线通信设备即将成为广告客户们首选的投放媒体，对那些被高科技工具包围着的消费者传递广告。"

罗伯逊强调，随着发达市场的广告客户从对电视的传统依赖转向其他媒体时，移动终端作为广告传播载体的优越性已日益显现。

目前，手机这一移动终端已经成为人们每天接触最多的物品，无论何时何地，用户都可以查看到通过手机传递的广告。人们无法像避开电视广告那样避开手机广告，存储在手机上的广告可以被用户反复阅读。此外，手机是一种"亲媒体"。作为一种随身携带的终端，用户总是一个人独立使用，用户对手机上的内容经常会产生一种亲近的、可信赖的感觉，似乎这些内容是专为某个用户定制的。手机广告，无论对运营商、内容提供商，还是广告投放者而言，都具有

特殊的魅力。

可以将中国蜀道的餐饮、旅游、地方文化等内容进行广告植入，在移动互联网平台上发布。可以预见，未来通过手机等移动终端投放的移动互联网广告规模将超过以往的互联网广告规模。

(3) 苹果公司 App Store（应用商店）下载收入

App Store 即 Application Store，是苹果公司为苹果手机和苹果平板电脑创建的应用商店，用户可以在 App Store 购买或免费试用应用程序。开发的互动电子书，将放到 App Store 上进行收费下载。

六、风险分析

衍生开发的技术含量较高，在开发和实施过程中客观上存在一定的技术、市场、管理与资金风险。为了使风险降至最低，三秦出版社通过建立一套完善的技术、市场、资金等方面的风险控制机制，对各方面进行风险预测，并制定了相应的风险防范措施。经过深入研究、分析，我们认为出版社要预防的风险主要有以下几个方面：

1. 技术风险

技术的发展日新月异，在国内外技术水平急速提升的今天，任何领先技术只能保持 6-12 个月的优势，我们在保持目前技术领先的同时，及时追踪和把握国内外行业最新发展动态；严格按照公司"设计开发制度"，对技术方案进行全面、科学的论证；建立引进人才和激励人才发展的机制，稳定、壮大研发队伍；采用先进的生产和检测设备，从而降低本项目的技术风险。

若公司发生人才流失将带来技术保密的风险，并且任何新产品的推出都会很快涌现一批模仿者，对于核心技术本公司要通过规定技术保密职责等方式进行预防和保护。由于技术保密风险主要来自人员因素而导致的技术泄密，对此，可以制定相应的预防对策，如：①对于所有从事技术研发的人员，在签订劳务合同的同时，必须签订技术保密合同，如果人员变动后出现相关技术泄密事件，公司将根据有关法律保留对该技术泄密者的起诉权。②公司要对相关技术及时申请专利，必要时可以用法律保护企业的知识产权。

2. 管理风险

管理风险是科技成果转化过程中因管理不善而导致失误所带来的风险。它主要包括：决策风险，即因科技成果应用主体在转化过程中因决策失误带来的风险；组织风险，即成果转化实施过程中主体因组织结构不合理所带来的风险。

公司以市场需求为导向，以科技创新为手段，以技术服务为主导，以面向数字版权领域的新技术应用、新项目开发、新设备研制为目标，采用"先进技术+风险投资+特色经营管理"模式组成现代企业核心管理团队，建立"高效快速的技术研发与成果转化""专业的融资操作""现代企业经营管理"等管理机制，能够从技术、资金、管理等多方面确保本项目顺利快速进入市场，迅速抢占市场的制高点。我公司拥有高素质的管理人员，在项目管理及资金管理方面均有丰富的经验。承担此项目的骨干开发人员均具备硕士以上学历和中级以上技术职称，而且在各自不同的岗位都具有扎实的理论基础和丰富的工作经验。

3. 市场风险

国家大力推动文化产业发展，支持传承中华文化的数字出版产品。本次衍生开发所使用的技术成熟全面，可利用的蜀道文化内容资源丰富，技术开发和内容创作队伍强大。三秦出版社作为新闻出版署的"良好出版社"及新闻出版系统"先进单位"，在社科和文史类图书的策划、编辑、出版等方面成就卓著，作为文化与科技融合的高科技文化公司，在文化内容数字化方面，拥有丰富的人才资源和技术研发基础。因此，风险完全在可控之中。

七、实施方案

第一阶段：蜀道数字平台基础建设。完成平台硬件建设、收集整理资料，软件开发方案论证；完成蜀道文化数字资源库、中国蜀道网、互动电子书、"中国蜀道"系列动画片开发。

第二阶段：完成平台测试，修改完善；完成平台发布、宣传推广工作。

案例二

古都数字出版智慧旅游平台
——通过挖掘深层文化在智能时代的价值提升西安旅游产业潜力

第一章　总论

前言

以行进长度和发现景点要素为满意标准的旅游被称为"通道式"旅游，即"传统旅游"。在传统旅游中，游客通过在景点要素里的行进距离获得直观的消费体验。这样的旅游往往是单向式的、不可重复的。这样的旅游是对城市旅游资源的粗放式利用。从长远的角度来看，无论是旅游效率还是对于城市旅游价值的挖掘都是极端不利的。

以对景点要素文化的体验程度为满意标准的旅游被称为"浸入式"旅游。这样的旅游模式以出版资源为代表的"深阅读"数据为基础，基于动态的人工智能技术，以感受城市背后文化内涵为目的，使学、研、旅相结合，更加深入地挖掘城市文化内涵，将旅游所产生的文化产品资源进行有效的组织和最大化的利用。符合新时代消费者对于旅游的个性化需求，符合国家关于"文旅融合"新型文化旅游发展战略思考。

如何转变"通道式"旅游为"浸入式"旅游是目前旅游业发展的难点。解决这一问题的关键，在于对旅游要素深层文化的挖掘；在于对浩瀚文化信息的有效整理利用。从这些角度来考量，完成"旅游+

文化"产业的建设与成长工作，其核心数据库有且只有我国的出版行业能来完成。

我国出版行业长年专注于时代精品知识的挖掘、保值与传承，时代日新月异，技术不断更新，对于人类深层文化的理解和热爱，仍然非出版行业的同人莫属。在这个基础上，我们又看到，电子地图、人工智能与5G通信，使电子平台上基于地理位置快速呈现有效信息成为可能。出版行业百年来积累的思索、加工知识的能力是深层文化体验的原点，为了能够企及高点，我们不能只把能力屯于心中，还要有路径，有方法，有阶梯。

新时代，新思维，出版人是起点，数据是方法和道路。围绕着如何让传统出版能力融合智能技术，将旅游模式由"通道式"转变为浸入式这一问题，我们设计构思了"古都数字出版智慧旅游平台"。本平台将从出版行业对于深层知识的敏锐挖掘能力出发，整合优质文化旅游服务，使用共享资源思维，利用社区的群体效应和碎片化信息可智能分析、投放的特点，使古城文化与旅游更紧密地结合。

在这个项目中，我们将以西安为研究领域。以出版行业已有的巨大文化资源为数据库底层基础，成长式吸收融合城市动态文化资源，通过电子社区与智能化的一站式服务进行有效整合，在为西安旅游产出更多利润的同时，最大化地增强景点与其周边城区的文化联动性，使游客在旅游时，感受到科技的便利与浓浓的古城文化之风。

核心观点：

未来，"文化+旅游"发展的深层动力是以出版资源为核心的深层文化资源与长效文化资源。由陕西出版系统与陕西师范大学新闻与传播学院共同创立的"古都数字出版智慧旅游平台"是在这一数据库基础上，融合科技与时下最新旅游理念而形成的数字化文化旅游服务技术。它是国家关于新时代文化旅游发展和"研学之旅"的设想在西安地区的具体体现，它应市场需求而生，将强效助力西安地区"文旅"事业的发展。西安作为首批入选国家文化和旅游消费试点的城市，在产生巨大经济效益的同时，率先开启5G旅游时代，使西安旅游业社会效益与市场效益双丰收，为中国旅游产业起到积极的带头作用，更好地满足消费者的新需求。

一、可行性依据

(一)政策依据

《陕西省国民经济和社会发展第十三个五年规划纲要》第十章提出：

> 优化需求结构。继续发挥投资对稳增长的关键作用，优化投资结构，深化投资体制改革，引导各类资本投向战略性新兴产业、现代服务业、公共服务、基础设施、生态环境等领域。着力增强消费对增长的基础性作用，培育信息、健康养老、休闲旅游、文化教育体育等新型消费业态，健全消费维权体制机制，开展"放心消费城市"创建活动，完善消费政策，释放居民消费潜力，推动物质消费向服务消费升级。

从这段内容我们可以看出，旅游、文化教育产业作为新型消费业态的一部分，是国家未来五年规划中通过优化需求结构，推动经济稳定增长的重要因素之一,而新型消费业态的发展目标,则是"推动物质消费向服务消费升级",这意味着国家对于各项经济事业从粗放型转向细分型的巨大决心。古都数字出版智慧旅游平台关于旅游"浸入式"旅游的思考,正是对这个思路的一种优秀诠释。

同时,《陕西省人民政府关于印发"十三五"文化和旅游融合发展规划的通知》中重点任务的第(八)(九)条中提出:

(八)强化要素支撑推动产业融合。

加强文化旅游服务功能建设,大力发展"互联网+文化""互联网+旅游",推广陕西省智慧旅游综合平台、黄河流域大数据中心·智慧韩城等智慧旅游、智慧营销、智慧服务、智慧管理相关技术应用,建设和培养一批具有文化特色的智慧旅游城市、智慧旅游景区、智慧旅游企业。推进文化、旅游、金融等大数据共享平台的融合,扩充服务功能。加快完善集创意设计、产品研发、生产销售于一体的文化旅游产品体系,发展一批文化旅游特色产品,形成一批综合性文化旅游品牌,打造丝绸之路旅游大数据营销与电子商务平台。

(九)发展新兴产业带动跨域融合。

培育形成创意产业链和产业集群,促进创意产业和文化旅游协同创新,扶持发展文化旅游创意企业,推进组建跨界、跨域融合的创意产业集团和产业联盟。鼓励文化创意企业创作旅游内容的动漫游戏产品、数字虚拟旅游景点、景观,提升旅游产品、旅游项目、旅游线路的科技含量,扩大旅游产品的影响力、渗透力、感染力和亲和力。鼓励并扶持文化旅游企业,融合工业制作、商品交易、科普教育、文化美学等多元素,大力发展体验性、参与性、交互性的文化旅游新兴业态。推动文化元素与时代需求、产业开发、现代旅游消费相融合。加快旅游衍生品的生产创意设计,最大限度地传播地域文化。围绕"全运会"的举办,打造知名赛事,推动我省体育旅游发展。同时,大力推进体育健身娱乐活动,形成体育健身休闲与旅游、娱乐、康复、餐饮、文化、传媒等融合的产业体系。

"互联网+文化""智慧旅游综合平台""跨域融合",这些关键词体现了政府与国家从政策上支持文化旅游产业,将传统旅游产业与新兴科技相融合相碰撞的决心。而其中重点强调的"智慧旅游城市""智慧旅游景区"更是完全符合我们对于"古都数字出版智慧旅游平台"的设想。

《教育部等 11 部门关于推进中小学生研学旅行的意见》中重点提出:

中小学生研学旅行是由教育部门和学校有计划地组织安排,通过集体旅行、集中食宿方式开展的研究性学习和旅行体验相结合的校外教育活动,是学校教育和校外教育衔接的创新形式,是教育教学的重要内容,是综合实践育人的有效途径。开展研学旅行,有利于促进学生培育和践行社会主义核心价值观,激发学生对党、对国家、对人民的热爱之情;有利于推动全面实施素质教育,创新人才培养模式,引导学生主动适应社会,促进书本知识和生活经验的深度融合;有利于加快提高人民生活质量，满足学生日益增长的旅游需求，从小培养学生文明旅游意识，养成文明旅游行为习惯。

古都数字出版智慧旅游平台能够使学生在研学之旅中，通过云平台和智能技术，精准、有效、实时地摄取知识，体验西安的古城文化，在趣味性和极强的科技性中，安全有效地完成研学之旅。这符合党的十八大和十八届三中、四中、五中、六中全会精神，是对习近平总书记系列重要讲话精神中"创新、开放、共享"发展理念的积极践行。通过西安智慧平台与西安旅游文化基于智能化与GPS定位的完美结合，学生不但可以开阔眼界、增长知识，提高创新精神和实践能力，还会因为这样的旅行了解国情、热爱祖国并提高社会责任感，从而进一步加强创新精神和实践能力。

通过成立古都数字出版智慧旅游平台转换"通道式"旅游为"浸入式"旅游，它的意义不只是形式上的，还是对国家总体战略规划的有效践行，是对国家旅游发展战略的优秀诠释，是对教育文化发展融合在科技领域的大胆尝试，是陕西构建文化自信的重要依据之一。

(二)非政策依据

1. 数字出版产业发展的政策背景

从战略布局来看，文化和旅游业是国家发展规划的重头戏。"十三五"期间，文化产业和旅游产业成为我国支柱产业，"文化+旅游"产业在未来5—10年将达到15万亿规模，占国家经济总量的15%—18%。

在新一轮消费升级中，旅游的内涵扩展成多样化、个性化的生活方式，并以旅游目的地为核心，以体育、户外、文化、娱乐、游学等为外延，逐步构建文旅大消费产业。

2. 旅游、文化与数字出版产业融合发展的经济环境

（1）旅游对 GDP 的贡献

2017 年是国内旅游业稳步增长，出入境市场平稳发展，供给侧结构性改革成效明显的一年。

世界旅游与旅行业理事会（WTTC）发布的一项研究报告指出，2017 年旅游业对中国经济的总贡献额为 9.12 万亿人民币（1.3490 万亿美元），总贡献率约为 11%。中国旅游业对国内生产总值（GDP）贡献增长额超过世界其他各国，位居全球第一。预计到 2028 年，旅游业对中国经济的贡献总额将翻番，达到 18.462 万亿人民币。届时，中国将超过美国，成为世界上最大的旅游经济体。

WTTC 预测，2018 年中国旅游业总的就业机会为 8240 万个，到 2028 年将增加到 1.165 亿个，这将近占中国所有就业机会的 15%。

WTTC 总裁兼首席执行官格洛丽亚·格瓦拉表示，旅游业创造就业机会，推动经济增长，有助于构建更好的社会。再明显不过的一点是，中国旅游业在促进就业上已经超过其他国家，创 2017 年全球就业增长的最高纪录。到 2028 年，中国大约将增加 3500 万个旅游业就业机会，这相当于全世界所有新增旅游业就业机会的三分之一以上。

据了解，2017 年是 10 年来全球 GDP 增长最强劲的年份之一。旅游行业为全球提供十分之一的就业机会，并为全球 GDP 做出 10% 的贡献。过去 10 年中，全球各地所创造就业机会中有五分之一来自旅游行业，在政府的适当支持下，未来 10 年可以创造将近 1 亿个新的

就业机会。

（2）文化产业对GDP的贡献

2018年7月16日，国家统计局发布2018年上半年我国GDP总量418 961亿元，按可比价格计算，同比增长6.8%。

2018年上半年，虽面对复杂严峻的国内外环境，但国民经济延续总体平稳、稳中向好的发展态势。数据显示，我国GDP已经连续十二个季度稳定运行在6.7%到6.9%的中高速区间。

作为GDP的重要组成部分，第三产业占GDP比重为51.6%，第三产业增长7.5%。文创产业是第三产业中的支柱性产业，近年来，我国文创产业也呈现高速发展趋势，我国的文化产业产值不断提高。

《文化蓝皮书：中国文化产业发展报告（2015—2016）》指出，据国家统计局发布的2013年中国文化产业年报看，文化产业增加值为21 351亿元，占GDP的3.63%，如图1所示。2017年9月6日国家统计局发布文化产业数据，2016年全国文化及相关产业增加值为30 785亿元，同比增加13.0%，占GDP 4.14%，同比增加0.17个pct，文化产业增加值占GDP比重逐年增长，党的十八大以来文化产业整体保持快速增长的态势。

到2017年，我国文化产业增加值占GDP比重达到5%，在全国范围内可以实现文化产业成为国民经济支柱性产业的目标。在经济发达的几个一线城市，文创产业增加值的占比已经很高，比如去年北京市的文创产业增加值占比为14.3%，达3570.5亿元。由此看来，我国GDP高速增长，离不开文创产业的助力！

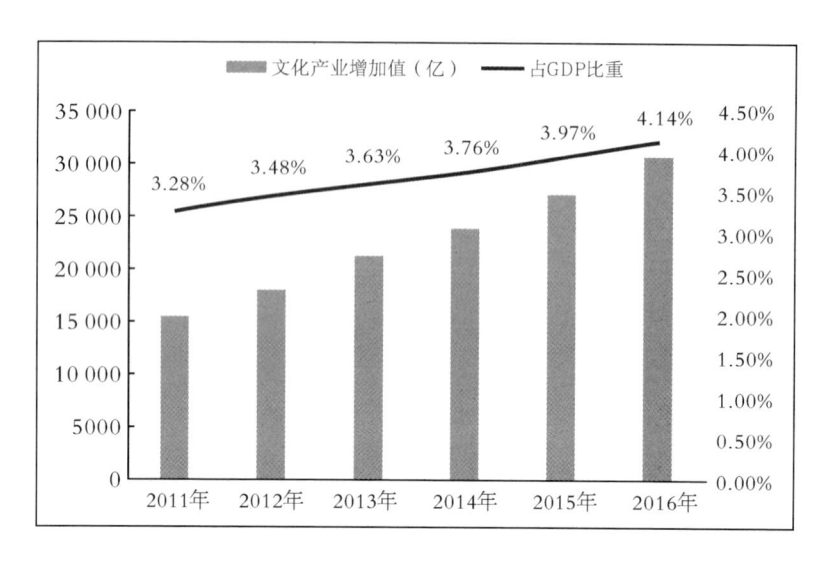

图1 2011—2016年文化产业增加值及其占GDP比重

（根据公开资料整理）

文化产业增加值长期来看一直处于稳定增长的态势。

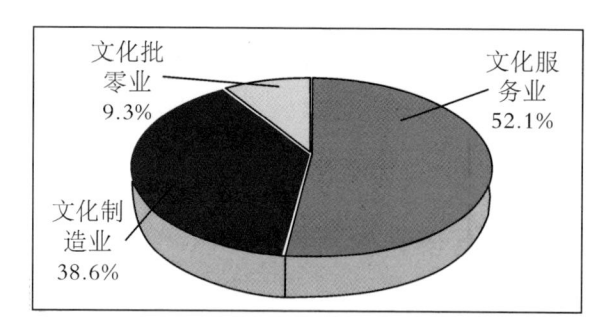

图2 2016年文化及相关产业营收构成

（根据公开资料整理）

从2016年的营收构成来看，文化服务业在整个文化产业营收构成中的比重占有率最大，如图2所示。根据党的十九大报告对"互联网+"的论述，传媒的跨界融合不断深化，基于移动互联网和人工智能等的新型传媒文化业态将成为文化产业快速发展的新引擎。

（3）数字出版模式的深化

数字出版发端于西方发达国家，自21世纪以来，随着数字出版理论、技术与实践的不断深化和拓展，人们对数字出版的认识也在不断变化，数字出版也经历了桌面出版、电子出版、互联网出版、泛媒体出版等多个阶段。由于历史原因，我国数字出版虽然始于20世纪90年代初，但由于我国的互联网普及及信息技术发展速度很快，经过十几年的发展，数字出版不仅改变了我国传统出版物存在的形态，实现了由纸质媒体向数字媒体的拓展和演变，而且还以前所未有的速度和渗透力进入我们个人工作和生活的方方面面，增加了人们生活方式的多样性。

国家新闻出版署提供的数据显示，中国现在已有300多种网络报纸、1000多种在线报纸和20 000多种电子杂志，以及近10多家运营网络数据库的公司。近年来电子出版业的利润可观，2006年就有200亿元的年利润入账，是2000年年利润的10倍。截至2008年年底，578家国内图书出版社中90%已开展了电子图书出版业务，出版电子图书50万种，与2007年相比增长25%，发行总量超过3000万册，收入达到3亿元。2008年，中国新闻出版产业总产值超过8500亿元，相当于汽车业的产值。2007年，我国数字出版产业整体收入超过360亿元，比2006年的200亿元增长了70.15%。2008年，这个数字则达到了530亿元，比2006年增长149.13%，比2007年增长46.42%，2010年已超过1050亿元。据预测，未来数年间我国的数字出版用户每年将以30%的速度增长，相关收入也将每年增长50%。中国社会科学院发布的《2008年文化蓝皮书》指出，我国数字出版潜在市场巨大。未来 5 年，将有超过 30%的手机用户通过手机阅读电子书和数字报，由图书馆等机构用户采购的电子书、数字报的销售规模将达到 10 亿元，由网民和手机用户带动的电子书、数字报内容销售及广告收入将达到 50 亿元。数字出版的发展速度将远超出版业其他业态。

数字出版业的发展势头强劲，不可阻挡，形式各异的数字出版物也正在而且还将继续以更快的速度进入和渗透到我们的工作和生活中来。数字产品无疑已成为 21 世纪及以后闪亮登场的"新兴媒体"，更是出版业未来发展中最耀眼的一种新型业态。中国互联网信息中心统计的数据显示，2010 年我国互联网用户总数已达 4.57 亿，而且在 2008 年上半年就已超过了美国，我国还是全球最大的手机市场，拥有 6 亿手机用户。随着手机 5G 时代的到来，用户可无时间和空间限制地登录网络，手机出版物的未来市场发展前景可谓潜力无限。

据预测，到 2020 年，我国网络出版的销售额将占到出版产业的50%，到 2030 年，90%的图书都将是网络版本。另外，预计未来 5 年里，随着中国文化影响力的不断扩大和增强，世界各地将有 1 万个左右的图书馆和学校建立中文数字阅览室，这对于我们而言也是一个巨大的潜在市场。从目前的情况来看，我国的数字出版产业虽已形成一定规模，数字出版技术也处于国际领先水平，但从发展规模和所占市场份额上，我国数字出版业的整体实力还非常有限。即使将国内众多厂家的收入营业额加在一起，也达不到像 ELSEVIER、THOMASON 这些行业巨擘的 1%。而且，世界数字出版强国的一些企业早已将目光投向了正在高速发展中的、市场潜力巨大的中国，他们已通过品牌授权和版权介入等方式加快进入我国市场的步伐。面对充满无限可能性的数字出版，我们必须要适时地调整好未来的目标与战略决策。当务之急是，从国家政府政策和资金支持，到各地方出版企业及从业人员个体的自主积极应对，我们必须上下统一协调行动，必须清醒地认识到数字出版发展形势中的无限机遇和各种挑战，必须尽快建立新的数字出版企业做大做强的"新型企业发展模式"，通过强强联合进一步增强国企数字出版业的发展动力和后劲。

（4）"一带一路"桥头堡

西安除了是历史文化名城外，也是一座现代化、充满活力的创新创业之城。作为古代丝绸之路的起点，西安应在国家"一带一路"建设中充分发挥桥头堡作用。大数据和人工智能在旅游领域的应用越来越广泛，人工智能可以快速处理大量数据，通过机器学习挖掘数据潜在联系更新知识库，成为大数据条件下旅游监管的有效手段。旅游风险分析和旅游监管是我们国家"走出去"战略中的一个最重要的环节，西安应聚智、聚人、聚产业，做优、做强新兴旅游生态和新兴旅游经济监管工作，加快国家中心城市的建设步伐，打造西部地区重要的旅游中心与对外交流中心，为经济发展提供新的动能，从而服务于"一带一路"建设。

（5）旅游、文化两个产业的立体融合的意义

根据我国现有发展层次和发展水平，文化产业发展不是主要依据二产积累、转型获得经济和产业发展提升的动力，也不是主要依

托本地消费市场，而是以民族、地域文化为鲜明特色，依托旅游业，将其共同作为经济整体发展的引擎之一。近年来第三产业对国民经济的贡献率高，对整个经济的拉动作用大，旅游业的发展起了关键性的作用。从我国文化产业的现实结构看，文化旅游业不再是文化产业的"外围层"，凭借独特的自然旅游资源、文化资源和市场渠道，文化旅游必然位居主流。

"文化旅游业是文化产业发展的先导，是整合多种资源的平台，是陕西文化产业全面启动和提升的市场基础，也是带动文化产业各行业各部类发展的龙头。"旅游和文化产业相互融合，发挥我国各地区丰富的历史文化和民族民间文化资源优势，借助旅游引进的外来消费市场，利用旅游产业链拉动文化产业，旅游与文化产业实现区域聚集、形象同塑、市场并享、行业互渗、产品和业态共创、发展联动，促进相关产业共同发展，是实施文化产业发展战略的重要突破口。改革开放以来，中国旅游业得以迅猛发展，在很大程度上依赖于我国悠久淳厚的人文资源，特别是历史文化资源。

不容置疑，文化旅游已经成为中国旅游业的主要支点，成为吸引游客的一个亮点，文化元素已经成为旅游发展新的"助力器"。加强文化旅游业的研究，推动文化旅游业的发展，是实现我国旅游强国梦宏伟目标的重大课题之一。加快发展文化旅游业是推动我国经济文化发展、优化产业结构、扩大内需、提升产业竞争力的需要，是发展我国文化事业和文化产业、建设文化强国的需要。

2018年3月13日，国务院机构改革方案提请十三届全国人大一次会议审议。根据该方案，改革后，国家旅游局与文化部合并，组建文化和旅游部，不再保留原文化部、国家旅游局。该调整旨在"为增强和彰显文化自信，统筹文化事业、文化产业发展和旅游资源开发，提高国家文化软实力和中华文化影响力，推动文化事业、文化产业和旅游业融合发展"。

现在越来越多的大型项目，既是文化项目也是旅游项目，很多文化产业目标必须与旅游相结合。文化部与旅游部的合并，有利于解决文化事业内生动力不足的问题。很多地方建设的文化类场馆，其实支撑不了内生式的增长，没法解决事业与产业兼顾问题，很多事业都是赔钱的，文化与旅游结合，既能利用旅游壮大文化产业，也能强化旅游中的文化体验和产业属性。

具体实施方面，文化部有文化事业和产业功能，文物局管理着有旅游潜力的文物保护单位和文化遗产。如果再加上旅游，将有利于增强战略规划和实施大项目的整体性，促进协调管理、战略规划、资源互补、人才利用、延长产业链等。

文旅产业发展，涉及事业单位、文化机构和资源的配置，他们既有文化事业的目标，也有产业目标，成立新部门以后，两个领域可以联合行动。文化和旅游部门的融合，还将有望推动以更开放的眼光看待文化与旅游项目。而目前国内景区旅游门票收入普遍占比太大，这也是旅游项目缺少文化产品开发带来的弊端。文化和旅游部组建以后，有助于加大文化产业挖掘力度，使得硬件为内容服务。

文化是核心，旅游是平台。过去的旅游开发主要是经济层面的开发，但是从现在旅游的发展来看，包括文化街区的建设、文化演艺的探索、博物馆展示功能的出现以及旅游目的地的开发，都需要将更有品位的文化元素镶嵌进去。文化和旅游部成立以后，可以更加便利地使文化和旅游在政府管理层面有机地进行合作，从制度设计来看，促成了文化与旅游的合作。过去，旅游与文化部门各自分管，常常会出现文化部门与旅游部门在某些问题上的一些争论，实际上他们是完整的、一体的，文化是核心问题，旅游是展现文化的平台。所以在机构整合后，可以使旅游朝着更加有品质、有文化含意的道路上走，这样也推动了文化的传承。

此次改革的大背景是大部制改革，小背景是"五位一体"中丰富文化建设内容，旅游的文化功能会首先得到关注。人民对美好生活的需要里，有很重要的一点就是文化需要。解决大文化需要，旅游是重要载体之一。文化从地下走上来，从博物馆走出去，很大程度上需要靠旅游市场去激活。一些地方文化真正走出来让大家接受，很大程度上是因为旅游的原因。未来，旅游和文化互为表里的关系会更强。

3. 旅游、文化与数字出版产业融合发展的技术环境

调查显示，2016年全球智能手机用户平均每天使用移动互联网近4个小时。根据规划，2020年中国将实现5G大规模商用。

随着5G推动的软件定义网络（SDN）/网络功能虚拟化（NFV）等技术的发展，运营商正快速进行数字化转型，随着信息时代的来临，人类生产生活的数据基础和信息环境有了大幅提升，人工智能正从学术驱动转变为应用驱动，从专用智能迈向通用智能，比历史上任何一个时期都更加接近人类智能水平，见图3。

目前全球各国均围绕新一代人工智能技术及产业发展进行前瞻布局，我国也已将其提升到了国家战略层面。

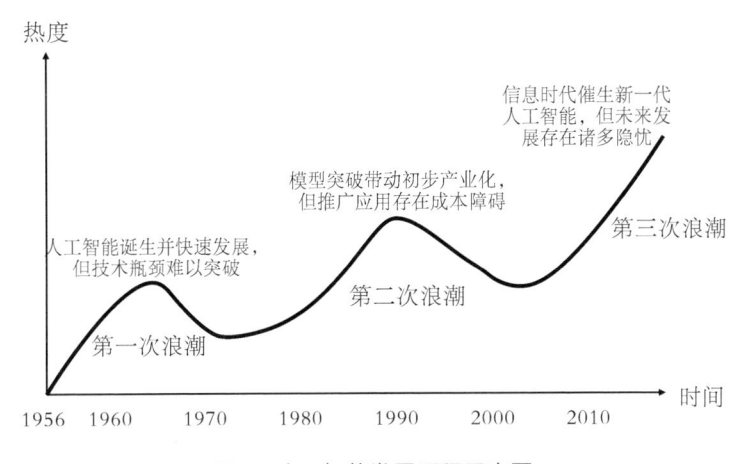

图3 人工智能发展历程示意图

（根据中国电子学会的相关资料整理）

当前，随着移动互联网、大数据、云计算等新一代信息技术的加速迭代演进，人类社会与物理世界的二元结构正在进阶到人类社会、信息空间和物理世界的三元结构，人与人、机器与机器、人与机器的交流互动愈加频繁。如图4所示，人工智能发展所处的信息环境和数据基础发生了深刻变化，愈加海量化的数据，持续提升的运算力，不断优化的算法模型，结合多种场景的新应用已构成相对完整的闭环，成为推动新一代人工智能发展的四大要素。

图4

另一方面，在人工智能技术如火如荼地开展的同时，GPS定位技术也正在进行飞速的发展。如果在十年前说起GPS，相信没有几个人知道它是什么，但随着科学技术的飞速发展，过去十年中GPS已经历了从无人知晓到市场"井喷"、消费者争相购买的发展过程。目前GPS的民用范围已经包括了陆地运输、海洋运输、民用航空、通信、测绘、建筑、采矿、农业、电力系统、医疗应用、科研、家电、娱乐等多个领域，而大家所熟知的汽车导航也只不过是其中的应用之一。如今，GPS产品的实用性和便捷性已经深入人心，并发展成为商务出行、旅游必备的导航工具。旅游市场的水涨船高，必然会带动GPS的需求增长。目前手机导航是GPS未来的主要增长点，在线服务内容不足的局面将会渐渐改观，尤其是在百度、Google等互联网公司进军手机行业之后，依托这些互联网公司的海量数据资源，手机导航的优势将得以发挥，用手机来搜索周边兴趣点，获得各种动态的与位置相关的数据将更加便捷。

在这样的背景之下，我们再回头看看数字出版产业。目前，数字出版的概念以及构成在我国日趋完善，新的数字出版以"+文化"作为其发展的核心，即通过新技术融合产生的新的出版业革命。目前，技术的换代导致新的智能手机变得更加精巧快捷，这使数字出版物实时化、便携化成为可能，而人性化的操作界面也使原先枯燥的知识输出变得多样而全媒体化起来。这让我们有理由相信，目前从技术的层面来看，数字出版由立论展望向实践迈进的时候已经到来。

4. 旅游、文化融合发展的社会环境

习近平总书记在"7·26"重要讲话中指出，"人民群众的需要呈现多样化多层次多方面的特点",强调要"牢牢把握人民群众对美好生活的向往,提出新的思路、新的战略、新的举措"。习总书记的重要论述体现了我们党坚持以人民为中心的发展思想,通过改善民生和加强社会建设来提升群众幸福指数,实现人民群众对美好生活的向往。准确把握并深刻理解这一重要观点,对于全面建成小康社会具有重要意义。而这其中,旅游是人们追求美好生活的重要组成部分。

目前国家制定了大量的旅游政策鼓励,促进消费者进行旅游消费,在社会环境稳定、外来游客不断增多的大环境下,未来以智能手机辅助个性化旅游的状态将成为市场的主流。随着基础设施不断地改善,目前城市在文旅融合的大前提下,对旅游内容提出了更高的要求,急需电子化的平台将目前旅游"浅阅读"化的状态转变为深层的具有更高效率的精品旅游行为。

在这样的大背景下,智能化旅游平台是未来各城市文旅发展的必然方向。

5. 数字出版云服务平台是文旅产业融合发展的核心

文化旅游产业融合的契机是技术和社会的进一步发展,它的内容核心则需要由数字出版云服务平台呈现,数字出版平台对数据本身具有更高的加工层次,更具集成效果的加工方式,更长效的数据使用寿命,它由传统出版资源延伸而来,并以此为基础,通过智能筛选和市场规律迅速重组网络零散讯息资源并进行二次深加工,并使高质量信息能够直接作用到旅游行为中去,是沟通文化与旅游的桥梁。

在以数字出版为核心的智能化旅游平台的推进下，国家推广的"互联网+文化""互联网+旅游"将进行真正有效的实施。数字出版云服务平台将促进创意产业和文化旅游协同创新，扶持发展文化旅游创意企业，推进跨界融合。而由文旅产业带动的新一波的"实景文化互动"又将会反哺出版行业，为出版带来更加有效的出版资源，从而助推"书香社会"的发展。

6. 数字出版智慧旅游的发展，有利于陕西由文化旅游资源大省向旅游强省的转型

当前，陕西正在建设国际一流文化旅游中心，推动从文化旅游资源大省向旅游强省的跨越。数据显示，陕西的兵马俑、华清池、法门寺、华山等多次上榜携程热门景区，西安也成为旅行热门目的地。在这样浓厚的文化背景之下，对旅游文化进行深层次、更加个性化的挖掘，必将成为我省旅游经济新的增长点。

陕西省拥有丰富独特的文化旅游资源，且地理位置独特，在新一波的旅游换代升级潮流中，智慧旅游平台将推动陕西旅游品牌走向世界，把陕西打造成国际化旅游目的地。

7. 古都数字出版智慧旅游服务平台是实现专题文化之旅、研学之旅、博物馆智慧之旅的最好途径

无论是专题文化之旅还是研学之旅、博物馆智慧之旅，其背后所蕴含的巨大能量都来自于文化本身对消费者所赋予的深刻的感官体验和震撼，在消费者消费模式不断换代升级、消费行为日益个性化的今天，能够快速有效地服务于个体消费者并实时满足不同消费者对于文化旅游需求的电子智慧服务，实践专题旅行、研究学习、博

物馆深层文化探究就是最有效途径。古都数字出版智慧旅游服务平台既是"文化+旅游"新经济模式的有益尝试，也是传统出版行业由纸质出版向全媒体出版的转型与探索。

小结

从上面我们可以看出，目前旅游业正在快速由"粗放式经济"向"集约式经济"转移，旅游对于 GDP 的贡献也呈现逐年升高的趋势，在我国经济快速"脱贫"走向小康的大环境下，人民的物质文化需求日益升高是直接导致旅游产业成为时下发展热门的重要原因，同时我们也不应该忽视，科技的进步目前也达到了一个蓄势待发的蓬勃阶段，在技术、市场、政策全部齐备的情况下，人民对于旅游产品个性化、智能化的强烈需求让我们意识到，建立古都数字出版智慧旅游平台已经是大势所趋。

第二章 项目建设条件

一、文化旅游产业发展概况

（一）全国概况

从战略布局来看，文化和旅游业是国家发展规划的重头戏。"十三五"期间，文化产业和旅游产业成为我国支柱产业，"文化+旅游"产业在未来 5—10 年将达到 15 万亿元规模，占国家经济总量的 15%—18%。在新一轮消费升级中，旅游的内涵扩展成多样化、个性化的生活方式，并以旅游目的地为核心，以体育、户外、文化、娱乐、游学等为外延，逐步构建文旅大消费产业。

文化和旅游部发布的 2018 年"五一"假日旅游市场信息显示，"五一"期间，全国假日旅游消费旺盛，旅游市场需求持续增长。据中国旅游研究院综合测算，"五一"假日全国共接待国内游客 1.47 亿人次，同比增长 9.3%，实现国内旅游收入 871.6 亿元，同比增长 10.2%。

近年来，人们对于文旅的需求呈现出越来越明显的个性化、差异化，前往同一目的地，消费者会选择不一样的行程路线，居住不一样的特色酒店或民宿，不同的游客可能产生不同的消费需求。

消费者需求的变化升级，是各种文旅供给侧形态产生的核心动因，它直接催生了多样化的旅游产品，使旅游产品的最上游——资源端产生了重大变化，也对文旅产品的研发、营销、运营环节带来了巨大的影响。

应对用户群的变化，文旅产业越来越重视对旅游目的地内容、IP 和场景的开发，以期用多样的产品品类满足规模化人群的需求，刷新人们的文旅体验。例如，在旅游目的地引入户外教育、文艺演出、体育赛事等项目，为不同兴趣爱好的消费者带来个性化体验。这就意味着，在产品研发过程中，必须考虑到不同的消费场景，把单一的规模化的产品内容，变成多样的个性化的生活方式。这个过程使旅游资源得以开发，项目设定的 IP 和内容也得到了共同的成长。

今年 4 月，乐视影业披露将进军文旅实景市场。跨界时代，我们无法预测下一步谁将进入大旅游行业。但可以肯定的是，在经济增速放缓的背景下，中国旅游业已成为拉动经济增长的一支强劲动力。

旅游投资热点市场：新中产阶级崛起

根据《2017 年新中产白皮书》，我国目前拥有 2.4 亿的新中产阶级群体，约占总人口数的 17.3%，数量庞大。他们具有消费能力高、消费意愿强、对旅游要求高等特点，是未来消费市场的中坚力量。

近年来，新中产的消费逐渐升级，实物类的消费逐渐减弱，体验类、服务类的消费大幅度提升。旅行是新中产排名第二的消费领域，未来一年，93.3% 的人有出游计划，86% 的人倾向于自由行。旅行已成为新中产标配。2020 年，中国消费总量增长的约 81% 来自中产阶层，因此新中产阶层的消费市场充满巨大的商业潜力，未来针对新中产的旅游投资开发更应注重体验和服务。

旅游是"PPP（政府和社会资本合作）"模式投资的热点领域之一

2017 年全国 PPP 项目总数量为 14 059 个。旅游 PPP 项目数量为 862 个，排名第 4，占 PPP 项目总数的 6%。这个比例远高于旅游投资在资本市场的比例，而且未来仍有较大的增长空间和机会。

2017 年 PPP 项目总投资额 177 478 亿元。旅游类项目总投资额为 11 169 亿元，位居第 4。生态旅游、文化旅游、旅游配套设施是 PPP 投资的三大旅游类型。数量占旅游 PPP 项目总数的 81%，投资额占旅游 PPP 项目总投资额的 76%。

（二）陕西旅游资源概况

陕西是中国旅游资源最富集的省份之一，资源品位高、存量大、种类多、文化积淀深厚，地上地下文物遗存极为丰富，被誉为"天然的历史博物馆"。全省现有各类文物点 3.58 万处、博物馆 151 座、馆藏各类文物 90 万件（组），文物点密度之大、数量之多、等级之高，均居全国首位。

浏览这座"天然的历史博物馆"，随处可看到古代城阙遗址、宫殿遗址、古寺庙、古陵墓、古建筑等，如"世界第八大奇迹"——秦始皇兵马俑，中国历史上第一个女皇帝武则天及其丈夫唐高宗李治的合葬墓——乾陵，佛教名刹——法门寺，中国现存规模最大、保存最完整的古代城垣——西安城墙，中国最大的石质书库——西安碑林，仅古代帝王陵墓就有72座。全省各地的博物馆内陈列的西周青铜器、秦代铜车马、汉代石雕、唐代金银器、宋代瓷器及历代碑刻等稀世珍宝，闪烁着耀眼的历史光环，昔日的周秦风采、汉唐雄风从中可窥一斑。

陕西省不仅文物古迹荟萃，而且山川秀丽、景色壮观。境内有以险峻著称的西岳华山、气势恢宏的黄河壶口瀑布、古朴浑厚的黄土高原、一望无际的八百里秦川、婀娜清秀的陕南秦巴山地、充满传奇色彩的骊山风景区、六月积雪的秦岭主峰太白山等。

目前省内有世界文化遗产1处：西安的秦始皇陵及兵马俑坑；国家级风景名胜区5处：华山风景名胜区、临潼骊山风景名胜区、宝鸡天台山风景名胜区、黄帝陵风景名胜区、合阳洽川风景名胜区。陕西省共有中国优秀旅游城市6座，中国旅游强县4个。各类等级旅游景区81处，其中AAAAA级景区3处，AAAA级景区18处，AAA级景区31处，AA级景区23处，A级景区6处。

为使陕西旅游资源得到充分的开发和利用，突出旅游项目特色，提高旅游产品核心竞争力，"十一五"期间，初步形成以西安为中心，以人文旅游资源为特色，人文景观与自然景观相结合并具有国际影响力和市场震撼力的六大品牌旅游景区，即以秦风、唐韵为主题形象的世界级文化观光休闲旅游目的地临潼旅游景区；融红色旅游、祭拜朝祖、黄土风情、黄河风光、民俗文化为一体的全国红色旅游首选目的地和北方区域旅游目的地延安旅游景区；集山岳观光、宗教文化、休闲娱乐为一体的"天下第一险山"华山旅游景区；以合十舍利塔建设为核心，逐步恢复盛唐风采，形成具有世界影响力的佛文化旅游目的地法门寺旅游景区；依托秦岭独特的气候、动植物、地质、水文、生态以及人文等资源，建设国家公园品牌的秦岭生态旅游景区；以司马迁祠墓、古城元明清建筑、秦晋黄河峡谷所体现的历史文化、地方文化、民俗文化和自然风光为特色的国家历史文化名城韩城古城旅游区。

千百年来，生活在这片黄土地上的人们，不仅创造了历史，也创造了古朴、独特的民俗、民风和民间艺术。其中户县农民画、西府民间工艺（泥塑、彩绘、草编、木版、年画）、蒲城焰火、安塞腰鼓、陕北秧歌、民间剪纸等尤为突出，成为陕西人文旅游资源的重要组成部分。

陕西菜虽然没有名列全国的八大菜系之一，但陕西餐饮风格自成一体，具有浓郁的地方特色。陕西饮食，凭借着历史古都的优势，继承挖掘历代宫廷美食之技艺，博采全国各地之精华，以品种繁多、地方风味各异、古色古香古韵而著称。至今很多美食都保留周、秦、汉、唐等十多个王朝的遗风。比如，关中石子馍就保留先民的"石烹"遗风；家喻户晓的臊子面在唐代叫作长命面，是皇亲国戚庆祝寿辰的寿面。最晚出现的柿子饼，算起来也有着400年的历史。特别是改革开放以来，烹饪技术随科技腾飞而有了长足进步，涌现出数以百计的传统菜、创新菜。以菜、点组宴，创制出不同风格、新意迭出的宴席，如仿唐宴、饺子宴、宫廷宴、蝎子宴、泡馍宴、长安八景宴、陕西风味小吃宴等。以牛羊肉泡馍、腊汁肉夹馍、凉皮、臊子面、锅盔等为代表的陕西风味小吃，闻名遐迩。

二、陕西出版产业的基本情况

（一）陕西省是全国名副其实的出版资源大省

陕西作为中华民族和华夏文化的重要发祥地之一，有蓝田猿人半坡遗址，轩辕黄帝陵，有周、秦、汉、唐等十多个朝代上千年的建都史，有中国共产党领导的以延安为中心的伟大革命史，文化积淀十分深厚，黄帝陵、兵马俑、延安宝塔、秦岭华山等，是中华文明、中国革命、中华地理的精神标识和自然标识。

1. 红色文化资源丰富

陕西是全国红色文化资源最丰富的省份之一，不仅涵盖了中国革命的各个时期，而且数量多，分布广，影响大。现有红色革命遗址2155个，其中革命遗址2051个，其他遗址104个，已确定为国家级爱国主义教育基地的区域19个，省级爱国主义教育基地78个，涉及红色旅游的景区150多家，为红色文化资源的保护、开发和利用提供了宝贵信息。

2. 传统文化资源丰富

陕西是中华文明的重要发祥地之一，上古时为雍州所在，是炎帝故里及黄帝的葬地，西周初年，周成王以陕原为界，原西由召公管辖，后人遂称"陕原"以西为陕西。

陕西的传统文化资源非常丰富，周秦、西汉、新、东汉、西晋、前赵、前秦、后秦、西魏、北周、隋唐等 13 个王朝，先后在陕西建都，建都时间长达 1100 多年，留下丰富的文化遗产。另一方面，立法、汉赋、唐诗、书法、绘画、音乐、民俗、节气、饮食等领域，都可以作为中华优秀传统文化的代表。时至今日，这些优秀的传统文化资源依然有着强大的吸引力和生命力，依然为全世界所瞩目。

3. 人文地理资源丰富

陕西的人文地理资源同样非常丰富，陕西在自然区划上因秦岭淮河一线而横跨北方与南方，全省中跨黄河、长江两大流域，是新亚欧大陆桥和中国西北西南、华北华中之间的门户，周边与山西、河南、湖北、四川、甘肃、宁夏、内蒙古、重庆八个省区接壤，是国内邻接省区数量最多的省份，具有承东启西、连接西部的区位之便。

在人文地理资源方面，三秦大地这片古老的土地上，留下了许多历史文化遗迹，如半坡遗址、兵马俑、法门寺、汉唐帝陵、西安城墙、秦直道、蜀道、茶马古道、秦岭、汉江、渭河等，还涌现了无数的华夏精英，历代出生于陕西的皇帝就有 78 位，宰相 127 个，其他仁人志士、民族栋梁更是不计其数。这里也孕育出了丰富多彩的民间文化：信天游、陕北剪纸、华阴老腔、关中花馍……所谓一方水土养一方人，老祖宗留下的这份丰厚的文化遗产，无疑会推动陕西出版业不断走向繁荣。

4. 考古资源丰富

陕西省是文物考古资源大省，全省共有各类不可移动文物点 49 058 处，其中世界文化遗产 3 项，全国重点文物保护单位 235 处，省级文物保护单位 851 处，总量位居全国前列。截至 2017 年底，在陕西省文物局登记备案的博物馆、纪念馆共 281 座，其中文物系统博物馆 154 家，国有行业博物馆 51 家，非国有博物馆 76 家。依据陕西省第一次全国可移动文物普查结果，陕西国有可移动文物收藏量 3 009 455 套 7 748 750 件，总数位列全国第二。

5. 航空科技资源丰富

陕西凭借独特的区位优势，拥有全国仅有的 2 个以航空航天为特色的国家经济技术开发区，成为国家战略性新兴产业聚集区，两大产业基地带动下的航空航天技术发展成就，代表了我国航空航天科研领域的最高水平，也成为我省取之不尽、用之不竭的现代科技资源富矿。

6. 优秀的作家资源

"文学陕军"是陕西优秀作家群体的代名词，反映了陕西文学在历史和当代所取得的辉煌成就，涌现了一大批文学大家、文化名人，甚至形成一种文化风气，为全国所独有。

7. 丝路文化资源

2013 年 9 月，国家主席习近平在哈萨克斯坦纳扎尔巴耶夫大学的演讲中谈到，2100 多年前，中国汉代的张骞，肩负和平友好使命，两次出使中亚，开启了中国同中亚各国友好交往的大门，开辟出一条横贯东西、连接欧亚的丝绸之路。大唐高僧玄奘历时 19 年，辗转中亚、西亚等地，行程 5 万余里，赴天竺取经求法，传播了华夏文化，成为蜚声中外的丝路友好使者。

8. 农业科技资源丰富

陕西拥有我国第一个国家级农业高新技术产业示范区，即陕西杨凌农业高新技术产业示范区，它被称为"中国农科城"，是中国自由贸易试验区中唯一的农业特色自贸区、正在建设的世界知名农业科技创新城，也是中国政府重点支持的四大科技展会之一——农高会的举办地。全国首家太空育种基地挂牌成立也在陕西。方兴未艾的航天农业，使三秦大地走向世界。

(二)陕西出版实力强劲

陕西共有18家图书出版单位，出版品种门类齐全，年度出版图书品种上万种，出版能力居全国前四位。多年来出版了一大批图书，取得了良好的社会效益和经济效益。近年来陕西新华出版传媒集团推出的《延安缔造》《鼎立南极》《高岗传》《绝秦书》等图书，以及一批入选国家出版基金的重大项目，出版后受到读者的欢迎，极大地提升了陕版图书的社会影响力。

"红色文化"出版方面，既有弘扬"延安精神"的《红色档案——延安时期文献档案汇编》《延安赢天下》《延安文艺座谈会纪实》《延安缔造》《延安精神与当代青年价值观》《延安时期党的文化建设研究》等，又有《西北革命根据地史料档案》《陕甘宁边区史纲》等专门针对西北革命根据地历史的研究性著作，也有《梁家河》《根据地》《延安文艺档案》等文艺类作品。2018年5月出版的《梁家河》可以用16个字来概括——"导向正确、读者喜爱、社会关注、持续热销"，充分体现了社会效益和经济效益的高度统一，充分体现了社会价值和经济价值的高度吻合。

传统文化出版方面，有《全唐五代诗》《诗说中国》《关学文库》《十三经辞典》《话说陕西》《西安鼓乐大典》《西安城墙》《中华优秀传统文化经典要义》《中国秦腔艺术百科全书》《陕西碑刻总目提要》《陕西剪纸》等荣获国家级大奖或国家出版基金资助，传承中华文化精粹、传播中华文明成果的优秀作品。

人文地理出版方面，有"中国蜀道"丛书、《玄奘大传》、《茶马古道》、《大秦岭》、《秦岭野生大熊猫·陕西》、《秦岭四宝》、《秦岭野生动物保护图鉴》等。

文物考古出版方面，有《陕西金文集成》《赫赫宗周——陕西青铜文明巡礼》《出土文物与汉字文化》《三秦瑰宝》《考古陕西》《中国陵墓雕塑全集》《石门汉魏十三品合集》《永乐宫壁画线描全集》《西安碑林名碑》等，其中，《陕西金文集成》不但荣获第四届中国出版政府奖，还通过精准营销策略，实际销售1500余套，码洋2000多万。

航天航空科技出版方面，有《中国动力》、《问鼎太空》、"空间科学发展与展望"丛书、《航天育种简史》、《种子的奇幻之旅》等。其中，"空间科学发展与展望"丛书荣获第四届中国出版政府奖，《航天育种简史》荣获"2016年度中国好书"荣誉。

丝路文化出版方面，有《全球空间与"一带一路"研究》、"丝绸之路（陕西段）文化遗产"丛书、《丝绸之路大辞典》《丝绸之路文化之旅》《和亲之路——从长安出发》等。

农业科技方面，有《中国果树科学与实践》《中国旱区农业可持续发展战略研究》《中国七药》《绿色中国》等。

(三) 数字出版势头良好

1. 数字出版呈快速增长状态

2016年，以互联网和移动互联网为核心的新兴媒体，在技术革新推动下焕发着强劲生命力，推动全球数字出版产业持续发展。国际上，大型出版商转型模式不断成熟，电子市场趋于饱和；国内，作为"十三五"开局之年，在经济发展的新起点和新形势下，我国数字出版也迎来了发展新机遇。数字出版收入规模超过5700亿元，再创新高；新闻出版业转型升级持续深化融合发展初见成效。

2016年，国内数字出版产业发展环境日益变好。数字经济成为推动我国国民经济发展的新动能；文化产业在国民经济中的地位日益凸显，数字出版的新兴产业地位得到充分肯定；技术革命为产业发展提供有力支撑，数字阅读需求日益旺盛。

2. 陕西数字出版基础较好

西安国家数字出版基地是由国家新闻出版署在2011年5月18日批准同意建立，继上海张江、重庆、杭州、中南、华中、广州、天津等之后的第八家国家数字出版基地，是由陕西省新闻出版局和西安高新区管委会联合在西安高新区打造的"产业特色突出、服务功能完善、国际化特征明显""国际知名、国内一流、西部领衔"的国家数字出版产业基地。

目前，陕西拥有国家级数字出版基地——高新区国家级数字出版基地、浐灞陕西出版集团数字出版基地两个。各出版单位依据自身资源优势开发了一系列数字出版产业。

(四) 全媒体出版情况

1. 定义

"全媒体出版"强调多渠道的同步出版：即图书不仅以传统的纸质图书的出版方式出版，同时还以数字图书的形式利用互联网、手机、手持阅读器等终端数字设备进行同步出版。

全媒体出版是全新的出版模式，其理论和实践都尚处于起步阶段，真正意义上的全媒体出版还没有为广大的读者所了解，在出版业界的认识也有待深化。中国编辑学会会长桂晓风鲜明地指出，全媒体出版发展中存在很多问题亟待解决，主要有以下几个：

（1）同一内容的简单平移

全媒体特性尚未充分开发，全媒体出版仅仅是同一作品内的跨媒体平移，虽有传播工具和技术的更新，却没有针对各种数字的媒介特征在原有内容资源的基础上为其量身制作一些新的文体承载方式，导致全媒体的特性并没有充分开发。

（2）著作权保护问题

全媒体的出版，版权的保护是值得关注的。传统出版中的盗版及侵权问题尚未完全解决，网络环境和手机等移动媒体的发展，使得出版的门槛降低，对出版的情况则更加难以监控，导致著作权保护不当。

（3）全媒体出版现在仍然依附于传统出版

出版依然依附于传统出版内容上的优势而运行，目前全媒体所发挥的更多是传播工具的作用，并没有实现内容或不同媒体之间的整合，仍带有强烈的传统出版的痕迹，盈利模式也尚不清晰。

尽管全媒体出版还存在诸多问题，但是其多媒体整合出版模式仍然是一种全新的出版形式和出版理念，多部作品的成功运作，也使全媒体出版取得良好的营销效果和营销成绩。

全媒体出版作为一种新的出版业态，将会有以下几个发展趋势：

（1）全媒体出版与传统出版长期并存，共赢共生

全媒体出版方兴未艾，无疑给传统出版带来了巨大的冲击，但是不能使全媒体出版和传统出版演化成为"马太效应"式的讨论。全媒体出版通过最密集的信息发布覆盖全部读者，实现最有效的全媒体整合营销，能将更多潜在读者转换为现实读者，并促进销量的扩大，从而增加出版者的收益，对传统出版有极大的促进作用。而传统出版自身也因纸质媒体无法取代的优点，如传统出版长期积累的内容资源，不会在短时间内消失，相反它将会与全媒体出版长期并存，共赢共生。

（2）手机出版成为新的增长点

手机已经不容置疑地成为第五媒体，中国互联网信息中心第24次中国互联网发展状况统计报告数据显示，使用手机上网的网民在2009年已经达到1.55亿人，半年内增长了32.21%，手机网民规模呈现迅速增长的势头，手机具有私密性、跨界性等特点，可以实现随时随地阅读，已经从单纯的通讯工具向媒体终端发展。手机读物、手机视频等都迅速增加。2010年以后，整个手机市场高速增长，手机阅读市场进入成熟的拐点，手机作为非常重要的媒体，已是全媒体出版最重要的构成部分，成为出版业的新增长点。

（3）"大出版"概念将会出现

随着数字技术的发展，出版业将会实现多种媒体形式之间的整合，出版业与广播电视业、影视业、娱乐业等产业之间的界限越来越模糊，不同行业的集合达到了优势互补、资源共享。出版作为独立的产业，将会融入传媒业和其他的内容中。"大出版"或"泛出版"的

观念将会成为现实。

（4）全媒体出版将会在内容的选择上出重拳

全媒体出版要选对资源，才能实现作者、出版技术提供商、平台等多方面的共赢。可以预知，随着数字时代技术的进步，全媒体出版的价值将得到进一步提升，能够实现真正意义上的"5W"出版系，使读者能够完全突破时间和空间的限制，随时随地地阅读。

未来，全媒体出版将成为出版的必然趋势。

三、项目建设的前期准备

1. 项目的科学论证（经过严格论证）

2. 技术条件的支撑（基地、工作站支持）

3. 项目团队建设基本就绪（架构师、工程师等人员已经准备就绪）

4. 前期资金投入（已经准备好）

四、小结

目前市场已经做好了充足的准备迎接文化旅游产业这匹新的黑马，从市场角度来看，各方面的投资者也已经快速意识到了文化旅游对于未来经济发展的巨大潜力。陕西各地目前在经济发展情况上并不能与我国其他一线城市相抗衡，但是就其文化内涵和文化潜力来说，它在文旅事业上的可开发空间和潜力是极为巨大的。目前的资金和技术投入等均已成熟，相信不久，将西安作为智慧旅游城市的示范点的愿景就可以实现。

第三章　项目建设规划方案

一、设计思路

项目概念

一个以出版资源为核心数据库，以文化旅游资源为数据成长基础，以数字地图为基本载体，通过自动触发式信息呈现方式，集成电商和旅游社区，动态展示城市文化魅力的智能化电子导游平台。通过实现文化旅游的内容定制服务、交互社区服务、电子商务服务以及衍生服务，实现数字出版基于智能化旅游的内容服务、研学服务、专题文化服务，从而改变单一观赏旅游为全方位的文化体验参与式旅游，使广大游客在旅途中既得到舒适便捷的旅游服务，同时也受到传统文化及历史人文的熏陶。

项目意义

"更加了解，更加贴近，更加互动"将是古城个性化旅游的新方向。因为对于古城旅游，文化赋予城市的张力和感染力才是古城旅游体验优劣的关键。如何帮助旅行者有效地探索古城背后的文化魅力，更好地管理旅行时间，将有限的注意力投入真正感兴趣的文化旅行要素上，是我们迫切需要解决的问题。为了解决这些问题并产生良性的社会效应，我们整合优质旅游服务，使用共享资源思维，利用社区的群体效应和电子碎片化信息可智能分析投放的特点，构思了这个电子信息平台，希望使古城文化与旅游更紧密地结合起来。

二、项目功能要求

为了达到我们对于文旅产品"文化体验性"的预期目标,以下四个基本功能是必不可少的:

1. 内容定制
2. 交互社区
3. 电商服务
4. 衍生服务

这四个基本功能围绕"文化体验"这一主题,将会从文化的视、听、感、行几个方面完整地实现我们对于文化附加于旅游的预期。

在这四个功能之外,我们还要重点谈到第五个功能——智能化研学之旅。研学之旅是功能中的一大重点,之所以将它作为第五个功能,主要是因为研学之旅服务并不具有前四个功能的孤立的技术功能,实际上恰恰相反,它是以国家的战略思维为基础而产生的真正意义上眼光长远的"大服务"。前四个功能或许更多的是使消费者产生旅游体验,第五个功能在其基础上更是为了下一代的成长,它需要前四个功能互相运作、互相合作才能完成,也需要出版社、技术平台、高校与旅游机构共同努力才能真正实施,可以说它是文化旅游在利国利民意义上的真正延伸。它的实现使旅游从单纯的娱乐化和功利化中脱离了出来,使其成为一种更高层、更健康、对社会更有益的群体性活动。

我们将会在后面的具体功能设想中进一步详细说明。

三、项目规划设计方案

(一) 主要分系统设计构思

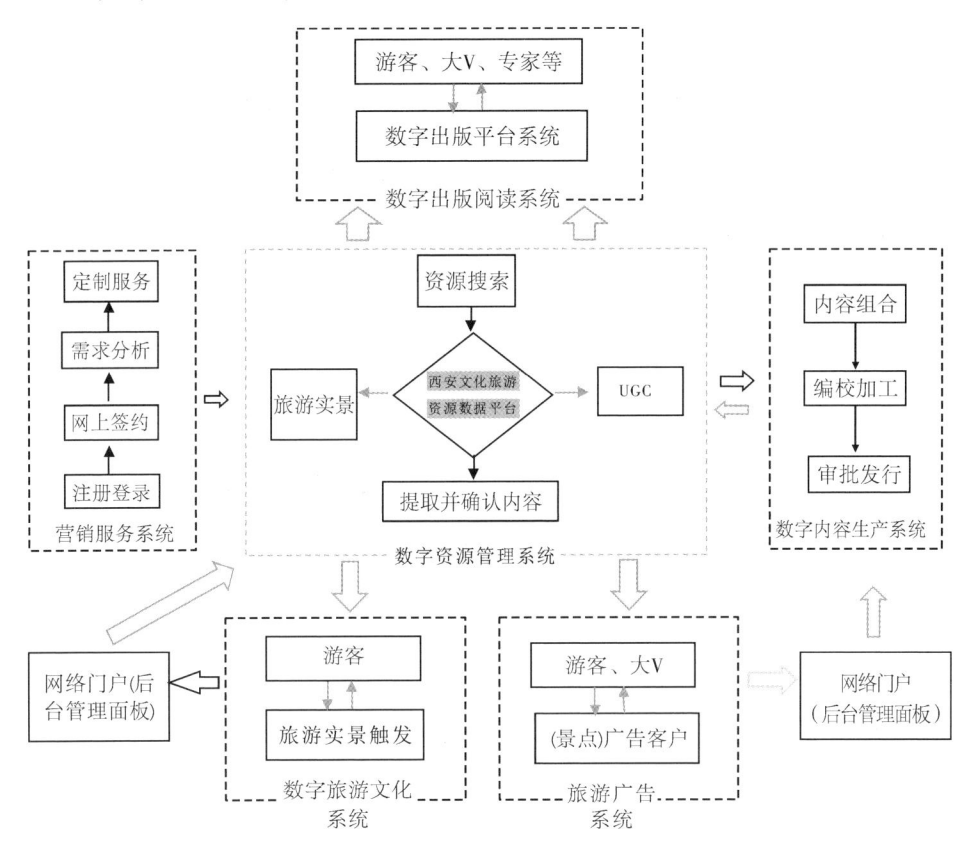

图5　西安文化旅游资源数据平台的运行系统图

现在我们看到的是整个平台的后台运行系统，从平台内部为实现用户的需求提供数据上的支持。如图5所示，这个后台系统分为七个分系统，它们是营销服务系统、数字资源管理系统、数字内容生产系统、数字出版阅读系统、数字旅游文化系统、旅游广告系统和网络门户。这七个系统分管整个数据的不同部分，合起来成为平台强大的数据支持后盾。用户一般会首先触发营销服务系统，所有来自用户的注册登录、网上签约、需求制定的要求及其他活动，都会在这个系统里被记录，这个系统和用户的界面即前台系统离得最近，是大数据进入的门槛和桥梁。这个系统在记录用户的要求后，会把数据迅速传递向后台系统的"大脑"——数字资源管理系统，它是用户数据和后台数据交互的"枢纽"。从这里，用户的需求数据被识别、加工、筛选。通过识别用户的需求数据，数字资源管理系统根据逻辑思考调用它周围的几个分系统获得资源，并通过营销服务系统及时反馈给用户。我们可以从图中看到，这个复杂的过程核心主要有三个步骤：用户在前台搜索资源、数据库进行反馈，提取并确定内容并反馈给用户。

用户会给平台产生 UGC 资源，即用户原创文化内容以及新的旅游实景体验内容。在这个过程中，数字出版阅读系统是记录游客、大V、专家用户信息的后台，为了能够使用户的手机程序中产生缤纷多彩的文化产品，它记录它们并对它们按照程序自身的逻辑进行加工和整理，使这些音频、文字、视频可以在用户平台适时的时机出现。数字内容生产系统是基于数据库中用户不断产出的 UGC 内容应运而生的。根据传统的出版来看，好的选题和图书资源的创意点往往来自于读者中，但是一本优秀书籍在市场上的出现，一定不能缺少优秀的出版人和编辑加工。数字内容生产系统就是这样一个数字化的"出版人"，它监视原创内容并对优秀的内容进行提取和加工，从而产生高于普通原创内容的优质内容，在获利的同时为社会产出优秀的文化产品。

旅游广告系统是平台文化产品的"小喇叭"，它将注意力放在如何宣传平台内容上，对于游客、大V、投放的广告内容进行整理、排序，从宣传的角度去审视内容，优化用户界面的同时，想尽办法增加数据库中优秀内容被发现、被宣传的可能。

数字旅游文化系统主要负责帮助用户产生"实景"感。我们希望用户在特定的地点能够和这个地点的文化内容产生互动，在用户不知道这个地点的文化而数据库拥有这个文化的内容的时候，数字旅游文化系统就应该及时提醒用户使用适当的方式去了解特定地点的文化，这个方式可以是"眼看景点，耳听内容"的娓娓道来式体验，也可以是用户通过浏览手机主动消费内容的"阅览式体验"，同时也可以是用户通过深入历史、故事、人类情感的深度"阅读式体验"。数字旅游文化系统在用户感受文化内容的过程中全程陪伴用户，帮助用户的大脑构造内容体验。

网络门户并不是和用户直接挂钩的，它主要用于程序维护人员进行管理、数据反馈的处理和思考，是后台工作人员的管理利器，使工作人员更有效地管理整个平台的各项元素与内容。

最后我们要重点说一下前面谈到的出版资源这一核心数据库，它处于这个图表的中心，以长效的出版资源为核心底层数据。但是它是成长型的，因为随着旅游实景与用户体验数据的不断反馈、收集，用户资源会与核心长效数据发生反应与碰撞，从而不断产生在这之上的新的衍生资源。而同时我们也要注意到，数字出版资源本身也会严谨而缓慢地增长，它基于传统出版，所以传统出版的长效内容性在数字出版身上也只有加成没有阻碍。传统出版中对于主题文化之旅、研学文化、博物馆文化的挖掘和整理，都将会以更加直观的数据化形式反馈给用户。这就从两个方向完美地为数据库植入了永不枯竭的文化资源种子。而这样优秀的长效文化资源，也会对旅游文化本身产生深远的影响。

（二）（前台）应用程序界面构思——总览

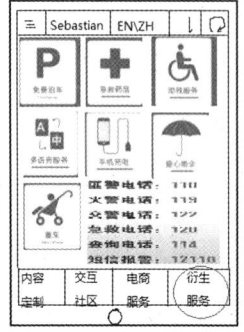

（前台）应用程序界面构思的一些细节

登录界面（如左图）非常简洁，它的作用是：

（1）定位用户位置

（2）确定用户使用语言

（3）根据用户手机状态，推荐用户下载一些方便在西安旅游的程序进行联动

除了在网上附下载途径外，我们可以在西安的北大街、高铁站、城墙等人流集散点设立帮助性提示，提示中包含可以用手机扫描下载的 QR 码（二维码的一种），从帮助游客在西安旅游的角度推广程序，提高程序实际的下载使用率。

(三) 基本结构模式

首先，这个程序推荐不使用屏幕进行操作：在个性化定制完成后，用户只需要戴上耳机，程序会通过语音询问用户需求，用户按一下音量键表示"是"，按两下表示"否"，即可快速进入程序。

在用户未使用耳机的情况下，程序提供"BB 机"模式供用户选择，这个模式下，用户根据手机的特殊震动选择是否打开手机界面，以帮助用户"脱屏"使用程序。

在需要进行定制计划的阶段，如购买产品或选择一些文化服务时，我们才运用操作界面。这个程序的基本模式是基于长方形智能手机的界面显示而制作的，主要分为三个模块：

（1）上部菜单栏

（2）中间呈现界面

（3）下部选择功能按钮

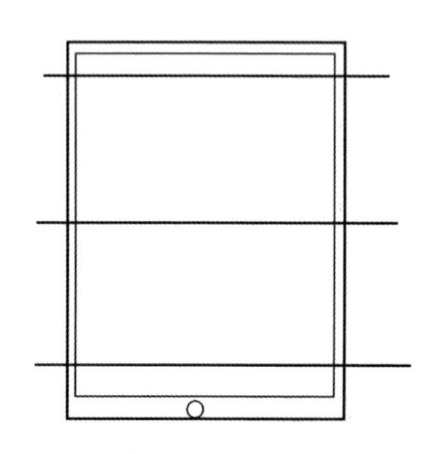

中间的呈现界面分为两部分：上半部分是地图和用户、景点、信息要素的位置信息；下半部分是交互区域，比如社区的聊天功能，商城的商品信息，便民查询的快捷键，等等。

这两个功能被中间的动态线所分割，这条线在向上、向下拉动的情况下可以使上、下屏幕中的一个全屏化。

其他各模块界面名称及解释略。

(四) 具体功能设想

1. 内容定制服务

核心关键字：自动化导游服务

前提：更简单的内容接收方式（简易语音智能化）

为了使用户可以最简单直接地使用程序的智能功能，我们将底层复杂的功能运算转换为简单的"是"和"否"的指令，在不打开屏幕观看的情况下，程序在遇到内容推送、文化建议、智能化服务时，会通过手机的喇叭播放"是否执行×××"的建议。在有耳机设备的情况下，用户通过点击耳机进行"是"或"否"的操作。在不戴耳机的情况下，手机通过外放喇叭发出问题，用户通过简单的晃动或翻转屏幕等操作对手机信息进行快速确认。用户如果需要更加详细的操作，可以点亮屏幕。

► 点击确认

■ 屏幕点击确认

◆ 主屏幕确认

◆ 屏保界面确认

■ 耳机按钮确认

■ 晃动确认

■ 翻转确认

(1) 定制化

①定制化讲解。

②定制化路线。

a. 平台展现数据；

b. 用户浏览—筛选数据；

c. 生成目标线路图（用户根据自己需求限定数据）；

d. 智能讲解。

＊出域警告；

＊（途中）动态修改反馈。

③订制化内容。

a. 官方内容

＊（免费）景点介绍内容（3—5分钟）；

＊（付费）优秀电子出版资源内容；

＊（付费）优秀传统出版资源内容：

＊数字博物馆

　　　　目标博物馆展出藏品图片资料查询、编辑、评论；

　　　　目标展出藏品图片（3D 模型）快速查询展示；

　　　　博物馆快速预约；

　　　　博物馆藏品根据其文化内涵的"主题化"推荐参观路线准备和内容；

　　　　博物馆—出版企业快捷联动（快捷的出书渠道与沟通渠道）；

　　　　博物馆电子一卡通。

　　b. 大 V 内容/写手内容（具有专业人员风格的深度信息内容）

　　　　*多集数；

　　　　*有深度；

　　　　*15 分钟以上内容，可预览，付费。

　　c. 一般用户内容

　　　　*开放所有上传模式；

　　　　*开放评价功能；

　　　　*开放变为专业用户的渠道：

　　　　　通过内容；

　　　　　通过付费。

　　d. 商业内容

(2) 线上—线下服务（共享导游）

①用户自发组队。

　　a. 固定景点组队游览；

　　b. 个性路线共同游览（安全监控、免责声明）。

②传统导游线上组队。

　　a.线上预约；

　　b.内容明示；

　　c.按条目收费；

　　d.小费系统；

　　e.反馈评价系统（根据市场规则自然排序）。

③专项"导游"个性组队。

　　a.美食；

　　b.特定建筑物、街道的介绍（当地人"介绍我的家"）；

　　c.青旅；

　　d.自己喜欢的东西；

　　e.其他功能同②。

④专家知识性"导游"。

　　a.几乎没有路程行进，在少数固定地点展开；

　　b.以讲述、回答、交流为主，禁止加入商业推销行为；

　　c.对某个主题的文化知识进行深入的介绍；

　　d.不限于个人，有号召力的人可采取讲座的形式。

2. 交互社区

核心关键字：知识共享金字塔

(1) 个人主页

　　①地图。

　　②地图附近的人。

　　③关注。

④留言。

⑤匹配度。

⑥信誉值（贡献值）。

(2)"结伴而行"旅行房间的创建和加入

①推送附近的人。

②景点（热门地点）自发组团。

3. 电商服务

核心关键字：古都、古韵、质地

(1) 实物纪念品

①传统纪念品。

②遗址仿制。

③古韵生活用品服饰。

(2) 文化产品

①（古）书籍。

②（古）文化用品。

③（古）文化周边。

(3) 旅游购物的体验感设计和后期（快递）运送模式

①衣物用品的体验。

a. 租赁策略；

b. 购买后先使用后包装策略。

②离开旅游地的发货。

a."回家"发货；

b. 目标地点发货。

4. 衍生服务

一站式旅游服务

核心关键字：便民

（1）公共线路信息及基础价格查询

（2）特色住址美食信息集成

（3）热门商店及商场打折（季）信息

（4）一键式帮助

①快速报警。

②快速救援。

（5）（重点）研学之旅智能服务

这个功能主要依据如下特点运行：

①经过优选的教育内容与定制化的研学路线。

②遵照课程要求，贴近社会风貌的知识讲解。

③学校线上智能预约优秀讲解师。

④学生作业、体会云端储存、发布。

⑤老师云端智能注册为研学之旅讲解师。

研学之旅在西安是非常可行的，因为以出版资源为基础的情况下，研学之旅已经挖掘出了非常完善的体系，无论从传统出版的长效文化资源供应，还是精品路线的定制和选择，都已经拥有了非常完善并且仍在不断集成、增强的体系，根据陕西的历史文化资源状况，我们认为当前应从以下主题开展研学之旅：

a. 蜀道之旅；

b. 丝路之旅；

c. 城墙之旅；

d. 帝陵之旅；

e. 寺庙之旅；

f. 茶马古道之旅；

g. 西北联大之旅；

h. 山水秦岭之旅；

i. 炎黄之旅；

j. 汉水文化之旅；

k. 关中风情之旅；

l. 周秦文化之旅；

m. 航天农业之旅；

n. 数字博物馆之旅；

o. "三北"绿色之旅；

p. 红色文化之旅；

q. 始祖寻根之旅；

r. 唐诗文化之旅；

…………

这只是目前出版社已经挖掘出的"研学之旅"系列的一部分，在以出版社为核心的数据库建立之下，未来研学之旅将配套我国的教育系统，形成完整而庞大的游览体系，造福莘莘学子，为社会的良性发展做出巨大贡献。

5.（附）旅游智能化

核心关键字：后期外设

（1）人工语言反馈

（2）AI 智能化

四、盈利方式

首先我们应该明白，不使用屏幕不代表广告和购买行为不会发生，用户只是在他设计好的行动过程中尽量减少使用屏幕而更多地关注城市本身。当他休息、对某个城市要素感兴趣的时候，仍然需要对程序的数据库进行更深入的了解。

在这样的情况下，这样的程序在盈利方式上主要有以下几点：

1. 内容定制付费（地图上显示为红点）

程序的核心设计是"定制化的文化旅游服务"，电子地图不是为了告诉用户景点在哪里，而是要告诉用户"我从这个城市文化的哪里开始了解"。根据用户的选择，地图呈现不同的文化要素点在屏幕上，这其中，对于政府公示的官方景点的基本介绍，我们采取免费的形式，但是对于景点的有个人特点的深入解析，我们采取付费购买的形式。比如，城墙各门的基本介绍我们采取免费的形式，但是城墙各门在不同历史时代发生的历史事件的评论和讲解，关于城墙的有趣的历史和设计风格，建造过程中的人文历史故事，围绕城墙不同朝代的有趣事件，以及许多有趣的历史要素在现如今可以给用户展现的新的魅力，我们进行精加工，并采用付费形式。

假设我们邀请了贾平凹老师来"秦话讲城墙"。那么这个音频、视频节目就应该至少是"精华的部分付费"的模式。而如果内容有可成书性，我们在内容制作完后应该通过编辑整理成书。

在非官方公示的地区，我们应该制作更多的付费内容，因为它们其实更具有文化性和时代感。比如，在"最好吃"的面皮店这个GPS点上，我们应该邀请内容制作者提供类似"不这样吃面皮你就out了——陕西三件套小吃发展史"的系列音频、视频节目，他们可以是不同的人创作的，也可以是有影响力的播主创作作品中的一个，这些节目至少有以下几个特点（所有视频内容应可转换成音频）：

①有一定的干货内容，最好与历史有关。

②符合流行文化风格，标题有吸引力。

③和定位点的实物场景有关，使其有可使用性。

④应该制作英文内容，如果没有英文内容，应该授权平台制作英文内容，并把英文版取得的收入交给英文制作团队。

挖掘城市元素背后的故事，将古老的城市元素融入今天的用户生活，是"精加工文旅知识产品"的核心主题。根据这一思路，城墙内部的城市区域，如许多老建筑、有故事的地点、好吃好玩的人文店铺、街道、牌坊、小地标，都可以拥有其"内容产品"。用户通过自己定制的路线行进，路线覆盖到特定内容的时候，这些内容就出现并推荐给用户阅览。

由精品内容获得的相关收费交给制作者，平台从里面收提成。同时，所有的用户也可以成为内容的发布者，在审核通过之后，他们的内容就存在于特定的GPS地标上等待用户浏览。免费内容放在免费的栏目中，受自然投票升降影响；付费内容要经过平台审核，并且给其中确实能够成为产品的精品内容制订投放方案和收费办法。

2. 交互社区——"共享导游"付费模式（地图上显示为黄点）

"社区"模式鼓励用户们积极参与旅行活动，或在程序里就特定的景点和目的地进行组团。

当用户需要团队中有人能够提供更全面的关于某处的地道讲解，希望团队中有一个人能够全面地回答他对于这个城市的一些问题的时候，这个时候就需要一个专门面向用户的，对城市的某个元素有着自己独特见解的队友。这个人就是导游。

传统意义上的导游需要通过各种考核才能上岗，且他们的知识掌握情况有限，大多往往只有景点知识。随着个性化旅游的兴起，了解景点"是什么"其实是旅游中一个很无足轻重的部分，相反，了解游客能做什么使旅游过程更快乐，其实才是个性化旅游真正的要求。所以在这个基础上，除了知道旅游景点是什么，许多时候用户想知道的还有"哪里有好吃的？""有没有什么有趣的景点、客栈？""这个城市可以买到什么有趣的纪念品？""这个城市的某个地点怎么样"……

从这个意义上讲，只要可以提供这些信息的人都可以是这个领域的"导游"。那么通过"社区"功能，我们可以在用户自发组团的基础上，设计类似"滴滴专车司机"的功能——任何一个人都可以申请成为某一领域的"导游"。

为了防止导游越过平台，直接对用户进行"卡、拿、要、骗"行为，导游的功能细分要深入全面，尽量保证一个导游类型只包含一种职权。比如，提供"青旅"信息的导游不和用户见面，他只在平台上提供自己对不同青旅的看法和体验。这种体验最好以"成文，成影音"的形式出现。用户的内容经过审核，平台负责首发推送但不控制后续自然排名，获得的费用主要给用户，平台收提成；而提供官方景点游览服务的专职导游则需要实名并提供导游证。他们在平台发布信息，通过社区进行预约和交流；提供"非官方景点"游览的用户，要对其提供的导游区域进行划分，并且在公告中明确写清自己即将为用户提供的导游服务包含哪些内容。同时他们要签署协议，不去欺骗用户或者强行提供用户不愿意接受的服务。他们的收费要求被自己列出的项目平均划分，用户根据自身的实际体验在不同阶段给提供此服务的用户打"√"或者打"×"，打"√"部分的费用就会打给导游，打"×"部分的费用则会退给用户。完成旅行行为1个小时之后程序会让用户评价导游，评价的星级和评语会被平台公布，如果认为导游做得很好，用户可以选择"打赏"。打赏选项提供10%、13%、15%于导游费用的奖励金额，如果用户选择了打赏，由用户支付打赏费用。平台会提醒导游。如果用户没有选择奖励，而选择"导游完整完成任务"，用户不需要付费，平台会发奖励信息并发出一个1%—15%的随机红包。如果用户不满意，选择"希望扣钱"，平台根据用户要求，扣取10%、13%、15%的导游收入并警告该导游，警告将会公示，全部可见。多次警告将会形成罚款甚至永久解约。用户通过平台联系的导游，导游方只能看见用户假名（用户设计），不能看见其联系方式和信息。一旦导游行为结束，1小时后用户假名将消除并且重置，但是平台方知道双方真实信息。如果发生纠纷和危险，平台方将根据真实信息进行违法举报……

在这样的情况下，用户包括西安市的居民，都可以根据自己的知识体系进行"专业细分"的导游报名，他们可以根据自己的时间、能力和爱好，对城区进行不同范围、不同方式、不同程度的有偿带领和介绍。在这个过程中平台对付费导游行为抽取15%的费用，并根据"优秀程度"高额度公示，奖励做得最好的前1%的人，以此产生宣传、带领效果。

3. 电商服务和商家有偿互动（地图上显示为蓝点）

商家有偿互动

在地图上我们产生第三种点——商家的有偿宣传，商家可以根据自己的要求在社区平台上建议游客为自己有偿打"广告任务"。商家在平台公示需要宣传的方式和有偿宣传的报酬，这些钱积存在平台里产生投资效应。用户点击领取任务，到指定地点和商家取得联系并按照商家要求完成商议好的商家行为，即可获得对应的报酬。

商家可以修改自己的要求但是不能隐瞒自己的要求，所有逼迫、欺骗用户完成额外要求的行为都被视为违约，被举报后要交罚款并贴上公示的警告标志。

商家的有偿活动必须在西安市一般店铺的营业时间范围内，必须在经过系统审核的合法地点及约定时间进行。商家必须提供有限人数邀请，所有领取任务的人将会占用名额，商家可以在活动开始前踢出、拉黑用户。但是一旦活动开始，加入用户将会在活动后由系统把既定资金发给用户。商家可以举报用户不按照约定进行的广告任务的行为。一旦验证被确定，用户将根据严重级别无法再进行此项活动。平台退还商家对于此人所支付金额的80%，并在下次活动中帮商家垫付特定人数 15% 的费用。

在这个过程中，平台必会赚取 5% 的费用。

电子商城（地图上显示为绿点）

电子商城分为三个板块，前两个板块是合作方的板块，包括以旅游为内容的陕西特产和精品内容中的推送书籍。使用电子支付，和平台有协约的商店都能在商城中找到自己的产品，绿色的点在地图上就代表其实体店的位置，用户也可以直接前去购买。

第三个板块是平台自己的商城卖点，主要为古代衣物、配饰等文化产品的租赁、购买。

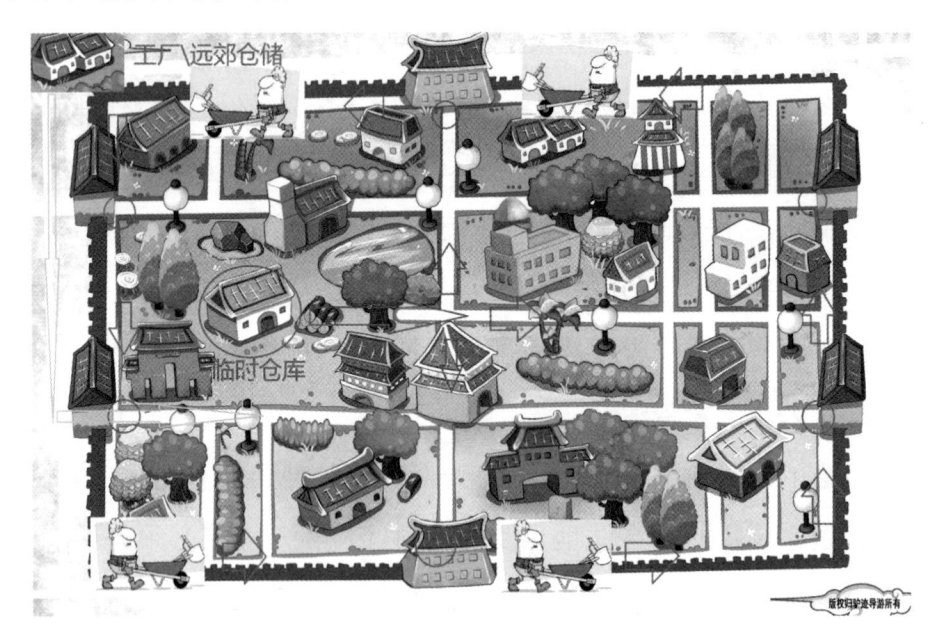

根据陕西历史积淀深厚、文化感十足的特点，平台可按需销售优质的古代衣物、配饰及器物复制品等。

商城将会首先以城墙范围为试点，提供围绕城墙的器物等的租赁取用点。在这些点上，平台提供低价、没有特殊设计需求的标准古典衣物、器物租赁服务和特色的文身贴销售。之后逐渐扩展，成为覆盖西安主要旅游位置的大型物流网，从而使西安产生"满城尽着漫纱衣"的盛唐气派。

简单地说，平台根据固定的定位点在城墙周围设置租赁点和配送时间。租赁点是平台通过 GPS 标出的点，用户在程序约定的地点和时间等待，平台会通过运输车，把租赁的衣物交到用户手上。这些用户要确定衣物无油污破损，并且需要交付押金。在他们游玩后，选择运输车会出现的某个时间，把租借衣物交还给平台；当然用户可以选择拿走而不用交还，则平台收下租赁押金费用。另一方面，用户也可以提前预订自己 DIY 的衣物，平台会根据制作周期，推荐其在几日后的某个时间地点取货。

平台工作人员在发给用户衣服时，会提醒用户这些衣服有定制的、更高档精美的版本。这些版本的成品在平台上有图片和信息展示。这些衣服应分为低档、中档、高档三种材质，用户可以选择直接购买（无法退货）或者选择等待流动运输车的工作人员对其三围数据进行记录、根据个人气质中的优点推荐衣物后再购买（会收取测量、咨询费用）。如果用户有更多需求，或者有自己的想法，应在平台上提供 DIY 的渠道和沟通方式。

这个区块的整体产品主要围绕人身上可携带的物件分为衣物、配饰、仿制刀具（PVC 材料制品）。同时也配套有西安古朝代风格的器具、文物仿制、残片砖瓦装饰仿制等器物设计。物件全部是定制产品，可选择不同价格的材料，在完成后通过邮寄的方式直接寄到用户家里。

4.广告服务付费

与第三点中的"商家有偿互动"不同,广告公司可以在节目播放之前以赞助商的形式出现,以特殊 logo 的形式出现在各种用户的界面、按钮及皮肤风格中。同时也可以成为"事件"出现在用户的社区内容里,这个情况下用户可选择阅览或者选择"不感兴趣"而关掉这个广告。互动社区中的共享导游可以通过穿某公司"广告衫"的形式为特定广告用户打广告,这个过程也会给特定导游分成。商城的产品在寄送时可以在包裹中放置特定用户的活动广告,广告公司也可以定制特定的文化用品放在平台以比其他产品略低的价格或者打折等方式来进行售卖。

第四章　市场分析

一、项目定位

(一)目标市场定位

重视差异和个性化文化旅游的市场。

在各个功能中,根据用户不同的需求,尽力制造开放式的可自我制作组织的产品氛围。同时在所有产品环节提供更高级的可收费的服务项目,包括衣物在内的实物都可以加入咨询、陪同、告知的服务内容。

(二)产品需求定位

满足的是 18—35 岁的新型中产阶级团体,在资费旅游中对于旅游有个性化的需求。其中,团体中的"亲子""独自旅行""外国人来华旅行""因对陕西古代文化感兴趣而自费旅游"的人群是我们定位的重点。这其中，给来华旅游的外国人营造便利的购物环境和服务环境将是在基本框架完成后对西安旅游的一个有力的发展点和重要细分市场。

(三)产品测试定位

1. 设立样本调查

调查用户对"使用耳机与手机智能辅助帮助了解西安市"的看法，对"旅游产品可以网购"的态度和看法，对"商家有偿推荐游客宣传"的态度和看法，对"城墙四周设立古装租赁点"的态度和看法。

2. 考察产品概念的可解释性与传播性

3. 同类产品的市场开发度分析

4. 产品属性定位与消费者需求的关联分析

5. 消费者的选择购买意向分析

(四)差异化价值点定位

从产品解决问题特色定位、从产品使用场合时机定位、从消费者类型定位、从竞争品牌对比定位、从产品类别的游离定位、综合定位等。

(五)营销组合定位

营销组合——产品、价格、渠道、促销——是定位战略战术运用的结果。

二、产品竞争分析

(一)优势

1. 提出"定制化"旅游的概念并且设计具体行动，这个项目尚属首次。

2. 平台本身将定制化旅游与实体体验服务相结合，使得平台不只是一个电子产品，更是一个实用的工具。

3. 平台结合三种时下最新的服务，收益有保证。

4. 平台作为本土团队更了解西安的情况与市场。

(二) 劣势

1. 目前没有初始启动资金。

2. 在初始阶段没有很强的号召力，市场化容易被大企业跨行业抄袭。

3. 地图技术不是我们的原生技术，没有自己的地图团队。

4. 没有自己的技术团队，程序的制作需要雇用外部团队更新。

(三) 机会

1. 西安城墙规整的封闭式结构和西安街道区块化的布局使得方案实施具有可控性。

2. 陕西深厚的文化底蕴使文化旅游具有了巨大的潜力。

3. 陕西政府以及各旅游单位目前也在寻找提高陕西旅行效益的可行性方案。

4. 出版行业一直在探寻数字化出版的新出路，而文化和旅游的结合使得数字出版又看到新的曙光。

5. 国家政策对包括陕西旅游的多方面都有倾斜。

6. 西安一直是国外游客来华常去的热门景点，具有大量的客源。

7. 西安外国语大学成立了"翻译人才孵化中心"，使旅游服务的英文化成为可能。

（四）威胁

1. 百度、高德、阿里巴巴等大企业都在寻找智能化的可能，其中就包含了智能旅游。

2. 陕西的文化积淀深厚但是形成体系的旅游项目还不够完善，存在旅游乱象。

3. 服装批发行业在西安的情况比较混乱，难以产生稳定廉价的大型供货商。

4. 陕西出版社的市场化程度不够高，对于市场的敏锐度不够，容易跟不上产品的需求节奏。

（五）决策

1. 以城墙所圈住的范围为旅游平台的"试验地"，通过项目在这一区域内反映出的各种问题来不断完善平台，最后使平台有向城墙外扩大的可能。

2. 与陕西文化圈联合，推出有特色的文化服务。

3. 与陕西出版社联合，使文化旅游转向新媒体产品更加快速。

4. 与陕西高校联合，快速推出多语种文化产品。

5. 与陕西政府联合，大力实施"PPP"模式项目。

（六）方法

1. 申请国家对于新媒体发展的奖励资助。

2. 申请国家对于高校新媒体发展的奖励资助。

3. 与"陕西数字化孵化基地"取得联系，联合培养团队人才。

4. 坚定产品在文旅市场中的定位，将在范围内的服务做到有自己的特点，并突出人性化，让对手无法在这个小范围进行抄袭。

5. 仔细筛选，联系需要的高校、市场出版力量，与他们中优秀的、稳定的一方签订互惠的战略协议。

6. 凸显程序的基础服务功能，与政府单位进行协商，尝试将该功能衍化为一种城市帮助，优先签订互惠的协作协议，获取政府的旅游类基础服务指标。

7. 尝试与希望进入西安市场的大企业进行交涉，看看能否成为其某一战略计划的一部分，和其进行利益互换。

第五章　项目的成本预算及投资前景分析

一、成本核算

（一）费用构成

在排除其他额外因素的情况下，本项目的核心费用构成应该包括以下四个方面：

1. 内容定制——数据库

2. 交互社区

3. 电商

4. 通信服务

这四个方面构成了项目及平台的基本雏形，有了这四个方面的投入，平台就可以基本成型并发挥作用。

（二）详细费用构成

详细费用构成是在基本构成的基础上再进一步细化，它在基本框架的基础上，又考虑了基本平台成立后的动态费用，这些费用保证人力物力能够运转起来，使平台可以正常运转并在产生收益之前保证生命力。

1. 定位系统租赁费用（北斗或国外 GPS）——200 万元

2. 应用程序开发——100 万元

3. 数据库开发——100 万元

4. 平台硬件设备——200 万元

5. 人力成本——400 万元

6. 服务器租赁费用——100 万元

7. 外语信息翻译与制作——200 万元

总计需用：1300 万元。

二、投资前景分析

(一) 盈利构成

平台的四个主要功能也是平台的四项主要盈利点，它们均具有免费功能帮助用户体验和进行低级别的使用，在这之上的高级别功能和内容根据不同情境收取费用。

1. 定制信息盈利

（1）官方定制收费——买断型/协议型（英语、汉语）

根据"喜马拉雅"平台的音频收费节目来看，官方定制的内容价格一般在 99—199 元之间，我们可以降低 85% 的价格，把官方产品的均价设定在 15 元左右。

（2）大 V 收费

根据"喜马拉雅"平台的音频收费节目来看，大 V 的内容因为

有很强的号召力，价格一般在 150—300 元之间，我们可以降低 80%
的价格，把官方产品的均价设定在 29 元左右。

（3）专家收费

比起大 V，专家收费的号召力小但是专业性强，且往往可以以讲座的形式进行，所以价格在单人邀请的时候可以在 49—149 元左右。在多人情况下根据人数分摊，个人费用逐渐减少，我们可以假设，在一个 5 人的团体下，个人的收听费用可以降到 20 元左右。

2. 广告服务盈利

根据用户数量的递增，广告投放呈现逐级递增的规律。假设在第一年有 8 万人使用了程序，总共收到广告费用 10 万元，那么可以视为每个用户给了我们 1.25 元。

3. 共享导游盈利

共享导游是传统导游的电子化，它的收费方式根据共享导游提供的内容进行个性化定制，并且，"明星导游"和一般导游的价格又有不同，但是我们可以根据传统情况做一个最低估价，如只需要通过平台得到定制化导游服务，其费用大概在 50 元左右，平台赚取 10 元，则估为 60 元。而专职、专家导游服务及对外服务的价格会更高。

（1）基础服务

（2）专业导游

（3）信息"专家"服务

（4）对外服务

4. 电商服务盈利

根据淘宝上同类产品的定价，一件普通品质的汉服，女性的价格为 80—200 元，男性的为 50—150 元，所以租赁时，一件服饰需要交大概 200 元押金并支付 100 元费用。这其中，每件服饰需要支付 10 元给运输人员，15 元给仓库、定点摊位管理人员，50 元用于路线上的其他耗损，这样平台最低可以获得 25 元的利润。

而个人定制利润则会翻倍，并且没有中间的租赁、运输费用，一件定制的高档古装可以在 300—1000 元不等。这其中需要支付制作者和运输人员的费用，但是因为不是每个人都会购买，不算在一个人的常规费用中。

（1）租赁

（2）定制（快递）

这样的情况下，一个使用我们平台全部付费内容的用户会支付给平台 90.25 元。一个很节省、不愿意使用全部功能、不愿意参与服装租赁活动、购买电商产品的用户，一般会支付给平台 45.25 元。

(二) 未来前景

旅游人数调查显示，2016 年西安接待海内外游客人数已达 1.6 万人，而到了 2017 年，接待人数更是突破 1.8 亿，西安被评为"国内十佳旅游目的地"。根据《西安市全域旅游示范市创建实施方案》（以下简称《方案》）指示，到 2020 年，旅游业将成为西安市全市经济社会发展的战略性支柱产业，年接待海内外游客 2.6 亿人次以上，旅游收入突破 3100 亿元。

在这个基础上，如果 1.8 亿人中，有 88 397 人——约有 0.049% 的游客使用我们的产品，并人均支付 45.25 元，我们就可以达到如下的三年目标。在这样目标的情况下，三年即可以收回成本并开始产生净利润。

三、三年目标

(一) 盈利目标

第一年：362 万元

第二年：724 万元

第三年：1448 万元

三年共将获利 2534 万元。

(二) 用户量目标

第一年：8 万人

第二年：16 万人

第三年：32 万人

三年将共需最低程度付费人员 56 万人，占 2017 年 1.8 亿旅游人数的 0.03%。

(三) 策略目标

1. 前期以定制信息和共享导游为主。

2. 两年以后四个方向齐头并进。

总结

目前我国的旅游产业的消费需求目前正呈现逐年上涨的态势，在这样的过程中，单纯的旅游行为已经越来越不能满足新一代消费者的需求，文化与旅游产业的融合，是政府和人民对于新的文化呈现方式高度期待下的必然结果。它的出现使传统文化与新兴科技有效结合，在当今时代必将走在文化发展行业的前列。

案例三

秦岭书系衍生资源开发策划方案
秦岭文化数字博物馆项目

一、陕西人民教育出版社秦岭书系简介

陕西人民教育出版社多年来出版了《中国秦岭》《秦岭常见鸟类识别手册》《秦岭常见植物识别手册》《山中精灵与蘑菇的奇妙遇见》《傥骆道》等有关秦岭内容的30余种图书，拍摄了秦岭动植物与相关人文纪录片100多个小时，并全部拥有数字版权。陕西人民教育出版社拥有秦岭相关领域的资源优势及对秦岭相关资源内容的整合能力，以及将这种资源转化为读者喜爱和接受的数字出版产品的能力。

二、衍生策划背景

"秦岭文化数字博物馆"项目建设从政策、行业、市场、技术等各方面都符合国家战略规划和产业布局的大背景。

（一）政策背景

党的十八大以来，以习近平同志为核心的党中央高度重视生态文明建设，提出"绿水青山就是金山银山"等一系列创新理论，形成了习近平生态文明思想。秦岭是中国地理标识，是我国重要的生态安全屏障，是天然空调，是黄河、长江流域的重要水源涵养地，是南

北的分界线，是生物基因库。2015年、2020年，习近平总书记两次来陕时指出，秦岭和合南北、泽被天下，是我国的中央水塔，是中华民族的祖脉和中华文化的重要象征。保护好秦岭生态环境，对确保中华民族长盛不衰、实现"两个一百年"奋斗目标、实现可持续发展具有十分重要而深远的意义。

陕西省为了更有效地保护和开发秦岭，从2013年起先后出台了《陕西省秦岭生态环境保护条例》《西安市秦岭生态环境保护条例》《西安市秦岭生态环境保护管理办法》《西安市秦岭生态环境保护问责办法（试行）》等法规和条例，旨在用最严格的生态环境保护制度保障秦岭的宁静、和谐、美丽。

陕西省第十三届委员会第八次全体会议通过的《中共陕西省委关于制定国民经济和社会发展第十四个五年规划和二〇三五年远景目标的建议》中对有效保护秦岭生态环境做出部署："持之以恒有效保护秦岭生态环境。严格落实《陕西省秦岭生态环境保护条例》和《陕西省秦岭生态环境保护总体规划》，健全常态化长效化保护体制机制，严守生态红线，筑牢国家生态安全屏障。建设秦岭国家公园，完善自然保护地体系。加大系统保护修复力度，全面推行林长制，加强植被、水资源和生物多样性保护，加快损毁矿山生态恢复和治理，开展小水电整治、地质灾害防治和尾矿库治理。"

秦岭数字博物馆建设符合国家及地方的有关政策，对于保护秦岭生态环境、增强秦岭生态系统稳定性将起到极大的促进作用。

(二)行业背景

现阶段我国已经全面迈入信息时代，网络技术和数字化技术也对博物馆建设和发展产生深远影响。在新媒体时代背景下，传统博物馆发展模式中存在的问题也日渐凸显。其中包括：博物馆开馆和闭馆受时间、空间等限制，无法充分满足人们的精神文化需求，不能充分发挥博物馆传承和发扬文化的作用和价值。另外，据我国数字博物馆研究统计可以看出，虽然我国博物馆历史文化悠久，馆藏资源丰富，但是由于分布不均，人均享有存在较大差异性。同时，我国博物馆虽然馆藏资源较大，但是陈列展览数量相对较小，导致文化资源大量浪费，无法满足文化传承和发扬需求。除此之外，博物馆馆藏资源中包括大量的石窟壁画、织绣制品等文物，这些文物受环境、气候、温度、湿度等影响，均会发生质量变化，不仅影响其文化价值，还制约其长久保存。

信息化时代的不断深入，为新媒体发展提供了充足保障。新媒体作为新兴媒体，为博物馆创新发展模式奠定了良好基础，数字博物馆在这一时代背景下应运而生。秦岭数字博物馆便是在多媒体技术、人工智能技术、大数据技术等先进技术基础上发展而来的。通过构造数字信息资源，能够弥补博物馆传统发展中的不足之处，突破时间、空间等限制因素，为博物馆数字化保护、信息化管理提供保障。

(三) **市场背景**

中科院生态环境研究中心主任欧阳志云说，自然生态系统提供的生态产品，如水源涵养、土壤保持、洪水调蓄、防风固沙、固定二氧化碳，以及农产品和木材等原材料，具有巨大的生态经济价值。同时这些生态经济价值还能转化为经济效益。

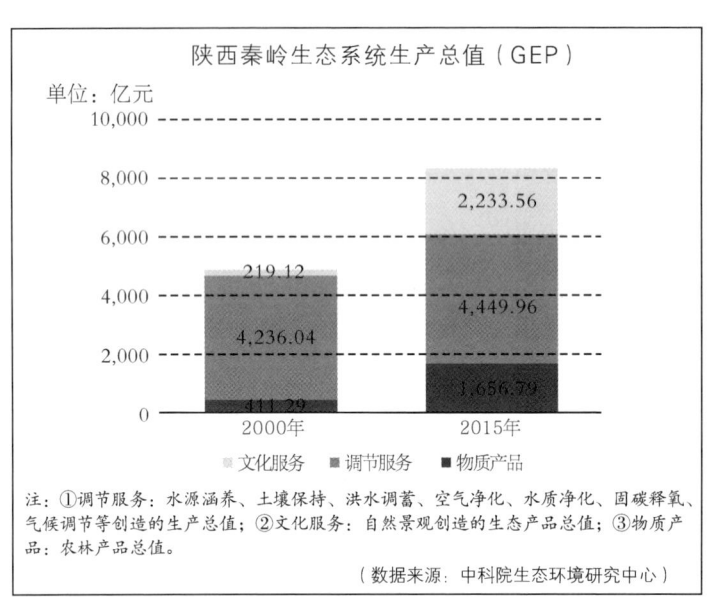

陕西秦岭生态系统生产总值（GEP）

单位：亿元

	2000年	2015年
文化服务	219.12	2,233.56
调节服务	4,236.04	4,449.96
物质产品	411.29	1,656.79

注：①调节服务：水源涵养、土壤保持、洪水调蓄、空气净化、水质净化、固碳释氧、气候调节等创造的生产总值；②文化服务：自然景观创造的生态产品总值；③物质产品：农林产品总值。

（数据来源：中科院生态环境研究中心）

图 1

8340.31 亿元——这是中科院生态环境研究中心提供的数据，代表陕西秦岭 2015 年的生态系统生产总值（GEP），如图 1 所示。绿水青山既是自然财富，又是经济财富。从 2000 年到 2015 年，按可比价计算，秦岭的 GEP 增加了 3473.86 亿元，增幅为 71.4%。这其中最为突出的是文化服务，增加了整整 9 倍，生态产品所具有的生态经济价值之巨大远超想象。

其中，牛背梁国家森林公园所在的秦岭山脉是国家南水北调中线工程的主要水源地，从 2014 年 12 月 12 日到 2019 年 12 月初，以秦岭为源头的南水北调中线工程已经提供了 258 亿立方米的水，缓解了北京、天津、河北和河南等省市供水问题，受益的人口接近 6000 万；好山好水有好物，秦岭山脉中的中草药、茶叶，绿水青山里的原生态农产品成为带动秦岭农人致富的金山银山；生态环境得到修复后，不仅改善了洪水频发的状况，与此同时还助力秦岭发展起绿色产业、生态旅游、现代特色农业，这正是秦岭生态的复合价值。

秦岭数字博物馆将发挥数字化平台的优势，深耕产业，积极开拓市场，努力打造与秦岭相关的新的经济增长点、突破点。

（四）技术背景

秦岭数字博物馆要利用现在数字展示的最新技术为观众制造更为丰富的参观体验。现在数字展示技术在博物馆数字展厅中的应用大致有：音频技术、影像技术、数字化场景合成技术、数字触摸屏技术、数字网络展示技术等。数字多媒体互动手段逐渐成熟：数字展示技术已经在博物馆数字展厅中不断渗透，采用声、光、电多媒体技术和自动控制手段，把幻影成像、实时人景合成、虚拟、激光、三维动态成像乃至VR（虚拟现实）、AR（增强现实）、全息技术等高新技术结合传统的展示内容，合成脚本，产生全新的展示效果，增加了展示的可看性和参与性。

提升博物馆对人物、事件、物品的诠释、挖掘和关联能力，丰富观众接受信息的方式和形式。传统的博物馆展厅基本上是采取文物与图文解说相结合的静态展示形式。现代博物馆展厅重视对陈列对象所蕴含的历史背景、教育意义，以及与其他各种因素之间关系的挖掘。数字展示技术在博物馆数字展厅中的运用，重视观众与展品之间的互动关系，实现传统陈列手段难以做到的既有纵向深入解剖，又有横向关联扩展的动态展览形式，使受众通过眼、耳及其他感官和行为的配合，促进观察、思考，从而理解所不熟悉的内容，在参观展览的短时间内接受有一定主题的文化知识体系。

增强观众身临其境之感。数字展示技术利用影像数字化恢复与场景重建技术，突破了以往博物馆"文物+历史"的概念，以讲故事的形式，或者是场景构建，或者是三维全息电影、三维动画，让观众迅速进入一段历史时空，直观感受一次事件的过程、一个人物的片段、一个景点的风情、一项活动的乐趣，将影像与文物或复原场景合为一体，从而真实再现所要表现的环境、细节、人物以及历史事件，以真实感和立体感极大地增强了感染力，制造让人闻其声、触其形的身临其境之感，变抽象为形象，更加鲜明地突出说明对象的特质。给观众以前所未有的视觉冲击力，利用声、光、电和数据处理技术，声情并茂地播放素材内容，也引发人们对历史和现实的深思。

激发观众兴趣，充分调动观展情绪。数字展示技术使博物馆数字展厅的内容和形式达到高度统一，采用数字展示技术进行诠释的是重大历史事件、重点文物和重要人物，这样既突出了展示重点，又能拉近观众与历史事件、文物、历史人物之间的距离，使展览变得跌宕起伏、富有层次。

三、衍生开发主要内容

（一）秦岭知识科普服务

"三千里大秦岭　五千年中华史"，其自然景观资源丰富，历史文化底蕴深厚，在中华文明进程中留下了深刻的印记。大秦岭的绿水青山，就是中华民族永续发展的金山银山。本项目的建设，将科普人群进行分类，按照特性制定个性化科普方案，精准投放，满足用户所需，如图2所示。

图2

(二)秦岭学术研究服务

如图3所示,本项目实施单位联合省内高校、相关科研机构,聚焦秦岭生态保护和人文发展,整合我社、高校、科研单位研究资源,力求通过多角度、多层次、多渠道为秦岭相关学术研究做出贡献。同时,陕西人民教育出版社与省内多家高校展开深度合作,联合培养具有创新精神与实践能力的复合型人才,共同开展技术创新活动,以实现科研—产品—市场—科研的良性循环。

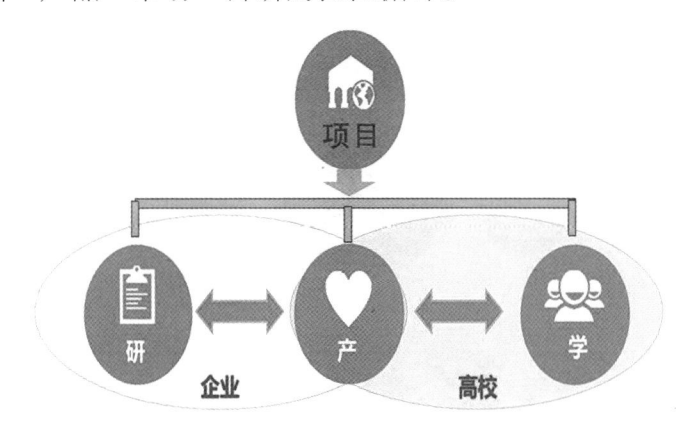

图3

(三)秦岭资源出版服务

陕西人民教育出版社多年来出版了与秦岭资源相关的图书 30 余种，拍摄秦岭动植物与相关人文纪录片 100 多个小时，录制秦岭资源有声读物 1000 多分钟，并全部拥有数字版权。通过这些产品研发，也锻炼培养了一支编辑队伍和拍摄队伍，能够根据市场需要研发出适合市场的出版产品，为该项目用户提供传统出版与数字出版服务，让我们的秦岭文化能够通过多种多样的形式进行传承，如图 4、图 5 所示。

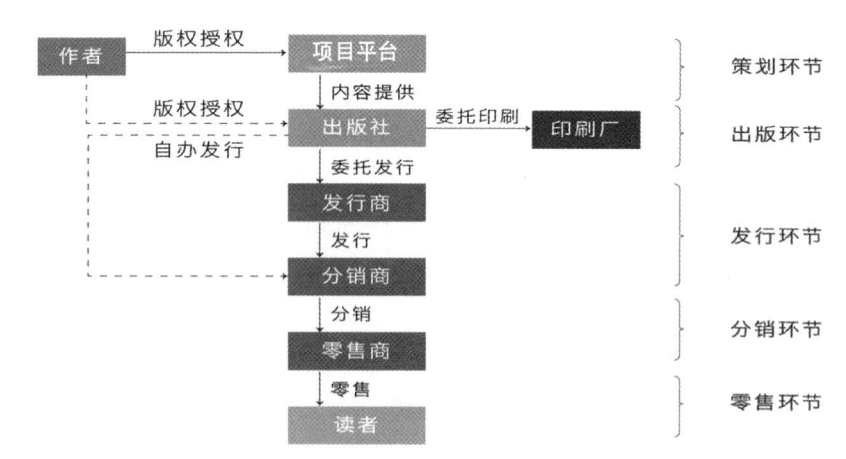

图 4　传统出版服务

图 5　数字出版服务

(四)秦岭相关旅游服务

秦岭因丰富的自然和人文历史资源成为远近闻名的旅游景点。秦岭旅游资源丰富,涵盖了自然景观、温泉、宗教、乡村旅游、古镇旅游等多种类型的旅游资源。随着我国经济的发展和人们旅游观念的成熟,单一的标准化团队旅游已经不能满足人民的旅游需求,个性化、深层次的旅游模式正在兴起。本项目的实施,可以在保护大秦岭生态环境的基础上,与各旅行社、旅游 App、自媒体合作,为游客定制个性化秦岭旅游路线、旅游信息和旅行服务。

(五)秦岭文创产品研发推广

随着我国经济高速发展,居民消费水平不断升级,人民群众对美好生活的需要已经不仅限于物质产品的供给,对精神文化产品的需求也在不断扩大,从而极大地刺激了我国文化创意产业的快速发展。在文创产业中,博物馆文创产业以其丰富的创意来源、深厚的文化内涵、显著的社会效益等特点脱颖而出,成为文创产业组成和升级的重要部分之一。根据《新文创消费趋势报告》的数据,在淘宝、天猫平台,2019 年博物馆文创产品的规模相比 2017 年增长了 3 倍。

本项目可以开发秦岭文创产品，比如秦岭四宝（朱鹮、大熊猫、金丝猴和羚牛），进行文创产品的宣传和销售。

（六）秦岭动漫游戏产品研发推广

1. 动画

本项目计划根据秦岭四宝创作《秦岭生灵》系列动画片，依托秦岭自然环境和文化底蕴，展现秦岭山脉"巍巍群山，葱葱林木，潺潺流水，汩汩清泉"的秀美巍峨之景，以轻快的动漫对白、可爱的卡通形象、生动的故事情节完美展现秦岭的生态生命之美。

2. 游戏

该项目以秦岭相关知识为背景设计相关游戏，分为秦岭知识基础问答、秦岭知识成长模式、秦岭知识闯关模式、秦岭知识竞技模式，每种模式设计闯关奖励、头衔等荣誉，还可以邀请好友组队、对抗，游戏过程中增加评论、语音、即时通信、收藏、分享、发布游戏任务等功能，寓教于乐，让用户在娱乐中进一步了解秦岭。

游戏设想

3. VR 产品

本项目开发基于 5G 通信的 VR 产品，提供秦岭风景全息欣赏、虚拟触摸和秦岭古道沉浸式体验，激发大众对秦岭生态和历史文化的兴趣爱好。

（七）秦岭特产线上销售研发推广

历史上，秦岭是"绿海"，来自秦岭的木材薪柴、食物药物、林特产品等，源源不断满足"长安—洛阳"需要。秦岭物产丰富，是很多原生态食品、天然食品、健康食品的原产地。本项目的实施，为秦岭特产搭建了互联网平台，用大数据分析、远程连线等形式及时向农户提供特产售卖资讯和推广策略，运用线上销售、线下销售和线上线下融合销售的方式，提前对接产销供需市场，建立利益紧密联结、产销密切衔接、长期稳定的销售链条，实现了科技与产品的深度融合，将秦岭特产嵌入创新链、产业链、就业链之中，解决当地百姓的长远生存发展问题，助力当地百姓致富。

四、社会效益和经济效益

"秦岭文化数字博物馆"项目是坚持社会效益为主，以社会效益和经济效益共同发展为目标。

（一）社会效益

1. 坚持"绿水青山就是金山银山"的理念

"秦岭文化数字博物馆"项目坚持尊重自然、顺应自然、保护自然，坚持节约优先、保护优先、自然恢复为主，实施可持续发展战略，联合秦岭沿线政府完善生态文明领域统筹协调机制，构建生态文明体系，同时大力宣传发展绿色经济，壮大节能环保、清洁生产、清洁能源、生态环境、基础设施绿色升级、绿色服务等产业，建立统一的绿色产品标准、认证、标识体系。

2. 中国优秀文化传承和发展

"秦岭文化数字博物馆"项目是深入实施中华优秀传统文化传承发展工程的重要项目，该项目强化重要文化和自然遗产、非物质文化遗产系统性保护，推动中华优秀传统文化创造性转化、创新性发展。加强科技创新，实施秦岭文明探源和考古工程，开展秦岭文化资源普查，加强秦岭生态文化保护研究利用，推进秦岭相关文物和遗址保护。加强秦岭历史文化名城名镇名村保护，健全非物质文化遗产保护传承体系，促进秦岭区域内各民族优秀传统手工艺保护和传承。

3. 利用博物馆整合具有突出意义、重大主题的文化资源

"秦岭文化数字博物馆"项目坚持系统观念。加强前瞻性思考、全局性谋划、战略性布局、整体性推进，着力固根基、扬优势、补短板、强弱项，注重防范化解重大风险挑战，实现发展质量、结构、规模、速度、效益、安全相统一。生动呈现秦岭文化的独特创造、价值理念和鲜明特色，推介和展示一批秦岭文化地标。利用博物馆这个历史文脉的载体，在文化展示、科普教育、学术研究等方面，发挥出最大的不可替代价值，充分展示出文化自信、民族自信和资源保护的深度与广度。

4. 加快数字出版发展，形成新的产业布局

"秦岭文化数字博物馆"项目建设过程中，几乎将现在市场上应

用的最新多媒体技术全部利用，并以最开放的模式和秦岭内容资源相结合，是传统出版和新兴媒体加快融合发展的有效案例，将为我省数字出版的发展，形成数字出版新的产业布局打下坚实基础。通过项目带动加快发展新型文化企业、文化业态、文化消费模式的建立，不断健全结构合理、门类齐全、科技含量高、富有创意、竞争力强的现代文化产业体系。建立健全秦岭数据开放和共享机制，强化秦岭数据挖掘应用，推进秦岭文化和旅游数字化、网络化、智能化发展，推动5G通信、人工智能、物联网、大数据、云计算等在秦岭文化和旅游领域应用，最终实现公共文化服务体系和文化产业体系更加健全。

（二）经济效益

1. 有利推动秦岭相关经济产业快速发展

秦岭东西长1600千米，跨境甘肃、陕西、河南等多个省区，自然资源富集。30种矿产资源保有储量列全国前十位，钼、镍、钒、重晶石、石灰石等资源蕴藏丰富。有丹参、杜仲、绞股蓝等中药材600余种，是我国重要的"天然药库"和"中药材之乡"。此外，秦岭范围内有丰厚的历史文化、红色文化、民俗文化资源和人文景观，底蕴悠久深厚，仅陕西就有全国重点文物保护单位32个，省级文物保护单位172个，AAAA级以上旅游景区38个。"秦岭文化数字博物馆"项目建成后，将会通过宣传的虹吸效应，有力推动秦岭相关经济产业快速发展，如按10%的转化率计算，每年会有80多亿元的增长收入。

2. 丰富的秦岭资源将形成优秀的出版成果

"秦岭文化数字博物馆"项目在建设过程中以及完成后，将会积累大量丰富的与秦岭相关的优质资源，并且还会不断有专家学者加入扩大秦岭资源的作者队伍中来。随着优质资源的不断加入，我们可以形成各种形式的出版物。我们计划每年出版各类出版物共100种，如纸质图书、融合出版物、数据库产品、音像产品、游戏产品等。科学、权威、丰富、灵活、多样的出版物产品组合，既能够形成产业链条，又能满足市场不同用户的需求，保守估计出版应收将实现5000万元以上。

3.秦岭文创及特色产品的线上营销

以故宫为例，2018年故宫的文创产品年收入15亿元。陕西历史博物馆的文创产品年收入也在2600多万元，秦岭的内容资源包罗万象，铺天盖地，可开发的文创产品更是灿若星河。只要秦岭文创的研发按照传承历史文化、满足当代市场需求、增加科技赋能这几个要求去做，"秦岭文化数字博物馆"项目中文创产品的研发也会有较好的收益。

"秦岭文化数字博物馆"项目还有一个重要的产业链条就是和秦岭区域内的地方政府合作，并联合自媒体渠道，将秦岭特色产品在线上进行推广。陕西人民教育出版社2020年的线上推广销售为5600余万元，具有较丰富的线上营销经验，秦岭内天然的绿色产品是市场上最受欢迎的产品之一，要按照习近平总书记点赞的"小木耳，大产业"的思路，将秦岭的特色产品宣传好、推广好、服务好，为我国的乡村振兴战略贡献力量。

五、项目风险分析

(一) 政策性风险

文化产业项目受政策性影响较大。平台展示、宣传内容都要严格按照国家政策要求审核，绝不传播不利于国家和社会稳定的内容信息，同时加强数字信息产品的版权保护。

(二) 资金风险

本项目的建设实施有一定的周期，涉及环节较多，可能会出现追加资金投入而影响项目开发进程的风险。且该项目属长周期运营平台，需要持续的资金投入，如不能及时注入资金，会造成前期投入损失的风险。对此将加大资本运营的力度，构筑和拓宽畅通的融资渠道，同时完善自身的"造血"机制，为项目资金供应建立稳固的渠道。还会通过完善的资金使用制度、清晰明确的执行措施，加强对资金运行情况的监控，最大限度地提高资金使用效率。

(三) 管理风险

本项目涉及的业务线与技术交叉点较多，存在一定的管理风险。用更加科学、合理的项目绩效考核管理办法，提高项目实施的管控力、项目质量与进度管理的有效性，向内部找潜力，向管理要效益。合理制定人员分配方案，采取内部、外部、专项培训及先进经验学习等多种措施，提高管理团队的整体素质，以适应不断变化的外部环境，实现有效管理，从而规避风险。

(四)运营推广风险

陕西人民教育出版社运营及建设数字平台项目迄今已有一段时间，取得一定经验的同时，发现仍存在欠缺数字产品、平台的商业策划及运营的专业团队。欲在最短时间内完成资源推广的最大化，需要通过寻找第三方合作代理伙伴，共同进行平台的推广与运营，以此减小因建设运营队伍产生的时间机会成本和管理资源投入。

同时，陕西人民教育出版社通过公开招聘的方式吸引外部的专家、专业人士加盟，还将采取加强内部培养、完善培训机制的方式同步进行，以切实完善人才队伍建设，促进平台的良性运营推广。

(五)技术风险

陕西人民教育出版社具有大型数字化平台建设的实施经验。在本项目中关键技术采用应用广泛、稳定性好的技术实现方案。在平台上应用多个子平台的集成与测试，属于应用创新，不存在太大的技术风险。

六、项目实施方案

本项目实施周期为3年，第一年进行相关标准规范建设和秦岭内容资源库建设，第二年进行平台建设，第三年进行平台扩展建设和系统部署以及试运营工作。以下是每个阶段的工作详细说明。

第一阶段（2021年5月—2021年12月）

①2021年5月—6月，组建项目团队，完成项目管理机制和工作

流程的建设等相关的组织工作，在项目整体进度安排的框架下，确定各阶段的工作范围，并制定第一阶段的工作计划。

②2021年7月—10月，进行需求调研，完成需求分析工作和相关标准规范建设。

③2021年11月—12月，完成数据挖掘、多维分析、海量内容检索等大数据分析技术研发和秦岭内容资源库的建设。

④2021年12月前，完成项目公开招标工作。

第二阶段（2022年1月—2023年1月）

①2022年1月—12月，完成用户端平台、电子商务平台的主要功能开发。

②2022年5月—11月，完成系统中大数据处理模块和公共支撑模块的开发。

③2022年10月—2023年1月，完成各功能模块集成，整体测试与完善。

第三阶段（2023年1月—2024年1月）

①2023年1月—10月，完成应用推广与功能完善。

②2023年11月—2024年1月，完成系统运行和项目验收。

案例四

十花记文创——十花牌制作方案

一、概述

十花牌是由《十花记：中国古代雅士圈的花事》一书衍生的纸牌类古风轻竞技卡牌文创产品，其核心内容与文化背景均衍生自图书的古风文化。玩家通过对十种花相对应的诗歌谜语的掌握程度来抢夺对应的花牌，获得分数，进而战胜对手。

整体来看，本产品保留了《十花记：中国古代雅士圈的花事》一书气质中女性的典雅元素，同时创新性地加入了竞技元素，使原来古老的诗词内容因为游戏化，可更加直观地展现在古典文化爱好者眼前。

二、配件

配件组成

（一）总计

本文创产品每份单品总计包含 50 张规格为 6.4 厘米×4.5 厘米（长×宽）的纸质卡牌以及一个纸制包装盒。

（二）详细

本游戏包含以下配件：

1. 美人牌

（1）张数：30 张

(2)规格：6.4厘米×4.5厘米

(3)用纸略

2. 花牌

(1)张数：10张

(2)规格用纸同上

3. 玉牌

(1)张数：3张

(2)规格用纸同上

4. 版权页（背计分规则）+规则

(1)张数：6张

(2)规格用纸同上

5. 纸牌盒

(1)个数：1个

(2)规格：6.5厘米×4.7厘米×2.5厘米（长宽高）。 此为估算，需根据纸张材质调整

共计：50张纸牌，一个纸牌盒子。

三、游戏规则

(一)怎么放置

1. 玩家

请拿出10张花牌,字面朝上,如下随机放置并正坐于对手对面。

示意图

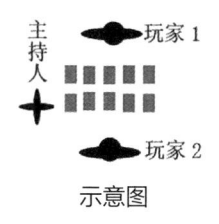

2. 主持人

将 30 张美人牌按照对应的花名在身前分成 10 堆，每堆 3 张，每局开始后，主持人从每堆随机抽出 1 张，总共拿取 10 张，合在手中，开始游戏。

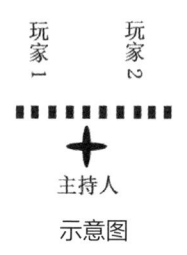

示意图

(二) 如何游戏

1. 玩家

（1）将手合在胸前，听主持人说出诗歌段落，猜测是哪种花，并伸手按住写有目标花名的花牌。

（2）花牌一共 5 列，玩家身体左边的两列必须由他的左手按，右边的两列必须由他的右手按，中间的一列左右手均可，使用非规定手按住花牌算摸错。

（3）按住后在主持人确定本回合结束前，玩家手不可抬起，抬起则算摸错，交由主持人处理。

（4）第一个按住的玩家得到花牌，将花面朝上放在自己身边得到分数。得到的花牌可以互相组合，构成不同分值（具体参考"牌型分值表"。)

2. 主持人

(1)将手中牌合拢在一只手中,用1张玉牌放在手中牌堆底部挡住最后一张牌的花纹。

(2)从第一张开始往后阅读。每张美人牌的阅读顺序是"诗歌—作者出处—花名"。在主持人阅读过程中,玩家的任何摸花牌行为都将结束这一回合。

(3)玩家谁先正确摸到牌就判定此人获得此牌。

(4)复杂情况的判定。

①两个人同时出手,手挨住牌的玩家得到目标牌。

②两个人同时出手,先摸到者摸错,将正确牌送给对手,主持人交给对手1张玉牌。

③后摸牌者摸错(先摸牌者摸对),先摸牌者得到花牌和1张玉牌。

④两位玩家全部摸错,不得分,主持人从场中拿走这张花牌。

(三)怎么赢

1. 一局比赛如何结束

当一位玩家在自己回合举手示意结束本局时,本局比赛结束。

2. 如何判断输赢

(1)花牌共有红、黄、蓝、绿4种边框颜色,绿色代表任意一种颜色。其他三种的得分依据牌型表。主持人计算双方分数,高者赢得本局。下一局败者在开场可以直接得到1张玉牌。玉牌可以充当任何一种颜色的花牌(放入自己的牌堆)或者打出(交还给主持人)用于阻止对手在本回合结束游戏。

（2）每次游戏进行三场比赛，三局两胜。

3. 加时赛

当两人在本回合分数相同导致三局后双方出现平局时，游戏将进入加时赛。双方玩家将自己前三局的分数相加，如果总分有高低则直接得出胜负。如果仍然平局则再进行一局，双方进行猜硬币，赢的人得到2张玉牌开局。

（四）牌型分值表（背花纹）

表1

雅称	俗称（活动用）	简称	描述	分值
单花	一帆风顺，万里鹏程	单张	1张牌	1分
并蒂	双喜临门，锦上添花	对子	2张颜色相同的牌	3分
雏花	三阳开泰，吉祥如意	顺子	3张不同颜色的牌围成一个圆圈	4分
簪花	四通八达，财运亨通	四连	4张不同颜色的牌围成一个圆圈	7分
繁花	五福同心，喜结良缘	五连	5张不同颜色的牌围成一个圆圈（4张不同颜色的牌加1张玉牌）	10分
花仙	六六大顺，心想事成	六连	6张不同颜色的牌围成一个圆圈（4张不同颜色的牌加2张玉牌）	本局胜利

（注：分值可叠加，凑成一种花以后还可以继续构成另一种花，构成圆圈代表应将牌型摆成圆形的花的形状，但若场所不允许也可以并排排列。）

四、附加规则

（一）竞技性的玩法

将原规则两列平放的花牌按照双金字塔形状排列，在找到目标牌后,玩家必须通过将目标牌从牌堆范围拨飞来获得这张牌。在拨飞牌的过程中,如果出现拨飞别的牌的情况,则算拨错。

与原规则相似,金字塔左右两侧应分别用左右手拨动,顶端两张牌可使用任意手。

(二)联谊、聚会的行酒令玩法

1. 单人"走圈"敬酒

(1)人数上限:20人,人数下限:2人。

(2)现场人数除以2,得到花牌数量,其余人用美人牌代表。再把玉牌(5人以下1张,6人及以上2张)放入手中牌叠。洗牌。

(3)拿牌者来到每一个人面前,抽牌给对方,并问对方是否继续,如果对方在第一局直接选择不抽牌,则喝标准杯的2倍结束这一局。如果抽牌者抽出花牌,接牌者要求不再抽牌,则抽牌者喝1杯;如果接牌者要求不结束继续抽,抽牌者抽到几张花牌,在结算的时候喝几杯(这个过程中已经抽出的牌不放回,直到这局结束);但是,在任何一个回合,抽牌者抽到美人牌,则之前所抽所有"惩罚杯"全部由接牌者喝。如果在这个过程中抽到玉牌,则接牌者喝目前惩罚杯数3倍的酒。以上行为结束后,接牌者和抽牌者的互动结束,拿回已经抽出的牌,洗牌,继续和下一个人互动。

(4)一个人走完一圈后,换其右手边的人继续。

2. 捉花仙——多人换牌玩儿法

(1)人数上限:30人,人数下限:3人。

(2)现场有几个人就拿出几张美人牌,花牌不算人数,放在一起洗牌。5人以下使用1张花牌,6人及以上使用2张花牌。手中有花牌的人，无论几张，都是花仙。

（3）发牌者在自己的背后分牌，一次拿3张牌用手盖住给每一个玩家，把多出的牌用手盖住递给随机一个玩家。该玩家第一个出牌。

（4）大家护住牌看牌后，第一个玩家开始告诉大家，自己不是花仙，证明的办法是读自己牌上的诗，玩家可以读任意数量的牌，但是有相同花型牌的只能读1张（期间注意保护好自己的牌不要让别人看见牌背花纹），玩家可以根据自己的需要随意欺骗其他玩家。在证明完后，询问有谁愿意和自己换牌。如果没有人主动换牌，由玩家自己指定（本回合已经换出去的牌，不能原路换回）换牌过程中，其他无关玩家必须看天。

（5）玩家可以不换出全部牌，而是换出自己部分牌给别的玩家。在第一个玩家结束行动之后，所有人（包括第一个玩家自己）可以在任意阶段声称某一个位玩家是花仙并要求对方摊牌。当一个玩家要求另一个玩家开牌时，其他玩家可以举手声称"我阻拦"，这样，如果开牌玩家没有花牌，则除说"我阻拦"以外的全部玩家喝标准杯数；如果对方手中拥有花牌，则拥有几张，拿花牌玩家和声称"我阻拦"的玩家，就在标准杯上乘以几个"2"作为自己要喝的杯数。

（6）整个游戏在全部花仙被抓出来后，一回合结束。抓出花仙的人在下一局获得一次免酒的机会。

(三)家庭聚会的温馨玩法

（1）把美人牌字面朝上，放在家中桌子上，长辈坐下，孩子围在桌子周围。

（2）长辈拿起花牌，等孩子蹲好以后，快速念花牌上一种花的名字并洗自己手上的花牌。

（3）孩子听到花的名字去寻找代表那个花的美人牌，拿起来并读出里面的诗歌，谁先读出来，赢得这一局，家长给胜利的孩子发一个小奖品、零食或者小红包。

（4）孩子把美人牌放回桌子上，家长开始读花的名字，继续下一局。

五、组件设计构思

(一)美人牌

1. 正面

（1）设计卡牌的边框，铺设底色，主体应为选定诗词，首字加重或大写，侧边有出处，下方用一个小半圆凸出底边框，用一个字来指代所说花名。

（2）设想参考图。

（3）美人牌数据。

表 2

内容	出处	牌面双字	牌面单字	序号
疏影横斜水清浅，暗香浮动月黄昏。	[宋]林逋《山园小梅》	梅花	梅	1
朔风如解意，容易莫摧残。	[唐]崔道融《梅花》	梅花	梅	
零落成泥碾作尘，只有香如故。	[宋]陆游《卜算子·咏梅》	梅花	梅	
去年今日此门中，人面桃花相映红。	[唐]崔护《题都城南庄》	桃花	桃	2
桃花坞里桃花庵，桃花庵下桃花仙。桃花仙人种桃树，又摘桃花换酒钱。	[明]唐寅《桃花庵歌》	桃花	桃	
桃花流水窅然去，别有天地非人间。	[唐]李白《山中问答》	桃花	桃	
只恐夜深花睡去，故烧高烛照红妆。	[宋]苏轼《海棠》	海棠	棠	3
浓丽最宜新著雨，娇娆全在欲开时。	[唐]郑谷《海棠》	海棠	棠	
但得常如妃子醉，何妨独欠少陵诗。	[宋]范成大《赏海棠》	海棠	棠	
虽处幽林与穷谷，不以无人而不芳。	[唐]杨炯《幽兰赋》	兰花	兰	4
竹寺晴吟远，兰洲晚泊香。	[唐]郑谷《李夷遇侍御久滞水乡因抒寄怀》	兰花	兰	
生无桃李春风面，名在山林处士家。	[宋]杨万里《兰诗》	兰花	兰	
云想衣裳花想容，春风拂槛露华浓。	[唐]李白《清平调》	牡丹	牡	5
绝代只西子，众芳唯牡丹。	[唐]白居易《牡丹》	牡丹	牡	
唯有牡丹真国色，花开时节动京城。	[唐]刘禹锡《赏牡丹》	牡丹	牡	
我闻种花如种玉，尽日阴晴看不足。	[元]袁桷《新安芍药歌》	芍药	芍	6
一枝剩欲簪双髻，未有人间第一人。	[宋]陈师道《谢赵生惠芍药》	芍药	芍	
二十四桥仍在，波心荡、冷月无声。念桥边红药，年年知为谁生。	[宋]姜夔《扬州慢·淮左名都》	芍药	芍	
有情芍药含春泪，无力蔷薇卧晓枝。	[宋]秦观《春日》	蔷薇	蔷	7
钗钿堕处遗香泽。乱点桃蹊，轻翻柳陌。	[宋]周邦彦《六丑·落花》	蔷薇	蔷	
暗香一阵连风起，知有蔷薇涧底花。	[宋]王安石《同熊伯通自定林过悟真二首》其一	蔷薇	蔷	

续表

内容	出处	牌面双字	牌面单字	序号
素手把芙蓉，虚步蹑太清。	[唐]李白《古风》	荷花	荷	
江南可采莲，莲叶何田田，鱼戏莲叶间。	[汉]《汉乐府》	荷花	荷	8
叶上初阳干宿雨，水面清圆，一一风荷举。	[宋]周邦彦《苏幕遮·燎沉香》	荷花	荷	
落花无言，人淡如菊。	[唐]司空图《二十四诗品》	菊花	菊	
采菊东篱下，悠然见南山。山气日夕佳，飞鸟相与还。	[晋]陶渊明《饮酒》	菊花	菊	9
荷尽已无擎雨盖，菊残犹有傲霜枝。	[宋]苏轼《赠刘景文》	菊花	菊	
何须浅碧深红色，自是花中第一流。	[宋]李清照《鹧鸪天·桂花》	桂花	桂	
枝生无限月，花满自然秋。	[唐]李峤《桂》	桂花	桂	10
桂子月中落，天香云外飘。	[唐]宋之问《灵隐寺》	桂花	桂	

2. 背面略

(二)花牌

1. 正面

白底，上写花名汉字，带填充色边框，颜色同花的类型。

红色边框：牡丹、桃花、梅花；

黄色边框：菊花、桂花、海棠；

蓝色边框：兰花、荷花、芍药；

绿色边框：蔷薇。

2. 背面

(1)带有和正面同款填色边框。

(2)中间区域放入花儿的画——需要风格统一。

(三) 中间区域

底色暂定白色

(四) 玉牌

1. 正面

用设计过的字写上一个"玉"字，带边框线，白底。

2. 背面

同正面（暂定）。

(五) 牌盒

贴近图书《十花记：中国古代雅士圈的花事》，让人能够联想到本书的封面设计元素即可。

六、发行活动

1. 作为《十花记：中国古代雅士圈的花事》一书的赠品提高图书附加值。

2. 作为卡牌游戏，《十花牌》在我社天猫店单独售卖。

3. 作为吸引读者的活动，在每年各大书展进行游戏活动。

4. 作为吸引读者的活动，在每年花朝节开展多天的"十花祭"活动。

后　记

"出版资源评估与研究"丛书初稿完成，甚是欣慰。

2018年，老领导也是老朋友张炜董事长偶然和我谈起出版人才问题。那天一贯风趣的老张突然很严肃地盯着窗外的夕阳说，阅读方式多元，媒介生态变迁，零售平台垄断渠道，难以想象我们退休后出版会是什么样子。

张董的话让我陷入深思。我大学毕业入职出版社，20年里几乎干遍了出版社所有业务岗位。人到中年转行教书，但教的还是出版。眼看着即将完成职业生涯退出历史舞台，无论如何不能忍受随着我们离去，出版事业不复存在。因此，重重挑战面前出版怎样才能高质量发展，同样是我思考的问题。就在那天，我们商定先从人才队伍建设入手，研究探讨出版人力资源的评估、开发和管理。张董很快组织了集团几位青年才俊，对集团出版和发行人力资源建设进行系统研究，我有幸忝列其中，为工作过20年的老东家服务。

当初步完成集团人力资源体系建设基本方案后，我们发现人力资源虽然是出版企业最核心的资源，但其他资源，如内容资源、衍生资源等，同样左右着出版企业的发展。作为内容产业的重要组成部分，内容创新是出版业的灵魂和根本，技术变革创新为内容创意提供了平台，人力资源、内容资源，以及由内容资源进一步衍生的衍生资源，是内容创新和技术创新的可靠保证。恰在此时，张炜董事长被中宣部授予"文化名家暨'四个一批'人才"荣誉称号，决定将出版资源问题作为人才研究课题申报，并很快获批。研究团队随之开始以陕西新华出版传媒集团为研究对象，对出版人力资源、内容资源和出版物衍生资源进行深入系统探究。

出版的本质属性决定了出版资源的价值，也决定了出版资源开发、管理和应用的原理和路径。结合出版学基础研究，我们发现出版既非简单的公之于众，也非简单的编辑复制，而是人类知识活动范畴中独有的文化现象，是通过知识生产和知识服务，实现人类知识在意识形式和符号形式之间的转移，成为人类知识的存在方式。

人类知识以意识形式、符号形式、物化形式存在，三种存在形式之间相互作用，为知识增长提供了内部动力。知识的意识形式即存在于每个人头脑中的知识，其本质特征是创造性。人类的一切新知识，首先是以意识形式存在并从个人的头脑里产生。作为内在因素的知识的意识形式，与作为外在因素的社会实践和人际交往需要，共同促进知识的意识形式向言语、图画和文字等知识的符号形式，以及其对象化物品中的物化形式转化。人创造积累知识的认识过程以符号进行，创造积累知识的结晶以符号形式存储于大脑记忆。因此，意识形式是知识的内在形式，符号形式是知识的外在形式。二者在本质上具有同一性。内在的意识形式向外在的符号形式转化，使知识得以传播、积淀和继承；外在的符号形式被作为知识创造主体的人接受，又会转化为意识形式，作为创新的新基础。

现代出版业自诞生之日，就从器物、制度和观念层面嵌入到人类的知识活动之中。在器物层面，出版物是知识的关键载体。在制度层面，《著作权法》等相关法律法规不仅是知识活动的有效保证，也为人类知识生产、知识服务和知识传承营造了环境。在观念层面，出版为确保复制规制化，通过编辑学对知识信息进行系统化整理的一系列思想和方法，是知识生产必须遵守的基本原则。其中系统性、稳定性和可读性，已经成为知识生产的重要指导思想。发行作为出版独有的知识传播方式，将知识传播的责任寓于规制之中，强调在特定的书店文化氛围里传递知识信息。同时，出版以阅读文化和发行文化的方式将作者、出版者和读者紧密联系，确保知识传播精准、可靠、规范、高速和有效。因此，规制化的知识生产和知识服务是出版的本质属性，通过编辑等规制化的知识生产，出版确保知识系统的、高保真的由意识形式转化为符号形式，实现知识的传播、积淀和继承；通过发行等规制化的知识服务，出版创造性地使知识从载体进入人们大脑转化为意识形式，进而成为知识创新之源，也为意识形式与符号形式结合后将知识转化为物化形式奠定基础。

每个人意识中的创新发明、对世界的感知和对人类的情感，都是出版的内容资源，努力将这些资源转化为符号化的知识就是对内容资源的开发和应用。同时，在开发和组织这些资源中衍生出的新资源，以及在将知识的符号形式转化为意识形式过程中衍生出的新资源，就是出版的衍生资源。出版资源和衍生资源的开发、应用和转化，共同构成了人类知识创新之源。而实现出版资源高效率开发的核心和关键，无疑是出版的人力资源。

在人的总体性问题层面追问出版元问题的答案，以人类知识存在的方式定义出版，无疑能够精确定位出版的范畴，也进一步明确出版资源的作用和意义，进而指导我们对资源的开发、管理和应用。基于此，我们确定了以人力资源评估为抓手，系统探索科学高效地开发、管理内容资源和衍生资源路径的研究思路，并按此思路完成了课题。

项目团队都是集团年轻的业务骨干，日常工作繁忙，尽管研究活动占据了大家几乎所有的业余时间，但囿于我们的理论水平，依然难以从经验层面提升到思想层面，没有形成系统的理论。不过，尽管认识上有待提升，但面对涉猎范围很广、要求很高、难度很大的项目，课题组还是以鲜活的第一手资料，回答了当前地方出版集团出版资源开发应用亟待解决的重大问题。

进入 21 世纪以来，网络计算机技术和人工智能技术使媒介生态和媒介发生了巨大变革，但各类新兴出版依然是科学技术与社会文化系统相互作用的延续。印刷复制催生的传统出版业与现代数字技术催生的各类新型媒介，并无本质差异，只不过是从图书报刊复制传播的分时空场景转变为同时空场景下的复制传播，即复制传播同步进行而已。不论复制技术和传播技术如何迭代，出版作为人类知识的存在方式都不会改变。课题组的研究成果，毫无疑问是具有生命力的。从这个层面考虑，课题成果虽有很多不足，但"聊胜于无"，算是一次抛砖引玉，希望同行多加批评，共同进步。

王勇安

2022 年 5 月